集人文社科之思 刊 专业学术之声

刊　　名：非洲研究
主办单位：浙江师范大学非洲研究院
主　　编：刘鸿武
执行主编：王　珩

AFRICAN STUDIES

编辑委员会

主　　编：刘鸿武
执行主编：王　珩
编　　委（以姓氏拼音为序）：

曹忠明　陈明昆　冯绍雷　顾建新　郭宪纲　贺　萌
贺文萍　蒋国俊　金灿荣　李绍先　李智彪　刘贵今
刘鸿武　楼世洲　梅新林　秦亚青　舒　展　舒运国
唐　晓　王绪思　王逸舟　徐　辉　徐伟忠　杨　光
杨洁勉　杨立华　张　明　张宏明　张忠祥　郑孟状
钟伟云　朱威烈　庄国土

责任编辑（以姓氏拼音为序）：

胡　洋　雷　雯　宁　彧　欧玉芳　舒　展　王　霞
王　严　周军

编辑部

地　　址：浙江师范大学非洲研究院
邮　　编：321004
电　　话：0579-82287076
传　　真：0579-82286091
E-mail：fzyjbjb2016@126.com

2018年第1卷（总第12卷）

集刊序列号：PIJ-2018-294
中国集刊网：http://www.jikan.com.cn/
集刊投约稿平台：http://iedol.ssap.com.cn/

中国学术期刊综合评价数据库（CNKI）来源集刊

2018年第1卷
（总第12卷）

非洲研究

S T U D I E S

浙江师范大学非洲研究院 ｜ 主 办

刘鸿武 ｜ 主 编

王 珩 ｜ 执行主编

社会科学文献出版社
SOCIAL SCIENCES ACADEMIC PRESS (CHINA)

目　录

非洲社会文化与教育

特　辑

《从中国边疆到非洲大陆》等新书发布
暨中国非洲学的原创性发展战略研讨会专家笔谈

编者按语：

2017 年 9 月 12 日，刘鸿武教授新著《从中国边疆到非洲大陆——跨文化区域研究行与思》等新书首发式暨"中国非洲学的原创性发展战略研讨会"在北京中国人民对外友好协会举行。外交部张明副部长、中国人民对外友好协会林怡副会长、教育部社会科学司刘贵芹司长、外交部非洲司胡张良副司长；来自外交部新闻司、政策规划司，国务院发展研究中心，国家发展和改革委员会，中共中央对外联络部，中国国际问题研究院，中国现代国际关系研究院，中国社会科学院，中国人民大学，外交学院，中共中央党校，对外经贸大学，北京大学，清华大学，国际关系学院，中国传媒大学，云南大学，南开大学、浙江师范大学等单位的嘉宾、学者；肯尼亚、南非、南苏丹等五国驻华记者，人民网、凤凰网、环球时报、中国国际广播电台等国内重要媒体记者 100 余人，出席了首发式和研讨会。本次活动由世界知识出版社、中国人民对外友好协会、人大重阳金融研究院、浙江师范大学非洲研究院共同举办。现刊出本次活动的嘉宾发言，及根据学者发言整理的发言摘要。嘉宾发言题目为编者所加。

非洲研究　2018 年第 1 卷（总第 12 卷）

第 3 - 9 页

SSAP © , 2018

中国非洲研究要坚持走自己的路

中国外交部副部长　张　明

各位专家学者、各位朋友、同志们：

大家早上好！

今天很高兴有机会应邀出席这个活动，今天来自不同单位对非洲感兴趣的代表和研究人员聚集一堂，在此见证三本研究非洲的著作出版发行，并进行中国非洲学的原创性发展战略研讨会，这的确是一件让人高兴的事情。

虽然我在外交部负责对非工作，但我的"非龄"比在座的很多同志都短。自 2006 年前往肯尼亚出任大使以来，我的涉非工作经历已有 11 年。我还记得在行前有一位领导同志跟我聊天，说起了中国的非洲研究。这位领导同志对非洲很关心，对中国的非洲学也很关心，他专门做了一个调查，了解到在当时中国从事国际问题研究的学者大概是 1 万人，但研究非洲的不超过 2%。也就是说，在当时研究非洲的中国学者不超过 200 人。这位领导同志跟我谈及此事时，我能感受到他内心的那种遗憾。中非关系恐怕比世界上任何一个大国的对非关系都要密切，但我们对非洲的研究确实和中非关系发展的深度相比差距太大。也是这位领导同志的一席话，让我在对非工作中格外地对中国的非洲研究给予了重视和观察。

但是，今天我们在这里见证三本非洲研究的著作发布，而且这三本书都是出自一个来自金华的，在 10 年前我们很多同志都没有听说过的浙江师范大学非洲研究院这样一个研究机构，这件事本身就体现了中国非洲学的发展。应该说在 10 年前，我和章少红总编一样，也没有听说过浙师大非洲研究院，也孤陋寡闻地不知道刘鸿武教授，而我对浙江师范大学的认识是从一件很负面的事情开始的。初到肯尼亚工作期间，浙师大派来了一位学者，在肯尼亚一所大学里面做研究。因为我对中国非洲研究有兴趣，见到他之后交谈了很多，他告诉我从来没有来过非洲，将在肯尼亚进行半年的调研工作。但两周之后，他向大使馆提出说这个地方艰苦没有办法继续待下去了。我想我们的学者能够深入到非洲来，现场去研究非洲，了解非洲，是一件值得鼓励的事情，所以我也尽力地想挽留这位同志。听了我的话之后，他算是高高兴兴地回去了，可是过了一周后又来说："大使，很对不起，我实在是待不下去了。"肯尼亚在非洲应该算是非常美丽、非常漂亮的地方，这位同志在这里三个星期就打道回府了，让我觉得非常失望，乃至对浙江师范大学也留下了很负面的印象。

我想这么一个小的故事可能折射出那个时候我们的学者对非洲研究的状况。但值得注意的是，今天这个状况已完全不一样了。2009 年，我回到北京出任中国外交部非洲司司长。当时我的同事介绍说浙江师范大学的刘鸿武教授想来见我，我一听："浙江师范大学的，就不见了吧。"但是我的同事很执着地向我介绍了刘老师的故事，说他在 20 世纪 80 年代末就被国家派往非洲留学，对非洲很有感情，可以说半生的事业都放在了研究非洲上。我这个人也比较感性，就被打动了，和刘鸿武教授见了面。见面以后我对浙江师范大学之前的负面印象一扫而光，之后的近 10 年里，我和刘教授、和浙江师范大学以及越来越多的国内对非洲感兴趣的研究机构也有了更多的接触、更多的了解，我们一起工作，一起努力，来推动中非合作的发展，推动中国非洲学的建立和发展。

今天说起浙江师范大学非洲研究院，我认为它是中国非洲学建立、发展的一个雏形。我认为刘老师出版的新著《从中国边疆到非洲大陆——跨文化区域研究行与思》，切入点非常有意思，应该说这是他过去几十年来行万里路、读万卷书、思万件事，最后凝结成的自己对非洲研究，对自己祖国、家乡研究的一份厚厚的成果。这本书对我们认识非洲，思考非洲的一些问题会带来一些新的视角，会对我们有很多的启发。借这个机会，我也对刘鸿武老师出版这本新著，对浙江师范大学出版的这三本书表示祝贺，也对中国的非洲研究学界表示祝贺，同时也表示敬意。

再过一个多月党的十九大就要召开了，当前各条战线都在深入地总结、回顾党的十八大以来，我们党和国家各项事业过去砥砺奋进五年的不平凡历程。党的十八大以来，我们对非外交工作深入贯彻习近平总书记治国理政新理念、新思想、新战略，在总书记外交思想的指引下，大力推进对非外交理念和实践创新。中非关系这五年在国际风云变幻中破浪前行，可以说正在驶向新的征程。习近平主席高度重视对非关系，在2013年担任中国国家主席之后不久，第一次出访就选择了非洲，我想在座的各位都记忆犹新。也就是在那次访问中，习主席提出了"真、实、亲、诚"的对非政策理念和正确的义利观，为开拓中非关系的新局面打出了旗帜，明确了方向。2015年12月习近平主席再度踏上非洲大陆，在南非约翰内斯堡同南非祖玛总统共同主持了中非合作论坛约翰内斯堡峰会。在这次峰会上习主席宣布将中非关系提升为全面战略合作伙伴关系，也提出了要做强和夯实中非关系的五大支柱，实施中非十大合作计划，确立了中非关系1+5+10这样一个顶层设计和战略布局。

可以说习主席在过去的五年里面抽出了大量时间会见来自非洲的客人和朋友，同这些非洲的朋友们推心置腹地交流治国理政的经验，有力地增强了中非政治互信乃至战略互信。大家知道习近平主席日理万机，工作非常繁忙，中国的朋友也是遍天下，要来访的外国元首也是非常多的。为此我们每年做出一个高访规划，其中来自每个大洲的外国元首来访都会有一定的数额，但是我可以告诉大家，在过去的五年里面，来自非洲的国家元首访问中国，每年都突破了限额，而这些突破很多都是习近平主席本人做出的指示，这也体现了习主席对非洲的重视，对非洲人民的感情，将中非友好合作关系时时刻刻放在心上。

2014年非洲部分地区发生了埃波拉疫情，习主席亲自确定支持非洲，中方各个部门开展了一次中华人民共和国成立以来最大规模的国际人道主义救援行动，彰显了中国的大国责任和担当，赢得了非洲和国际社会的广泛赞誉。说起这个事情，我现在想到的是在利比里亚街上，非洲老百姓自发地竖起的积分牌：一边是中国，一边是美国。当时积分牌的照片，中国和美国是5:2，这是利比里亚老百姓在为中美支援非洲抗击埃波拉疫情所打的分。在帮助非洲人民抗击疫情的人道主义救援中，我们的成果，我们的成绩是非常漂亮的。

习主席高瞻远瞩，亲力亲为，有力推动了中非关系的发展繁荣，极大地提升了中非关系的国际影响力，也助推了发展中国家群体性崛起的积极势头，进一步完善了我国的外交布局，同样也为维护中国的国家利益和我们的重大关切奠定了坚实的基础。我本人也有幸参与和见证了从北京峰会，一直到今天十多年来中非关系发展的很多重大事件和重要的时刻，也领略了习主席在对非外交中展现出来的风采。同样也感知了中非关系的发展变化。这些年来作为对非工作队伍中的一员，我更加深切地体会到中非友好是中华人民共和国几代领导人精心培育的结果，也是我们一份宝贵的财富，值得倍加珍惜。无论国际风云如何变化，无论中国发展到什么样的程度，我们都要珍惜它，把它传承好、发展好，因为中国是一个社会主义大国，因为发展中国家是我们中国外交布局中的基础，而非洲则是这个基础中的基础。

同样我也更加深切体会到了中非政治互信是我们独特的优势，也是我们在非洲的立身之本。要不断地增进中非政治互信，就必须牵住政策这个牛鼻子，树立"真、实、亲、诚"的对非理念和正确的义利观，将之贯彻到我们对非工作的方方面面。我也同样更加深切体会到要做好新形势下对非工作，就必须做好发展这篇大文章。因为发展不仅是当今中国的主题，也是当今非洲的主题，要不断地推动中非合作转型升级，提质增效，通过中非合作共赢，共同发展，助力非洲实现自主的可持续发展。

除此之外，我也更加深刻体会到要做好新形势下的对非工作，就必须坚持战略思维和变革思维，加强顶层设计和战略谋划，促进各个领域对非合作协调、联动发展，无论是五大支柱还是十大合作计划，体现的都是这样的思想。中非关系已经进入了新的发展阶段，我相信党的十九大的胜利召开，必将为中国特色的大国外交注入新的动力，也将会对中非友好合作关系发展带来新的历史机遇。

同时，智库是我们国家软实力的重要组成部分。当前中国特色社会主义伟大实践产生了广泛的国际影响力，中国特色大国外交也在深入推进，我们的道路自信、理论自信、文化自信也在不断增强，国际社会，特别是非洲大陆的发展中国家，纷纷地向东看，向东靠。他们也非常地期待中国展现大国的担当，积极为改善全球治理贡献中国智慧、中国经验、中国方案。我们国家的国际问题研究和智库的发展面临着难得的历史机遇，加强非洲研究方面的智库建设，更好推进对非研究工作是我们面临的紧迫任务和重要的课题，就此我也愿意和大家交流几点看法。第一，要进一步重视对非研究工作。非洲是人类文明多样性的重要组成部分，也是国际政治舞台不断上升的重要的力量。大家都在讨论 21 世纪是什么世纪，有很多人讲其是亚洲的世纪，但我想 21 世纪，其未来未必不是非洲的世纪。在国际形势深刻复杂演变的大背景下，非洲在我们外交全局中的重要性在不断地上升，我们要深入推进中国特色大国外交，践行人类命运共同体理念，推动构建以合作共赢为核心的新型国际关系，就不能不重视非洲，就不能不重视对非研究。应该看到相比于欧美国家对非洲的研究，相比于我们国家对欧美方向的研究，相比于快速发展的中非合作的实践，我们对非研究的事业虽然和10年前、20年前相比取得了重要的发展，但是仍然存有很大的提升空间。希望各位专家学者，以及各个智库机构能够增强责任感和使命感，更加重视对非研究的工作，更加重视建立中国的非洲学，投入更多的优质资源，跟上时代的要求和形势的变化，不断地提高我国对非的研究水平。所以我对今天这个研讨会的题目"中国非洲学的原创性发展战略"，我是非常感兴趣的，也是非常赞赏的。

第二，要把握好正确的政治方向。"真、实、亲、诚"和正确义利观应该是我们做好对非工作的宗旨，也是对非研究应该秉持的理念，我们外交上常说非洲是非洲人的非洲，没有谁比非洲人更加了解非洲，在对非洲的研究上也应该是这样的道理。一定是非洲人比我们更有学问，更了解非洲，他们是我们的先生，是我们的老师。所以我们研究非洲，看待非洲，一定要有一个平等的视角，要避免居高临下，故步自封，要重视加强同非洲智库专家的互学互鉴。为促进中非学术智库交流，在2009年中非合作论坛第四届会议上，我们出台了中非联合研究交流计划，当时出台这样一个合作举措的目的是为了促进中国非洲学的建立与发展，促进中国与非洲智库和专家学者之间的交流和合作。八年过去了，我们创立这样一个合作倡议的初衷也正在一步一步地实现，这也是很令人欣慰的事情。同样我们还创办了中非智库论坛，我们也希望各位学者、专家，以及各个智库机构能够更加积极地参与，共同建好用好这样一个交流平台。

第三，要坚持走自己的道路。中国是一个不断崛起的发展中大国，我们有着自己独特的文化传统、价值观念、外交政策，也有着几十年对非外交成功实践的深厚积淀，这些都要求我们对非研究必须走自己的道路，从我们自身的实际出发，自主探索中国特色对非研究之路，在国际对非研究中占有一席之地，为国际对非研究打上中国烙印。对非研究既要有理论、有深度，又要贴近实际，具有可操作性。既要吸收借鉴其他方面的优秀成果，又要多做原创性的思考和调研。不能只是坐而论道，人云亦云，甚至充当别人的搬运工、传声筒。如果说我们的研究非洲的学者一辈子没有去过非洲，或者说去了非洲待不下来，那我们的非洲学一定是没有希望的。研究非洲我觉得需要走进非洲，深入非洲，要融入非洲。刘鸿武教授在 20 世纪 80 年代的时候就能够在非洲待上那么多年来学习非洲的文化，了解非洲的方方面面，应该说是我们的非洲研究学者中的一个典范。

当前中非关系已然是国际研究的一个热门话题，话语权之争暗流涌动，从近期发布的相关中非关系的报告可以看出，一些国际知名机构对中非关系研究的深度和精确度已经达到了相当水平。我说这句话是有根据的，同时我也是觉得心情是比较沉重的。我们中非合作发展得这么好，是国际上的一个亮点，但是我们自己对中非合作的了解、调研，远远跟不上中非合作的发展的现实，反而是被国外的一些智库研究机构咨询机构去进行研究、调研，摸到的情况比我们掌握的更多、更深入。我们强调对非研究要走自己的路，首先就要把中非关系的话语权掌握在自己手中，希望各位专家学者和智库机构把这项工作做得更主动一些、更深入一些、更扎实一些。

说到这一点，大家最近肯定看过一部电影《战狼 2》，很多同志推荐我去看，看了以后确实是很令人振奋。据说票房已经是中华人民共和国成立以来电影史的最高位，可能在国际上票房也是高位之一，这部电影充满着正能量，也反映了中国走出去，在世界上发挥我们的作用，在和平发展中发挥我们的作用的现实。我是很喜欢的，但是我也是有点意见的。一部电影艺术形式相互交流学习借鉴，这是非常正常的，但是我希望我们描述非洲的艺术作品或者说以非洲为背景的艺术作品能够有中国人自己的非洲观，而不是好莱坞的非洲观。直到今天，在中国广大的民众心目当中，提到非洲时可能就是炎热、疾病、战乱、饥饿，其实我跑非洲跑的很多，非洲并不都是战乱、饥荒、炎热、沙漠，不是这样子。为什么大家形成了这样的一些错误的程式化印象，跟宣传有关系，跟文艺作品有关系，所以我非常希望我们的文艺作品有一个中国人看非洲的视角。今天我们到非洲去，在大多数非洲国家，感受到的是一种欣欣向荣，蓬勃发展，就像我们在改革开放前期的 80 年代、90 年代那样的一种气氛，令人鼓舞，令人振奋。所以，我们建立中国非洲学就要在中国民众中普及中国的非洲观，客观地现实地来看待非洲。

第四，要更好地服务对非外交工作。中国特色大国外交主动性和塑造力在增强，我们要把问题看在前面，把事情想在前面，把工作做在前面，从而牢牢地把握主动性，要引领形势而非被形势所牵制。特别是今天中非合作进入了蓬勃发展的新时代，对非关系的内涵也在不断地发生新的重大变化，要做到这一点，也恳请我们的各位专家学者、智库，要敏锐地把握中非关系发展的历史脉络，聚焦形势变化，立足中非关系发展中的新问题，为推动中非关系向更高水平发展提供智力支持，要把握非洲向东看、向东靠的趋势，加强同非洲国家治国理政经验交流，讲好中国故事，传播中国理念，支持非洲国家自主探索发展道路，为深化中非政治互信，增强我们在非洲的软实力建设做出贡献。

总之，在新的历史条件和时代背景下，对非工作大有可为，对非研究更是大有可为，我们要共同努力把对非研究工作做得更好一些。作为对非外交政策的执行部门，外交部将会进一步加强同大家的交流、互动，为做好对非研究提供更多的支持和服务。

我本人原意是想"一条道路走到黑"，但是由于工作的需要，我很快会离开对非工作第一线，但是有过对非工作经验的同志都会有这么一个感受：凡是从事过对非工作的，都会对非洲有着很深的感情，我亦如此。未来我一定会继续关心中非关系的发展，也会继续关心、关注在座各位专家学者、智库机构的对非研究成果，也会继续地尽己所能，为中非友好合作关系的发展贡献自己的力量。

我愿意最终回到非洲，谢谢大家。

非洲研究　2018年第1卷（总第12卷）
第 10 - 12 页
SSAP ©，2018

中国特色非洲学是哲学社会科学创新突破口

中国教育部社会科学司司长　刘贵芹

尊敬的张明副部长，林怡副会长，各位专家、各位朋友，同志们：

在金砖国家领导人厦门会晤，新兴市场国家与发展中国家对话会刚刚结束之际，我们在这里隆重举办以非洲问题研究为主题的新书发布会暨中国非洲学发展战略研讨会，十分及时，很有必要，这是贯彻落实习近平总书记系列重要讲话精神，特别是在哲学社会科学工作座谈会上重要讲话精神的重要举措。

首先我代表教育部社会科学司向《从中国边疆到非洲大陆——跨文化区域研究行与思》等三部著作的出版发行，向"中国非洲学的原创性发展战略研讨会"的成功召开，表示热烈的祝贺，向对主办此次会议付出辛勤劳动的世界知识出版社、中国非洲人民友好协会、浙江师范大学非洲研究院表示衷心的感谢。

近年来特别是党的十八大以来，在党和政府的高度重视下，在有关部门的大力支持下，我国非洲问题研究取得了重大进展，其中浙江师范大学起到了重要的引领示范和组织推动作用，走在全国前列。十年来浙江师范大学非洲研究院深入研究中非关系发展面临的重大理论和实践问题，推出了一批重要学术成果，坚持服务中国特色大国外交战略，积极为党政部门的决策建言献策，为构建中非全面战略合作伙伴关系提供了智力支持，同时坚持以育人育才为中心，初步构建了学生、学术、学科一体的综合发展体系，培养了一大批非洲问题研究急需人才，坚持推进国内外智库交流，创办了中非智库论坛，提高了我国哲学社会科学研究的国际话语权和影响力。

当前党和国家事业的发展发生历史性变革，我国发展站在了新的历史起点上，中国特色社会主义进入了新的发展阶段，加强非洲问题研究具有更加特殊重要的战略意义。

首先，加强非洲问题研究，是贯彻落实习近平总书记外交思想，发展中非全面战略合作伙伴关系的迫切需要。贯彻落实习近平总书记关于推动构建以合作共赢为核心的新型国际关系思想，关于打造人类命运共同体思想，关于正确义利观思想，关于"一带一路"倡议重要思想，特别是做强和夯实中非政治上平等互信，经济上合作共赢，文明上交流互鉴，安全上守望相助，国际事务中团结协作的五大支柱思想，都离不开非洲研究的有力智力支撑。

其次，加强非洲问题研究，是加快构建中国特色哲学社会科学的迫切需要。现在我国哲学社会科学学科体系已经基本确定，但还存在着新兴学科、交叉学科建设薄弱等突出问题。拓展领域，补齐短板，加快发展具有重要现实意义的新兴学科和交叉学科，特别是加快建设中国特色非洲问题学科，加快哲学社会科学走出去步伐，是其中一项重大任务，一个重要的突破口。

最后，加强非洲问题研究是全面提高我国高等教育质量，建设高等教育强国的迫切需要。我国高等教育目前已进入了以提高质量为核心的内涵式发展新阶段，扎根中国大地办好我国高校，充分发挥高校人才培养、科学研究、社会服务、文化传承创新、国际交流合作的作用，增强国家核心竞争力，迫切需要完善学生、学术、学科一体的非洲问题研究综合发展体系。可以说，加强非洲问题研究大有可为，我相信非洲问题研究也一定会大有作为。

当前非洲问题研究处于难得的重大的历史机遇期，这里我提四点建议供参考。

第一，深入学习贯彻习近平总书记外交思想。习近平总书记外交思想为指导新形势下中国外交提供了理论指导，为加强非洲问题研究提供了根本准绳，我们要深入学习研究阐释习近平总书记关于推动构建以合作共赢为核心的新型国际关系思想，关于打造人类命运共同体思想，关于正确义利观思想，关于"一带一路"倡议重大思想，特别是深入研究阐述秉持"真、实、亲、诚"对非合作理念，推动中非全面战略合作伙伴关系建设思想，要以更宽广的视野，更长远的眼光来聚焦思考中非关系发展面临的一系列重大战略问题，加强前瞻性、针对性、储备性研究，提出能够体现中国智慧、中国价值的发展理念、发展主张、发展方案，提出专业化、建设性、有实效的政策建议。

第二，加强党的十八大以来中非关系实践创新研究。党的十八大以来，在习近平总书记外交思想指引下，中非关系发展取得了辉煌成就，在"真、实、亲、诚"对非工作方针和中非十大合作计划推动下，中非合作迈向新高度，我们要加强党的十八大以来中非关系理论实践制度创新成果研究，提炼形成标志性的学术概念。

第三，整体上加强研究非洲问题和中非关系的学科建设，特别要进一步研究明确学科的定位宗旨，进一步研究明确博士学位、硕士学位的培养目标，进一步研究明确学科的研究范围、课程设置，进一步研究明确主要的相关学科，为加强非洲问题研究提供更加有力的学科支撑。

第四，加强协同机制创新。紧紧围绕出思想、出人才、出成果，加强高等学校与党政决策部门的协同，加强高等学校与高等学校之间的协同，加强高等学校与科研院所的协同，加强高等学校与行业企业的协同，加强高等学校与国外研究机构的协同，打造强强联合、优势互补的多元化研究团队，建立健全深入融合合作共赢的体制机制，形成集群优势。

浙江师范大学非洲研究院建设十年并不是终点，而是一个新的开端，坚持和发展中国特色社会主义的伟大实践，为我国哲学社会科学理论创造、学术繁荣提供了强大动力、丰富滋养和广阔空间。衷心地希望各位专家学者，特别是浙江师范大学刘鸿武教授团队立足中国特色大国外交实践，不忘初心，大胆探索，进一步提高研究质量，推动非洲问题研究再上新的台阶，以优异成绩迎接党的十九大胜利召开。最后祝本次研讨会圆满成功，谢谢大家。

非洲研究 2018年第1卷（总第12卷）

第13-14页

努力扩大中非学术力量

中国人民对外友好协会副会长 林 怡

尊敬的外交部张明副部长，教育部刘贵芹司长，女士们、先生们：

大家上午好！

欢迎大家出席由世界知识出版社，中国非洲人民友好协会，中国人民大学重阳金融研究院和浙江师范大学非洲研究院共同主办的《从中国边疆到非洲大陆——跨文化区域研究行与思》等新书首发式暨"中国非洲学的原创性发展战略研讨会"。

我本人非常高兴能够和各位一起见证这三本新书的发行，我大学毕业后就到了对外友协工作，一直从事对非工作，至今已有28年。今天我特别开心，因此特别穿上这一身非洲风情的衣服，来代表中国人民对外友好协会，代表中非友协热烈祝贺浙江师范大学非洲研究院成立十周年，同时也向多年来潜心对非洲研究、成果卓著的刘鸿武院长，以及在座的各位专家学者致以崇高的敬意。

2015年12月，中非合作论坛约翰内斯堡峰会上明确提出鼓励中非高校研究合作开展研究，扩大中非学术研究力量，积极支持中非学术研究机构和智库开展课题研究、学术交流、研讨会、著作出版等多种形式的交流与合作。加强中非学者、智库间的交流与合作，既是中非关系快速发展的必然要求，也是中非实现各自复兴的现实需要。

浙江师范大学非洲研究院在建院十周年之际发布这三本新书，既包括刘院长对过去30多年学术生涯与经历的回顾和感悟，也包括研究院对高校智库建设研究的经验总结，还包括建院十年来发展历程和研究情况回顾，相信这三本新书的出版不但能够为推进我国对非智库建设提供借

鉴与思考，也将有利于加深中非文明互建，带动人文交流和认知的不断
深化。

作为对非友好合作的专门机构，友协始终致力于增进中非人民之间
的了解和友谊，推动中非交流和合作，我会工作也得到了浙江师范大学
和刘鸿武院长本人的支持，刘院长参与了我会的品牌项目"非洲国家驻
华大使巡讲"，我们一起到中国新疆做过巡讲，在此对浙江师范大学和刘
院长表示感谢。

今后我们会继续与大家保持合作联系，共同推动中非双方在学术和
文化等领域开展更多的活动，为中非关系发展奠定更为良好的民意基础，
进一步深化中非传统友谊。最后预祝新书出版发行和接下来的研讨会取
得圆满成功，谢谢大家。

非洲研究　2018 年第 1 卷（总第 12 卷）
第 15－16 页
SSAP ©，2018

从中国边疆观察研究非洲大陆很有意义

云南大学副校长　杨泽宇

尊敬的张部长、林会长、刘司长，尊敬的各位老师、各位专家、学者，来自非洲的各位朋友：

今天非常高兴也非常荣幸代表云南大学来北京参加刘鸿武教授的新书发布会，以及以非洲问题为主题的学术研讨会。首先要代表云南大学向刘教授的新书发布，以及浙江师范大学在非洲学研究方面所取得的成绩表示热烈的祝贺。

刘鸿武教授在云南出生、长大，之后在云南大学工作了 20 年，10 年前他离开云南大学到了浙江师范大学。可以说，在目前的中国在研究非洲问题方面，刘鸿武教授是最具影响力的、最具权威性的专家学者。在我看来，在研究非洲方面他不仅著述很多，而且他研究非洲问题的一些思考、观点、看法，还非常具有独特性，很多方面还具有唯一性。

长期以来刘鸿武教授在非洲问题研究方面的理念、思路、方法、步骤等对云南大学社会科学的研究也非常具有启示性。今天发布会上所发布的三本新书，全面、系统，以问题为导向。为我们提供了怎么样从中国的角度尤其是中国边疆的角度，去了解非洲、思考非洲、研究非洲，又提出了怎么样从非洲的角度来了解中国，研究中国，思考中国的路径，给我的启示是非常深的。

虽然刘鸿武教授离开云南大学已有 10 年的时间，但是这 10 年来他也为云南大学在非洲学的研究方面做了很多实实在在的事情。我们有云南大学非洲研究中心，同时，在教育部和外交部的关心下，云南大学去年又刚刚成立了中国南非人文交流中心，这两个中心刘教授都是学术委员会的主任。另外，他还一直帮助我们带博士，带硕士，所以云南大学直到今天一直把他当作云大人，云大的教师。

对于中国的非洲学研究，刚才外交部张明副部长讲得非常好，讲了研究的理念、路径、目标等。以我自己的看法，非洲研究在今天中国的对外研究中还是一个短板。现在，云南大学正处在建设"双一流"大学的重要节点上，从学校的角度我们也非常重视对外关系方面的研究，包括南亚、东南亚、西亚，包括非洲问题，云南大学早在 20 世纪 60 年代末 70 年代初就有学者研究非洲方面的问题。今天在国家"一带一路"倡议推进过程中，云南是一个非常重要的节点。云南大学要服务国家经济社会发展，服务国家的外交战略，尤其是服务"一带一路"倡议，从学校层面，今后将进一步重点加强非洲研究。我希望在这个过程中能够得到刘鸿武老师，得到浙江师范大学非洲研究院，也得到全国相关的政府部门、高校、科研院所更多的关心支持、帮助指导。真诚期待刘鸿武老师今后继续在科学研究、人才培养等方面给云南大学更多的关心，虽然他现在做的已经非常好，但是从学校层面希望他能够花更多的时间，帮助云南大学做更多的事情。

最后还要诚挚的感谢教育部、外交部，以及相关的部门、相关的高校、相关的研究机构、相关的专家学者长期以来对云南大学发展改革建设等各个方面的关心指导，也真诚的期待各位领导，各位专家学者到云南大学来，考察指导我们的工作，谢谢大家。

非洲研究　2018 年第 1 卷（总第 12 卷）
第 17－31 页
SSAP © ，2018

中国非洲学的原创性发展战略研讨会专家谈

董漫远　李绍先　郭宪纲　王　帆　贺文萍

罗建波　何烈辉　和丹（Hodan Osman Abdi）

杨立华　张宏明　刘鸿武

董漫远（中国国际问题研究院副院长）：首先热烈祝贺刘鸿武教授及浙江师范大学非洲研究院其他学者三部力作的隆重问世。刘鸿武教授是中国非洲问题研究领域大家，是学术楷模，是我等学习的榜样。现在非洲研究面临一个好时机，我记得几天前跟郭宪纲老师聊到今天这个会时，说到国际问题研究领域中，唯有非洲问题研究是国家领导人直接就其问题做出过重要的指示及谈及过一些思想的领域。20 世纪 60 年代毛泽东主席就非洲问题研究发表过一段谈话，几十年过后，2010 年时任国家副主席的习近平同志访问南非，曾接见了我驻南非使馆工作人员、中资机构、中国留学生以及当时去参加中非中南关系研讨会的中方学者，习主席在他讲话的最后一个部分，大约用五分钟时间专门就中国的非洲问题研究以及如何开展非洲问题研究发表了重要的讲话。鸿武老师和我，我们当时都有幸在场，习主席的讲话，今天还回响在我们耳边，是我们非洲问题研究乃至整个国际问题研究应该遵循的。

今天在入场之前，我把刘老师这个书翻阅了一下，只是翻阅，以后还要认真地拜读，但是我形成了一个初步的感觉，这部书从跨文化比较入手，依托中国文化自信，将中华文化与非洲文化进行对接，是为中国非洲学做出的基础性的工作，是一个开山之作，我对刘教授表示钦佩。

李绍先（中国现代国际关系研究院原副院长）：我本人并不专门研究非洲，当然研究中东阿拉伯会涉及北非国家，但我在现代国际关系研院长期分管对非工作，对非洲有所了解，有所研究。

我很高兴参加今天这个发布会和研讨会，在此简单讲两点：第一，刘鸿武老师是我很钦佩的，我也为他高兴，刚才董漫远院长讲他是我们的榜样，我想确实是的，他做得非常好。我现在宁夏大学，也搞了一个阿拉伯国家研究院。这个研究院在建立之前，宁夏大学的领导就去刘鸿武老师那里了解情况，学习经验。我正式受聘以后，也到刘鸿武老师那里学习过，受益匪浅，也是很震撼。鸿武对我是倾囊相助，毫无保留，同时他也到我们研究院做过宣讲，帮助我们做了许多工作。我觉得在高校智库方面，鸿武是一个标杆，这是我们大家要学习的。我非常高兴看到鸿武这个研究院一步一步地不断取得这么多成绩。这是我今天想表达的第一层意思。

第二，国际政治学也好，国际关系学也好，在中国都是新东西，特别是改革开放之后，国际关系学、国际政治学研究进入了新的阶段。大家都感觉到了新环境新方略，要加强国际政治研究。改革开放 30 多年中国逐渐强大起来，我国的学术也有了长足的进展，越来越呼唤现在所讲的国际关系的中国学派，或如有人说的清华学派、北大学派等，总之，就是呼吁中国学派的出现。我觉得在这方面，鸿武教授他们做得很好，可以说是在开创非洲研究的中国学派。这是我们国家非常需要的，因为中国现在逐渐走向世界，由大到强，逐渐成为世界性国家，需要有中国人看非洲并在世界上树立自己的学派。刘教授在这方面进行了非常好的探索，这本书我今天才拿到，但非洲研究院微信公众号在会议之前就进行了内容介绍。我觉得从这本书可以看出，刘教授学问深厚，融会贯通，把中国文化，中国边疆文化，中国少数民族文化，与非洲文化做比较，非常有深度，祝贺新书出版，谢谢。

郭宪纲（中国国际问题研究院原副院长）：首先我也对刘鸿武教授这几年取得的成绩表示祝贺。我想他到浙江师范大学 10 年了，有句话说"十年磨一剑"，他这 10 年做的确确实实是非常的扎实，对研究非洲问题毫不动摇。他个人的经历丰富，我也去过他的家乡，看过他出生的地方，他的种种经历和持之以恒的韧劲，造就了他今天的成就，这也是值得我们学习的。

我今天的发言题目叫"中国需要中国的非洲学"。我们知道中国对非洲的研究，这些年确实取得了很大的成绩，出版了很多的书，发表了很多的文章。我们的学者不仅在理论层面，而且在应用层面，把自己的学术成果转化为政策建议，学以致用，取得了很多成绩。但是，我觉得我们的研究还没有形成一个系统的、完整的学科，也就是说非洲学还没有最后形成，这是与当今的形势不吻合的。我们知道，就像刚才张明副部长讲的，作为研究对象的非洲这些年来的发展实际上是非常迅速的，但我们国内很多人对非洲的印象还停留在过去战乱、饥饿、贫穷的层面，忽略了非洲已经有的很大的变化。2016 年非洲的经济增长是放缓了，但是总的趋势来看其经济增速在世界上处于前列的位置。首先，可以说非洲是处在一个复兴的阶段，这个表现除了经济以外，还表现在非洲国家的内部凝聚力在增强，非洲的国际合作在齐心协力管控危机和打击恐怖主义这些方面都在加强。如非盟在维护安全方面的领导作用，及其对非洲方案解决非洲问题的特别强调。其次，机制和观念也得到加强，如在抗击疾病方面有很多进步。这些情况都表明了非洲无论是在经济还是在政治安全上都取得了巨大的进步。同时在政治上非洲逐渐成熟。例如，最近肯尼亚选举，反对派不承认，要求最高法院裁决，最高法院裁决宣布无效之后，已经当选的执政党也表示服从。非洲过去出现这种情况往往会采取对抗的手段，现在走向了成熟，以法律来化解。我觉得这也是非洲走向复兴的一个标志。当然非洲还有很多问题，比如说经济发展，现在主要还是靠原材料的出口，基础设施也比较薄弱。此外，恐怖主义虽然受到了严重打击，但是还是比较活跃的，这些问题都需要进一步深入的研究。

从中非关系这个层面来看，我想回顾一下 2016 年的基本情况。2016 年中非贸易额下降，但是非洲仍然是中国最大的贸易伙伴之一，中国在非洲承建了很多铁路项目，建设了 20 个合作区，派出了 47 个农业专家小组，帮助非洲发展现代农业。此外，中非文化交流也取得了显著的进展，2016 年首届中非媒体智库研讨会、首届高校青年访非团，青年外交官访非团都已经成行，非洲国家表示对中国的 "一带一路" 倡议非常支持，积极探讨如何与非洲的一些经济发展的具体方案来进行对接。与此相对，西方对中非关系发展是抱着怀疑的态度，有人刻意炒作中国在非洲进行所谓 "新殖民主义"，我觉得这些问题都需要进一步研究。

我们研究非洲的队伍也是初具规模，尽管在研究国际问题领域中比例还比较小，但是这些年，尤其是在浙江师范大学非洲研究院的发展带动下，中国研究非洲的队伍在扩大。除了像浙江师范大学非洲研究院这样的后起之秀之外，一些老的非洲研究基地，比如说中国社会科学院西亚非洲研究所，包括北京大学的研究力量，这些年都得到了加强。但是中国非洲研究的不同领域之间还缺乏有机的联系，这影响了研究的持续深入，因此现在确实到了整合力量，加强各领域联系，共举形成一个学科的时机，如果有这样的学科实践，我们国家的非洲研究将更上一层楼。

因此，我有几个建议：第一，构建非洲学的理论体系，如果没有理论的支持是无法支撑科学体系的。在这一方面我们要下大力气，通过国际关系理论的发展来创造自己的非洲学理论。第二，要大力培养人才，这些年研究非洲的人才队伍在扩大，但还是跟不上时代的要求，特别缺乏非洲民族语言的人才，北京外国语大学有这方面的培养，但这些人毕业后相当一部分人没有继续从事非洲研究，他们或觉得无用武之地，或由于其他原因，或觉得非洲条件艰苦，都改行了。但我们知道非洲是具有古老的文明，地方语言语种十分丰富，如果不懂得它的语言对非洲的历史文化和传统研究不可能深入下去，在这方面要采取措施，使这些人学了非洲语言以后能够学以致用，从事非洲问题研究，为非洲学的创建做出他们的贡献。第三，加强智库、高校之间的横向联系，发挥各自的优势，共享资料信息，交流学术成果，建立互派访问学者机制，达到 1 + 1 > 2 的效果。各个智库，各个大学可以互派访问学者，就像往国外派访问学者一样，这样可以使人才得到更快的提升。高校的研究学者往往学院派作风比较浓，政策分析方面比较弱，我觉得可以加强这方面的联系，使他们能够接触到政策分析及国家的需求，这样的话，理论研究、学术研究就能够和政策分析紧密地结合在一起，研究就更有价值。总的来说，我觉得在当前的形势下，中国的非洲学是呼之欲出，但是还是需要大家的共同努力，才能使它顺利落地，茁壮成长。

王帆（中国外交学院副院长）：首先祝贺刘老师的大作出版，祝贺浙江师范大学非洲学研究取得的成绩。我与刘老师是多年好友，我一直从事中美关系和亚太研究，现在也在承担教育部中国特色大国外交的研究课题。我觉得中国非洲学是中国特色大国外交研究的重要组成部分，我们的非洲学肯定不同于传统发达国家、欧美国家的非洲学，它一开始就具有鲜明的中国特色。正如刚才张明副部长讲到的，刘老师他们是行万里路、看万卷书，通过大量的实践调研，田野调查，积累了丰富经验，形成了很深厚的积淀，在这个基础上形成了中国特色的非洲学研究。我觉得非洲学发展与中国特色大国外交研究是并行的。通过阅读刘老师的新书，我觉得有一个很重要的特点，也体现了我们中国人做国际关系研究的一种重要品质，就是要深入实践，扎实研究，长期跟踪。只有做到这点，我们的国际关系研究才能取得大的成绩。

现在说中国特色大国外交的整体布局，不仅包括"一带一路"，而且应该加上拉美、非洲，这样就形成一个整体，是中国大国外交的全球完整性的体现。从中国特色大国外交的角度来看非洲学研究，我觉得有两个重要问题，一是如何发挥更大的影响力。要发挥更大的影响力，非洲无疑是一个非常重要的平台，是发挥影响力的关键区域。我们必须和非洲有紧密合作，站在一起。二是如何承担更大的责任。同国际社会合作，推动中国与国际社会更大的发展是中国的责任，推动全球化也是我们重要的历史使命。在这个过程中，我们和非洲有着非常有力的共识，同时也有强烈的共同诉求。

我们还承担两大使命，一个是推动国际社会公平均衡的发展，这也是中非合作的共同诉求。中国特色大国外交一个方面是带动发展中国家的发展，这离不开中非合作，共同发展，共享发展。新一轮中国改革开放将更多地面向发展中国家"走出去"，这个"走出去"的方向，刘老师有非常深切的体会，就是要走向非洲，走向更多的发展中国家，与非洲国家一起承担共同的历史使命。

我研究中国特色大国外交的一个深刻体会，就是如何处理好与发展中国家的关系，这是大国外交能否成功的关键因素。必须走创新之路，以前大国走的路我们不能走，我们的创新之路主要体现就是与非洲国家为代表的发展中国家的关系问题的处理。怎么样处理好这个问题，看起来很容易，实际上不容易。随着实力增长有些人会发生变化，产生嫌贫爱富的心态，只想与有钱的国家合作。我觉得大小国家一律平等，这是中国特色大国外交不能丢的因素，这个问题解决不好，我们和传统大国的区别就不大了。我过去跟刘老师交流，去过非洲研究院，刘老师是最早提出发展观中的安全与发展问题的学者，现在安全与发展概念已经越来越在中国外交中得到体现。有和平不一定有安全，有和平不一定能够有发展。这个因素在非洲研究也好，在中国特色大国外交研究也好，应该也是一个很重要的因素。怎么样能够实现安全与发展两翼并行，共同推进，我认为是应当在和非洲国家共同合作发展中，形成的一个新型安全与发展观，这是中国特色大国外交很重要的研究点，也是一个拓展点。总之一句话，中国特色大国外交就是要改变以往大国的"以大欺小"的做法，而应该提倡"扶小合大"的实践。我们对非合作实践的研究做好了，中国特色大国外交也就能得到更好的体现。

贺文萍（中国社会科学院西亚非洲研究所研究员）：谢谢浙江师范大学刘鸿武老师邀请我参加这个会议。新出版的这三本书特别是《从中国边疆到非洲大陆》，从书名上我就感受到非洲学发展的新路径。我今天想从路径方面聊一聊我的感受。

中国研究非洲是后来者，你到西方图书馆去看一看，哪怕一个具体的小问题研究，都可能在书架上找到书，我们不能按照那个路径来赶超。西方研究非洲的路径，是建立在差异性基础上，非洲跟欧洲的差异性非常大，对非洲的研究是从传教士开始，后来有学者、记者，关注政治、经济、外交各个方面。但欧洲的经验不能给非洲提供借鉴，它的药方用到非洲去，经常出现水土不服。中国非洲学是后来者，有自己的后发优势，这个后发优势是建立在相似性的基础之上。与欧洲和非洲关系不一样，中国跟非洲具有相似性，我们有共同的历史遭遇，文化方面也有很多共同的地方，如集体价值观、大家庭，还有政治经济发展道路的共同探索，这让我们可以有一个新的路径，不是跟在西方的非洲学后面学习，而是走一条中国自己的路径，建立中国的非洲学，有弯道超车的潜力。现在讲南南合作，我们不能只注重研究非洲，不注重研究中国。现在有很多研究国际问题的人，不了解中国国情，有次我去上海国际问题研究院开会，有人说我们一些学生对白宫的谁谁谁如数家珍，但对中国政治局常委都说不全名字，可以说对自己国家的领导架构，对中国自己的国情、发展、减贫等根本不了解。我参加全美非洲学会也是，了解非洲学者很多，但是了解中国的专家很少。

我们中国学者也一样，认识、研究自己是不足的。所以在这个意义上，我们来看刘鸿武教授这本书，就很有意义。他书中先讲中国的故事，再讲非洲故事，然后结合起来讲，而且他是从中国的边疆开始讲，从农村开始讲。其实中国的根在农村，不管是革命的进程还是改革的进程，不管是经济发展的路径还是政治改革的路径都是这样的，都是从农村开始的。所以中国学者一定要了解农村是什么，知道边疆是什么，才知道中国的核心问题是什么，这是一个比较的过程，中国自己跟西方和非洲的比较，包括中国现在发展的路径跟非洲发展的路径比较。在比较的基础上，中非也要创新，创新各自适合的道路，中国非洲学也是这样，在这个过程里面，要有一个路径，从而给我们一个方向的指引。

罗建波（中共中央党校国际战略研究院教授）：今天这个话题很重

要。中国非洲学的原创性发展，这个命题刘鸿武老师10年前就提出过，而这些年他一直在做探索，也不断有成果涌现。今天我们讲这个话题有一些新的内涵和意义，因为我们正处在实现民族伟大复兴的关键节点上，习总书记讲这是需要理论的时代，也是能够产生理论的时代。为什么这么说呢？因为中国自己、中国与世界的关系发生着巨大变化，我们看世界的胸怀与视野也在变化，而世界看中国、对我们的期待也在改变。在这样一个时代，今天刘鸿武老师推出这本书及召开的这个研讨会，就显得很重要。回想10年前，我们很多是讲如何与国际社会接轨，学习借鉴他人，而今天，除了我们仍要虚怀若谷、谦虚谨慎之外，还开始讲另外一个话题，那就是如何用中国经验来与国际社会一起解决全球性问题，如何用中国智慧和方案，为国际社会做出贡献。

我早就听说刘鸿武老师这本书，也关注过。看这本书，我个人有三点体会和感受。第一，做非洲研究需要特殊的执着和坚守，这背后更需要情怀，这是这本书给我的最大感受。相对其他研究而言，非洲研究很寂寞，也很边缘，但是对学人要求更高。做非洲研究不仅要有科学精神，同时还需要两种情怀，一个是人文情怀，一个是家国天下情怀。刘老师的微信号叫"还乡@非洲"，这个名字很有意义，包括今天新作的书名，他把云南看成第一故乡，非洲是第二故乡。我们搞非洲学要有非洲情怀，也要有中国情怀，家乡情怀。中非合作一开始就有一种历史意识，一种历史责任感，这是我们能从这本书感受到的一种情怀。

第二，这本书呈现的不只是一般性的中非知识，更是一种研究方法的启迪，一种学科理论建设的探索。研究大国关系很重要，但是研究非洲也有特殊的意义，我们做一对比，话语体系很不一样，大国研究讲的是实力、地位、权力、利益、博弈、结盟、均衡，而非洲研究讲平等、尊重、互助，发展、合作、人道，思考的是南南合作，国际的公平公正。大国研究思考的是国家间关系，非洲研究更是关照全球，关注全人类的共同福祉。非洲研究有助于我们去解读人类命运共同体，实现中国特色大国外交。这几年我也做了一些中国特色大国外交的研究，回头来看，我觉得非洲研究还是更有温情的，更有情怀和担当。60多年来中国外交很多理念，很多概念语汇都来源于中非关系的实践。

第三，这本书的书名很有意思，《从中国边疆到非洲大陆》，很传神也很表意，这不只是刘老师个人30多年学术道路的反映，也反映了中国过去30多年来从关注自身发展到考虑兼济天下的一个历程，这是这本书表现出的更深意义。中国与世界关系正在变化，中非发展经历和治理能力建设可以交流和分享。我认为，中国的贡献有两点非常突出，一是让自己的 13 亿人口实现了减贫和发展，同时另一个就是与同样超过 10 亿人口的非洲携手一起发展。所以我们谈中非关系，不只是发展伙伴关系，也是知识共享的伙伴关系。

何烈辉（达之路集团总裁）：我是 2000 年到非洲去创业的，在非洲做了 17 年，我们现在主要在吉布提开发一个经济特区，我想从我的工作出发谈几点想法。随着中非合作的不断发展，中国到非洲去投资创业的企业也多了，但我们对非洲了解的人还是太少了，缺少非洲通。比如在吉布提建经济特区，最大的问题是什么呢，是选不到合适的人派过去。缺什么样的人呢？缺的是在国内有一定的商业经验，又对非洲比较了解的人，是法语好，或者会阿拉伯语、索马里语的人，但是这样的人太少。我花了两年多时间也只在浙江师范大学中非商学院招了一个学生，他一毕业就被派到吉布提去，算是对非洲比较了解。我们很多朋友在非洲做生意、办企业都面临同样问题，很少能够物色到满意的人，很多人对非洲没有什么感情，下了飞机第二天就要回来。我们需要了解非洲，对非洲有感情的人，这样的人才会愿意在那个地方工作生活。

此外，我们的员工跨文化交流能力弱，对非洲不了解，文化不适应，容易造成双方误解，前几年西方媒体对中国企业有很多负面报道，其实事情有被他们夸大的因素。比如说在吉布提因为天气很热，工作的时间是很零散的，早上六点多起来干活，到中午十一二点结束了，我们一些工程人员非常不适应，说怎么这么懒，不想干活，我说不是懒，而是因为天气热，这也是文化差异，和懒不懒一点关系都没有。有一种现象我们也需要重视，就是现在非洲各国很重视与中国发展合作，每年都派大量学生到中国留学，这是非常好的事情，有助于让非洲了解中国。而中国学生到非洲去留学学习的人却很少，因而真正懂得非洲的中国人太少，无法准确告诉国内非洲的状况，这对中非关系是不利的。

和丹（Hodan Osman Abdi）（浙江师范大学非洲研究院索马里籍研究员）：学术研究应当是对实际生活的一种反思和反应，在中国与非洲国家之间的交往日益加深的大背景之下，中国的非洲学逐步从边缘的学术地位，走向主流地位。百年来非洲学的理论和研究范式在不断地被反思和重构，大量的非洲研究主要由西方学者和非洲本土学者所构建，西方因对非洲长期殖民而开创了各方面的非洲研究，并构建了许多理论范式，积累了丰富的实证材料，非洲学者则在反思和批判西方理论范式的基础上，进行了更多的本土应用与发展研究。相对西方，中国文化更多的是以思想的形式表达，前人的经验通过语言和思想在后人的生活中连续，并可以成为后人认知现实生活的工具。以此为基础的学术研究，能够提出对时代问题的独特见解。

过去，中国学者大多习惯以学习西方为正统，以西方思想学说和理论来审视所研究的问题，在思维方式上不由自主以西方为标准。所以，推动以中国文化为基础的非洲学的中华学派，可以克服西方非洲学只见物不见人的缺陷，对抗西方文化霸权主义，发挥中华传统文化以人为本，讲究心理安顿的和谐智慧，尊重文化多样性，天下一家的理念，强调和谐共处的交往之道，为构建和谐世界做出贡献。

中国的非洲学或中华学派的使命不是拒绝和摒弃西方学者所提出的理论或知识体系，而是希望以新的视角和分析方法来认识非洲。如何界定非洲学的中华学派，简单来说可以定义为在中华传统文化视野下研究非洲问题，它的研究内容包括对非洲从古至今的人文、历史、文化、宗教等方面的重新解读，研究目标是在世界非洲学知识体系之中形成一个独特的中华学派。

在此有一个问题需要阐明，为何不说中国学派和华夏学派，而说中华学派？原因是非洲学的中华学派，根本目的是融通古今思想和中华学派于一说，该学派是对中国悠久文明的继承、创新与传播，另一方面也是为了包含进整个中国内地与港澳台甚至海外华人华侨的大中华文化圈的学术贡献。

在厘清非洲学中华学派概念的基础上，我们接下来谈一下如何构建该学派。一方面是要在中国5000多年的文化和历史记忆当中探寻学术渊源和发展规律，进行对传统知识与现实社会实践的研究发掘整理与扬弃，另一方面要比对西方思维方式、理论方式和研究方法等方面的特点，预判进一步发展的趋势，建构非洲学的方向，提出一套具有中国风格、中国气派、中国话语的非洲学理论体系，这样的思想体系的地位是以中华文化为主，综合创新，以解释和指导中非交流社会实践为归宿点的应用性学科，希望能与西方对话，又有中国品德的非洲学，形成真正意义上的中华学派。在研究非洲问题提出中国见解的同时，反过来以非洲的知识和特殊的历史和现实情况反思中国本土所面临的问题。在这里包含着三个层面的问题。其一，以史见今，体现中华文化找出其原则和原理，结合现代社会实际进行研究验证，建立具有中华传统思想的国际应用体系。其二，目标是能以中国视角解读非洲从古至今的现象和活动，又能推动中国当代社会的实践，同时实现非洲学当代时代的创新。其三，是形成一套能够保持自然生态和谐，社会关系和顺，政治运作高效，民众关系和平互助的思想，以指导当下与未来的中非之间的交流活动。

建立非洲学中华学派有两个必不可少的支撑点，其一就是中国学者必须投身非洲学这一领域之中，必须将其身心体验和学术探讨相结合，只有走进非洲，才能了解非洲。我认为，刘鸿武教授今天发布的这一本结合实践又有理论思考的著作，正是未来非洲学中华学派该走的路。因此，中国必须加强对非洲语言和文化的了解，鼓励中国年轻学者走进非洲，体验非洲，感知非洲。其二，是非洲学中华学派与非洲本土学者的学术研究保持一致的步调，并与其开展密切的合作。因此，中国应该加强对非洲本土学者的支持，引进更多的非洲本土研究成果，尤其应该加强对非洲本土学者研究活动的资助，鼓励非洲本土学者以他们的视角来探讨非洲问题以及中非合作问题。

当下世界面临的困境是如何共同生存，现在人们更多的只能看见你我之间不同，而忽略了彼此之间的共同，我认为只有回应时代问题的研究才有生命力，中国与非洲国家所面临的共同情景包括时间和空间的因素，两者现阶段都以发展为主，共同面临全球化与多元主义之间的矛盾，以及同一个民族国家与内部多元主义的关系，因此构建非洲学中华学派的目的是团结一批深知中国传统文化又研究非洲的学者，组成学术共同体。在对中国传统文化与观念进行发掘整体研究和扬弃的基础上，搭建共同的学术交流平台，来挖掘非洲历史、文化、经济、政治、艺术等领域的时代问题，形成能够展示和推进世界文明可持续发展的机制、规律和思想方法的学说，打造新的学术高峰。2017 年 1 月 25 日，中共中央办公厅、国务院办公厅印发了《关于实施中华优秀传统文化传承发展工程的意见》，指出文化是民族的血脉，是人民的精神家园，文化自信是更基本、更深层、更持久的力量，中华文化独一无二的理念、智慧、气度、神韵增添了中国人民和中华民族内心深处的自信和自豪。我认为这也是中国能够取得如此成就的最重要的原因，非洲国家由于种种外来原因失去了对自己文化的认知和自信，非洲学中华学派对非洲最大的贡献就是传承和发展非洲优秀传统文化，使得 12 亿非洲人民找回文化自信，因而走出非洲的时代困境。

曾经有一位来自刚果（金）的朋友说，他们在初中就会学到有关中国、有关毛泽东的知识，而中国高中毕业生有可能在毕业的时候还不知道非洲到底有多少个国家，更别说非洲其他一些知识。每年有几万非洲学者来华进行各种长期或短期的交流学习，反观又有多少中国学者走进非洲，真正的了解非洲，甚至接受非洲呢？所以，非洲学中华学派在中国的最大的贡献应该体现在中国的基础教育之中，推进非洲学教学科研工作的结合，并将其研究结果落地到中国的基础教育体系之中，以此使得中华非洲学更接地气。只有使中国的年轻一代对非洲具有全新的客观无偏见的认知，才能让中非关系的未来持续健康发展。中华文明绵延5000年，积累的智慧非常宝贵，以这样的背景研究世界问题，提出具有中国特色的见解，符合世界对中国的期待，也是中国可以为世界做出的最宝贵的贡献。

杨立华（中国社会科学院西亚非洲研究所研究员）：首先祝贺刘鸿武教授这一本关于中非文化的著作出版。我和刘鸿武教授2000年之前就认识了，1998年的时候云南大学成立亚非研究中心，我有幸应邀参加活动，当时感受到刘鸿武教授对非洲研究的满腔热情，而且多年来锲而不舍，后来到浙江师范大学以后更把这种情怀和努力发扬光大。10年的成就国内非洲研究界有目共睹，也是公认的。我到浙江师范大学非洲研究院去过几次，也很受鼓舞，特别是一批年轻的博士生在那里开拓这一片非洲研究的土地，也非常感人。

就非洲学的问题，大家的发言我受益匪浅，对中国的非洲研究到底要怎么发展，我想应该是定位在既能够逐渐完善它的学术体系，也能够为国家的发展提供智力支持，同时也促进中国和非洲的交流。中国的非洲学的形成是一个长期的过程。中华人民共和国成立以后，不断地有一些前辈学者在做这方面的探讨，从20世纪60年代初开始，从中国社会科学院西亚非洲研究所成立以后，非洲研究经过半个多世纪，应该说现在处在一个最好的时期，无论是客观的需求，还是政府的政策，以及现在非洲研究队伍的壮大，都是逐渐在朝完善非洲研究的各个方面的方向努力。非洲学形成是一个过程，首先是非洲学的概念和内涵，我想学术界也是一个不断的理清和丰富的过程，虽然现在还没有一个绝对的共识，但是经过半个多世纪的积累和探讨，国内的非洲研究已经形成了不同的研究重镇，现在应该把各自的特点和侧重领域明确下来。我想除了学者个人的兴趣，非洲研究也需要一个队伍。有队伍，有专著，还要有专门的机构，这样才能够建立起来，所以说是一个长期的过程。

非洲研究除了刚才大家谈到的一些宏大命题外，最基础的是两个方面。一方面是国别研究，大家说起非洲的时候，非洲就是一块，但实际上非洲是 54 个国家，各个区域，各个国家之间的差别是很大的。包括国家和企业现在要求提供的智力支持，很多是国别性的，国别研究应该作为一个重要的支点。另一方面就是系统研究，我去年和前年去浙江师范大学和刘鸿武教授团队交流的时候，我对他们派年轻学生到非洲去进行实地考察和田野调查很赞赏，觉得这个优势应该发扬光大，而且要形成一个连续不断的系统的资料积累，作为国内非洲实地考察基地，还可以实现国内研究机构之间的资料共享。

刚才教育部的刘司长也谈到了非洲学研究方面的一些宏愿，我觉得大学当中真正拉起非洲研究队伍还是比较少的，很多都是一两位教授艰苦的支撑，包括有一些以前的优势学校，都可能后继无人了。非洲学的形成不是口号能代替的，要有队伍，有机构，有长期的支持才有可能，不能急于求成，它是一个学者在不断探讨过程当中逐渐形成的对学科建设添砖加瓦的过程。中国的所谓非洲学派，首先不能脱离非洲的本土的研究，同时也要借鉴世界上以往的，以及现当代的其他地区的非洲研究经验，形成一个包含中国在内的更完整的世界对非洲的认识。了解非洲不但能丰富我们自己的认识，同时也是对世界认识非洲的促进。我觉得这是一个长期的过程，要真正用心去建设。实际上，我仍觉得有一点遗憾，我国目前还没有一个全国性的涵盖各个学科的中国非洲学会，这对我们整个非洲研究领域是一个缺憾，无论从教育部还是社科院系统，怎么样能够促进成立跨学科的中国非洲学会，这是一个问题，也是我的一个建议，希望能够列入日程考虑一下，这样才能够更加适应非洲学的趋势和要求。

张宏明（中国社会科学院西亚非洲研究所副所长）：谢谢鸿武教授，刚才听了大家发言，很受启发。从我个人而言，跟鸿武认识很早，一起做过非洲研究。他去浙江师范大学建立非洲研究院的时候我就去过，后来也去过几次，每次去都看到取得很好的成绩，这 10 年确实不容易。我觉得今天的题目很好，刚才记了一下大家的发言，总体感觉是愿望和现实要结合起来。我们现在谈得更多的还是从一个概念到另外一个概念。非洲学或者说非洲研究确实比较特殊，属于地区研究，如果结合与学科的关系，比如说非洲研究下的政治、经济、宗教，涵盖学科非常多，也就是说是比较特殊的，如果没有学科建设很难谈非洲学。但国内目前就是这么一个状况，能够从事学科建设的研究机构或者说学术机构不多，我们这一家和鸿武他们这一家是其中两所。国内能够做非洲学科建设的不多，能坐下来并能做好就更不容易，就如鸿武现在的切身感受。基础研究需要时间，需要有学术周期，真正的基础研究没有办法短期完成。同时现在还强调系统，也就是学术研究和对策研究都兼顾，既做对策研究又做学科研究。但这不容易，往往两个方向不相及，有一些能够对上，比如说国关学科可能对上，但精力有限，就导致了学术研究发表的东西不是很多，不像对策研究出成果比较快。对此，我还是挺担心的，更加希望沉下心来做一些从学术和学科角度的研究。

刘鸿武（浙江师范大学非洲研究院院长）：以示对大家的敬意，我就站着讲几点感受，而不是总结。首先我代表主办方向大家表示感谢。刚才漫远院长主持的非常好，专家们做了很精彩的发言，就中国非洲学的建设问题谈了一些很重要的理念和观点，发言专家都是我们国际关系学界、非洲研究界的领军人物和实践者，大家也有自己丰富的经验，因而今天谈的很多问题对学科建设很有价值，遗憾的是因时间关系，还有一些嘉宾到会场了但没有发言，很是抱歉。

今天新书发布会上张明副部长和各位嘉宾的讲话内容很丰富，很重要，也很感动人，值得我们用心体会和学习实践。今天的活动是我们几家联合主办的，世界知识出版社、中非友协、中国人民大学重阳研究院，还有我们非洲研究院，请允许我再次代表主办方对今天出席会议的所有嘉宾表示衷心的感谢，也代表非洲研究院向多年来关心支持或实际参与了我们非洲研究学科建设的校内校外、国内国外的各个方面的专家学者和朋友表示感谢。刚才发言的各位专家都是国际关系学界的优秀学者。他们为中国国际问题研究、非洲研究，向世界讲好中国故事，做了许多努力，今天他们能来出席研讨会让我很感动。当年非洲研究院建院的时候，今天在座的很多老师，如杨立华、罗建波、安春英、李智彪老师都去了，宏明副所长那一次还代表学界发表了讲话。建院以后，北京、上海、全国各地许多专家学者，都曾到我们研究院指导工作。所以我说非洲研究是一个大家共同的事业，是我们共同努力的方向。

虽然我进入非洲研究领域也有30年了，但也还是后来者。中非关系在过去六七十年有多少人在方方面面付出过努力，今后会有更多的人参与进来。我觉得做非洲研究有一个最大的体会，就是感觉到我们这个国家，我们这个民族是有一种共同的精神的。过去许多年，无论你到非洲大陆哪个国家，无论是在哪里，援建工程基地，医疗队驻地，拜访大使馆，孔子学院，看望我们的企业家、我们的志愿者、我们的外交官，或是与非洲当地国家的朋友交流，你都可以感受到一种共同的东西，一种共同的精神。这种精神可能不是什么学术性的，但我想它可以成为中国非洲学的一种无形的、内在的精神支柱。中国与非洲国家的当代交往是一首民族奋斗的史诗，有一种超越时空的精神力量值得我们传承，包括做学术研究也一样，如果要说中国的非洲学有什么中国特色的话，这种奋斗精神、合作精神、坚持精神，可能就是其中的最重要的方面。

这些年，我觉得做非洲研究好像与我以往做其他领域的学术研究，既相同又不同，它好像不仅仅是一种单纯的研究工作。有时候，我会到我们院的图书馆里坐一坐，看着图书馆宽大的储藏厅里那一排排一架架的关注非洲的图书、画册，其中我们的中国学者，我们非洲研究院编纂的著作也在增加着，每一本书都有它的研究领域，有它自己不同的研究问题，有的做得很专业很深入，可谓千差万别。可是我想，在所有这些不同领域、不同国别、不同主题的非洲研究背后，有没有一种共同的东西存在呢？有没有一种共同的精神理念在其中支撑着非洲研究这样一份事业呢？我想，这也是中国的非洲学可能要面对的问题，可能是非洲学的中华学派、中国特色的核心所在。

我在书中说过，在中国传统的学术世界里，所谓的学术和思想，并不是自外于人生、自外于生活的一个纯理念的世界，它来自生活，又能回归和指导生活。做中国的非洲研究，应该从非洲大地，从非洲人民，从中国的非洲实践、非洲事业中获得源泉和动力。今天张明副部长就讲到，没有谁比非洲人自己更了解非洲，所以我们做非洲研究，非洲人是我们最好的老师，是先生，中国的非洲研究就是要向非洲学习，向中非合作的先行者、实践者、创造者学习。所以我经常说，中国的非洲研究好还是不好，有用还是无用，我们的水平高还是不高，标准可能有许多条，但其中最重要的一条，就是看我们的工作，我们的成果，我们培养的人才，能不能实实在在地推进中非人民合作发展的事业，能不能帮助中非人民创造更美好的生活，能不能回答中非人民关心的问题，能做到这一点的，就是一流的，就是先进的。

我自己早年有机会去非洲留学，后来一次次去非洲不同国家和地区，我的有限的非洲知识也是从非洲学回来的。我们现在在非洲大陆有上千名的留学生，包括汉语志愿者、汉语教师，而在中国的非洲留学生更有数万人，而且还在增长，我想他们是未来的中国非洲研究新力量。这是世界两大文明区域大规模的交流合作，中国是一个洲际规模的大国，非洲是一块真正的大陆大洲，中非加在一起有约 25 亿人口，占世界人口1/3 还多，所以，中非合作关系对世界的影响很大，双方的文化交流也是人类最重要的文化交流。过去 100 多年中华民族艰苦奋斗追求复兴，努力重新在世界上站立起来，非洲也一样，经历了艰苦的追求独立解放过程。目前非洲国家开始走上加快发展的道路，但一些国家确实处于世界上发展比较滞后的位置，全世界有一半绝对贫困人口集中在这块大陆。因此，推进中非的合作关系，其实就是检验我们这个国家，我们这个民族在未来世界上角色的最好窗口。

非洲研究是一门学科，要作为学术事业来做，但很多时候又不仅仅是一门学科，而是一种精神追求。中华民族几千年来都有一种修身、齐家、治国、平天下的传统，读书人不仅仅是个学者，更应是有志于天下，关注百姓苍生，这可能是今日推动中国非洲研究不断进步的另一个动力。

（责任编辑：雷雯）

非洲政治与国际关系

非洲研究　2018 年第 1 卷（总第 12 卷）
第 35 – 51 页
SSAP ©，2018

阿卜耶伊仲裁案及其影响限度[*]

王　涛　曹峰毓

【内容提要】 阿卜耶伊仲裁案是苏丹南北方内战冲突的产物。苏丹政府与苏丹人民解放运动在无法就阿卜耶伊归属与边界划分问题达成一致的情况下，选择将此问题提交国际常设仲裁法院。法院在受理此案后，依据"部落解释"的原则，以 1905 年并入科尔多凡省的九个恩哥克－丁卡人酋长领地为依据，对阿卜耶伊地区的边界进行了确认。仲裁本身是高效、透明的，在费用分摊上也较为合理，双方均接受此仲裁结果。然而，由于未涉及阿卜耶伊地区的石油与放牧权问题，仲裁结果无法得到执行，阿卜耶伊地区的冲突也持续至今。此案所反映出的仲裁机制的局限性与无效化问题，从本质上看，是将"技术性问题"置于"实际关切点"之上，导致法律与政治错位的结果。

【关 键 词】 阿卜耶伊仲裁案；国际常设仲裁法院；阿卜耶伊边界委员会

【作者简介】 王涛，云南大学非洲研究中心副教授；曹峰毓，云南大学非洲研究中心博士生。

一　"阿卜耶伊仲裁案"的历史背景与现实缘起

阿卜耶伊（Abyei）地区位于苏丹科尔多凡省（Kordofan）与南苏丹

---

*　本文是国家社科基金项目"撒哈拉以南非洲反政府武装问题及其对中非合作关系的影响研究"（项目号：14CGJ005）的阶段性成果。

加扎勒河地区（Bahr el Ghazal）之间，在南苏丹独立前，是苏丹南北文化、族群的分界地区。该地区的主要居民是南苏丹主要族群丁卡人（Din-ka）中的恩哥克－丁卡人（Ngok Dinka），他们与其北方的米斯里亚人（Misseriya，属于阿拉伯人）比邻而居。①

"阿卜耶伊问题"可追溯至 20 世纪初。1905 年，英国殖民当局为便于统治，将阿卜耶伊地区由当时的加扎勒河省划归科尔多凡省管辖。由于该决定事先征得了恩哥克－丁卡人首领的同意，并未引起广泛反对。1956 年苏丹独立后，南北方因宗教、族群矛盾爆发了第一次内战。最初，恩哥克－丁卡人和米斯里亚人未受此次内战的波及。然而，在1965 年，由于 72 名恩哥克－丁卡人在一个米斯里亚人的城镇警察局里被一伙暴徒纵火烧死，恩哥克－丁卡人转而支持南方，加入了被称作"阿尼亚－尼亚"（Anya-Nya）的反政府武装。恩哥克－丁卡人主张阿卜耶伊地区属于南方，而米斯里亚人则支持苏丹中央政府对该地区的管辖。②

1972 年，苏丹政府与南方反政府武装签署《亚的斯亚贝巴协议》（Addis Ababa Agreement），结束了第一次内战。该协议赋予南方一定的自治权，并允许阿卜耶伊地区的居民通过全民公决选择加入南方或留在北方。不过，协议中关于阿卜耶伊地区的条款并未得到履行。③

1983 年，因苏丹政府决定在全国范围内实施伊斯兰法，南北方爆发了第二次内战。阿卜耶伊的恩哥克－丁卡人再次选择支持南方反政府武装。2002 年 7 月，苏丹政府与南方反政府武装"苏丹人民解放运动"（Sudan People's Liberation Movement）签署了《马查科斯协议》（Machakos Protocol）。该协议按 1956 年苏丹独立时的南北界线将苏丹分为南北两部分，允许苏丹南方成立自治政府，并在六年过渡期后通过全民公决的方式决定是否独立。这意味着阿卜耶伊地区将被排除在南方自治政府的管辖之外，并丧失通过公投决定自身归属的权利。由于阿卜耶伊地区拥有

---

① "Sudan: Breaking the Abyei Deadlock", *Africa Briefing* 47, Nairobi /Brussels: Crisis Group Report, 2007, p. 2.

② Luka Biong Deng, "Justice in Sudan: Will the Award of the International Abyei Arbitration Tribunal be Honoured?", *Journal of Eastern African Studies*, Vol. 4, No. 2, 2010, p. 299.

③ Luka Biong Deng, "Justice in Sudan: Will the Award of the International Abyei Arbitration Tribunal be Honoured?", *Journal of Eastern African Studies*, Vol. 4, No. 2, 2010, p. 299.

重要的战略价值，苏丹人民解放运动对这一安排表示强烈不满。①

2004 年 5 月在美国的压力下，苏丹政府与苏丹人民解放运动签署了《阿卜耶伊冲突解决议定书》（*Protocol on the Resolution of Abyei Conflict*）。议定书将阿卜耶伊地区定义为"1905 年并入科尔多凡省的九个恩哥克－丁卡人酋长领地"，并赋予其特殊的行政地位，即虽然将阿卜耶伊地区归于苏丹中央政府管辖之下，但同时授予居民北方与南方公民的双重身份。与此同时，议定书还允许阿卜耶伊地区举行公投以决定其未来归属。②

由于苏丹政府与苏丹人民解放运动对阿卜耶伊具体范围的认定存在分歧，2004 年 12 月，双方根据议定书的相关条款成立了"阿卜耶伊边界委员会"（Abyei Boundary Commission）。其具体职责是"确定并标明 1905 年并入科尔多凡省的九个恩哥克－丁卡人酋长领地，即阿卜耶伊地区的具体范围"。③ 该委员会的成员包括：苏丹政府、苏丹人民解放运动、恩哥克－丁卡人和米斯里亚人的代表各一名，以及美国、英国和东非政府间发展组织（Inter-Governmental Authority on Development）的五名国际代表。④ 根据协议，如果苏丹政府与苏丹人民解放运动的代表不能就边界问题达成一致，则由国际专家做出最终的和具有约束力的决定。⑤

在调查过程中，委员会未能找到殖民地当局描述阿卜耶伊地区具体边界的文件。在此情况下，委员会只好转而通过走访证人，查阅在苏丹、英国和美国档案馆中有关文件等方式来确定该地区的边界。⑥ 为了确定九个恩哥克－丁卡人酋长领地的具体范围，委员会引入了"首要权"（Dominant Rights，即永久性权利）与"次要权"（Secondary Rights，即季

---

① 阿卜耶伊地区的战略价值主要体现在石油工业领域。该地区曾是苏丹最主要的石油产地之一，2003 年的石油产量占苏丹石油总产量的 25%。此外，由于连接哈季利季（Heglig）油田、班布（Bamboo）油田和苏丹港的大尼罗河输油管道（Greater Nile Oil Pipeline）通过此区域，该地区还是苏丹重要的石油运输枢纽。参见姜恒昆、周军《苏丹南北关系中的阿卜耶伊问题》，《西亚非洲》2011 年第 7 期，第 39 页。

② Luka Biong Deng, "Justice in Sudan: Will the Award of the International Abyei Arbitration Tribunal be Honoured?", *Journal of Eastern African Studies*, Vol. 4, No. 2, 2010, p. 300.

③ *Protocol on the Resolution of Abyei Conflict*, 2004, Section 5. 1.

④ Luka Biong Deng, "Justice in Sudan: Will the Award of the International Abyei Arbitration Tribunal be Honoured?", *Journal of Eastern African Studies*, Vol. 4, No. 2, 2010, p. 300.

⑤ 姜恒昆、周军：《苏丹南北关系中的阿卜耶伊问题》，《西亚非洲》2011 年第 7 期，第 40 页。

⑥ 姜恒昆、周军：《苏丹南北关系中的阿卜耶伊问题》，《西亚非洲》2011 年第 7 期，第 40 页。

节性权利）概念。① 委员会认为在 1905 年之前恩哥克－丁卡人已在阿拉伯河（Bahr el Arab）以北地区建立了永久居住地，而米斯里亚人却没有，因此恩哥克－丁卡人在阿拉伯河及其北部支流一带享有"首要权"，而米斯里亚人只能拥有"次要权"。此外，由于双方均未在两个族群控制区的边界建有永久居住点，委员会认为他们均在该地区拥有"共享次要权"。② 2005 年 7 月，阿卜耶伊边界委员会如期公布了《阿卜耶伊边界委员会报告》（Abey Boundary Commission Report）。报告认为阿卜耶伊地区的北部和东部边界分别为北纬 10°22′30″，东经 29°31′15″，南部与西部边界则沿用科尔多凡省的省界。③ 其面积为 1.8559 万平方千米，包括班布和哈季利季两座油田。

委员会的调查结果得到了苏丹人民解放运动的欢迎，而苏丹政府则坚决抵制。双方在该问题上僵持不下，并在阿卜耶伊地区武装对峙，局势一度紧张。2008 年 5 月，苏丹南北方在阿卜耶伊地区爆发了激烈冲突，阿卜耶伊镇几乎被夷为平地，导致数千居民流离失所。④

这次武装冲突引起了国际社会的广泛关注。在强大的国际压力下，苏丹执政党全国大会党（NCP）和苏丹人民解放运动（SPLM）于 2008 年 6 月签署了《全国大会党、苏丹人民解放运动关于阿卜耶伊仲裁主要问题的联合谅解协议》（Joint NCP-SPLM Understanding on Main Issues of the Abyei Arbitration Agreement）和《国内流离失所者重返家园与阿卜耶伊协议实施路线图》（Roadmap for Return of Internally Displaced Persons and Implementation of the Abyei Protocol），决定将该分歧提交国际常设仲裁法院（Permanent Court of Arbitration）审理。2008 年 7 月，双方正式向法院的常设国际仲裁委员会提交了《阿卜耶伊地区划界仲裁协议》（Arbitration Agreement on Delimiting the Abyei Area），标志着阿卜耶伊划界问题正式进入仲裁程序。⑤

---

① Abyei Boundary Commission, *Abyei Boundary Commission Report*, 2005, p. 16.

② 姜恒昆、周军：《苏丹南北关系中的阿卜耶伊问题》，《西亚非洲》2011 年第 7 期，第 41 页。

③ Abyei Boundary Commission, *Abey Boundary Commission Report*, 2005, p. 22.

④ Luka Biong Deng, "Justice in Sudan: Will the Award of the International Abyei Arbitration Tribunal be Honoured?", *Journal of Eastern African Studies*, Vol. 4, No. 2, 2010, p. 302.

⑤ Luka Biong Deng, "Justice in Sudan: Will the Award of the International Abyei Arbitration Tribunal be Honoured?", *Journal of Eastern African Studies*, Vol. 4, No. 2, 2010, p. 302.

二　"阿卜耶伊仲裁案"中仲裁双方的立场与分歧

苏丹政府与苏丹人民解放运动在阿卜耶伊问题上的根本分歧是源于对该地区定义，即"1905 年并入科尔多凡省的九个恩哥克 - 丁卡人酋长领地"的不同理解。苏丹人民解放运动采用了与阿卜耶伊边界委员会所使用的"部落解释"（Tribal Interpretation），认为 1905 年从加扎勒河省划归科尔多凡省管辖的是九个恩哥克 - 丁卡人部落，而不是针对某块土地的转让，即此次管辖权的变更是以族群为主体进行的。因此，在 1905 年阿卜耶伊地区划界文件缺失的情况下，该地区的具体边界应该通过确定1905 年并入科尔多凡省的九个恩哥克 - 丁卡人部落的永久居住范围来划定。①

苏丹政府则倾向于"领土解释"（Territorial Interpretation），认为1905 年发生管辖权变更的是一块具体的土地，因此不能忽视加扎勒河省和科尔多凡省的原有边界。苏丹政府声称 1905 年两省是以阿拉伯河为界，该河以北的地区本就属于科尔多凡省，不在管辖权变更的范围之内。因此，即使阿拉伯河以北地区存在恩哥克 - 丁卡人的居住地，但阿卜耶伊地区应限于阿拉伯河以南。②

除了在阿卜耶伊定义理解上的分歧，苏丹政府还对委员会的调查过程与结果提出了反对意见，认为委员会专家的调查工作"超出授权"（Excess of Mandate）。第一，苏丹政府认为委员会在调查过程中涉嫌"程序违法"（Procedural Violations），委员会专家涉嫌在没有"程序保障"（Procedural Safeguard）且未告知苏丹政府的情况下擅自与恩哥克 - 丁卡人建立联系；涉嫌单方面对其职责范围进行解释；涉嫌未能在内部形成统一意见，并在最终报告发布之前未寻求与苏丹政府、苏丹人民解放运

---

① Paul von Muhlendahl, "International Tribunal Redraws Boundaries of Sudanese Abyei Region: A Chance for Peace?", Hague Justice Portal, 2013, http://www.haguejusticeportal.net/Docs/Commentaries% 20PDF/Abyei_Arbitration_EN. pdf.

② Paul von Muhlendahl, "International Tribunal Redraws Boundaries of Sudanese Abyei Region: A Chance for Peace?", Hague Justice Portal, 2013, http://www.haguejusticeportal.net/Docs/Commentaries% 20PDF/Abyei_Arbitration_EN. pdf.

动达成一致。①

第二，苏丹政府认为委员会涉嫌实质性的超出授权（Substantive Excess of the Mandate）。一方面，苏丹政府认为委员会涉嫌"超出诉讼请求"（Ultra Petita），即调查范围大于苏丹政府和苏丹人民解放运动对其的授权，例如，对恩哥克－丁卡人在阿卜耶伊之外的权利进行了确定。另一方面，苏丹政府还认为委员会涉嫌"裁决不全"（Infra Petita），即调查报告并未完全对仲裁双方希望确定的事项做出解答。苏丹政府认为委员会引入"首要权"和"次要权"概念，并通过"部落解释"来判定两族群土地权利的做法实际上与确定阿卜耶伊地区边界的问题无关。②

第三，苏丹政府认为委员会涉嫌违反强制性标准（Mandatory Criteria），认为后者没有对其结论给予充分解释，在确定阿卜耶伊地区北部边界时缺少科学性，未详细说明其判定两族群的土地权利时所依照的法律标准，且试图故意将石油产区划入阿卜耶伊地区。③

苏丹人民解放运动则认为苏丹政府对委员会的上述指责，是源于对委员会报告的不当解读，或源于对《阿卜耶伊冲突解决议定书》等文件的错误解释。此外，苏丹人民解放运动还认为，除非调查报告的结论可被证明存在"严重偏见"，否则，苏丹政府的上述指责并不能动摇委员会调查结果的有效性。④

三　"阿卜耶伊仲裁案"的审理过程与主要内容

根据《阿卜耶伊地区划界仲裁协议》，国际常设仲裁法院成立了由五

① Luka Biong Deng, "Justice in Sudan: Will the Award of the International Abyei Arbitration Tribunal be Honoured?", *Journal of Eastern African Studies*, Vol. 4, No. 2, 2010, p. 304.

② Paul von Muhlendahl, "International Tribunal Redraws Boundaries of Sudanese Abyei Region: A Chance for Peace?", http://www. haguejusticeportal. net/Docs/Commentaries% 20PDF/Abyei_Arbitration_EN. pdf.

③ Luka Biong Deng, "Justice in Sudan: Will the Award of the International Abyei Arbitration Tribunal be Honoured?", *Journal of Eastern African Studies*, Vol. 4, No. 2, 2010, p. 305.

④ Luka Biong Deng, "Justice in Sudan: Will the Award of the International Abyei Arbitration Tribunal be Honoured?", *Journal of Eastern African Studies*, Vol. 4, No. 2, 2010, p. 305.

名仲裁员组成的仲裁庭以审理此案。① 在案件审理过程中，苏丹政府与苏丹人民解放运动均提供了大量证据以证明各自的主张。仲裁庭则对双方提供的所有证据进行了细致研究，并在此基础上形成了长达269页的判决书。在判决书中，仲裁庭从五个方面对双方的主张进行了考察，其中比较重要的问题包括以下三个方面。

（一）仲裁庭的适用法律、权限与审理过程的确定

仲裁庭首先根据《阿卜耶伊地区划界仲裁协议》，确定了该案件审理所应遵循的法律基础。它们包括《阿卜耶伊冲突解决议定书》及其附件、《苏丹临时宪法（2005版）》《阿卜耶伊地区划界仲裁协议》以及其他仲裁庭认为有关的法律与实践的一般原则。②

根据以上文件，仲裁庭的权限集中于以下三个部分：第一，确定阿卜耶伊边界委员会是否超出了《阿卜耶伊冲突解决议定书》对它的授权；第二，如果仲裁庭认为边界委员会的行为没有超出议定书的授权范围，它将宣布《阿卜耶伊边界委员会报告》有效，并要求苏丹政府和苏丹人民解放运动完全并立即按该报告划定阿卜耶伊地区的具体范围；第三，如果仲裁庭认为边界委员会超出了议定书的授权范围，仲裁庭将对此情况发布声明，并根据苏丹政府和苏丹人民解放运动提交的证据在地图上重新确定1905年并入科尔多凡省的九个恩哥克－丁卡人酋长领地的具体边界。③

在此基础上，仲裁庭将仲裁过程分为两个阶段。第一阶段是要判断阿卜耶伊边界委员会的行为是否超越了对它的授权。若答案是肯定的，则启动第二阶段的仲裁工作，即根据仲裁双方提供的证据判定阿卜耶伊地区的具体范围。仲裁庭强调，在第一阶段的仲裁中，它将不会对委员会的调查结果进行评判，仅会调查边界委员会对其授权的解释以及在此之上的行为是否合理。只有在第二阶段的仲裁中，仲裁庭才会对所有的证据进行重新审查。④

---

① PCA, "Permanent Court of Arbitration: Abyei Arbitration", *International Journal of African Renaissance Studies*, Vol. 4, No. 2, 2009, p. 221.

② GoS & SPLM, *Arbitration Agreement on Delimiting the Abyei Area*, 2008, Article 3.

③ GoS & SPLM, *Arbitration Agreement on Delimiting the Abyei Area*, 2008, Article 2.

④ PCA, *Abyei Arbitration*, Hague: Permanent Court of Arbitration, 2009, para. 395–411.

（二）仲裁第一阶段：对阿卜耶伊边界委员会是否超出授权的判断

在仲裁的第一阶段中，为了判断阿卜耶伊边界委员会是否超出了授权，仲裁庭首先对边界委员会对其授权范围的解释是否合理进行了判定。仲裁庭认为边界委员会将其职责——"确定并标明 1905 年并入科尔多凡省的九个恩哥克－丁卡人酋长领地"，理解为"确定并标明 1905 年九个恩哥克－丁卡人酋长领地"（即采用"部落解释"）是合理的。仲裁庭依据的主要理由如下。第一，边界委员会对其授权范围的表述并不违背《阿卜耶伊冲突解决议定书》中相关条款的字面意思。第二，根据《阿卜耶伊冲突解决议定书》，边界委员会的调查工作是为阿卜耶伊地区未来的全民公决做准备，而全民公决的本意是使"恩哥克－丁卡人以及其他在阿卜耶伊地区生活的居民能够选择留在北方或加入南方"。因此，委员会采用的"部落解释"比苏丹政府提出的"领土解释"更符合此初衷。第三，仲裁庭认为《阿卜耶伊冲突解决议定书》的起草历史与国际常设仲裁法院的有关程序性规定均能支持"部落解释"的合理性。第四，仲裁庭发现边界委员会采取的"部落解释"并不违背 1905 年行政管辖权变更的相关史实。[①]

随后，仲裁庭对阿卜耶伊边界委员会的行为是否超出了授权进行了判定。仲裁庭认为，除了南部边界，边界委员会在确定阿卜耶伊地区北部、西部和东部边界时均超出了授权。其中，在确定北部边界时，仲裁庭同意边界委员会将恩哥克－丁卡人的永久居住范围定为北纬 10°10′的做法，但否认将阿卜耶伊地区的边界定在北纬 10°22′的合理性，因为边界委员会在做出后一个决定时没有提供充足的证据。[②] 在确定西部边界时，仲裁庭认为边界委员会的决定完全不合理，因为后者根本就没有对其边界划定过程进行详细说明，仅是在总结部分以"其他边界应以现行边界为准"的表述一笔带过。[③] 而在确定东部边界时，边界委员会并没有独立收集证据，而是完全采纳了苏丹人民解放运动的观点，并依据后者提供的一张草图完成了划界。仲裁庭认为基于此种证据得出的结果显然

---

① PCA, "Permanent Court of Arbitration: Abyei Arbitration", *International Journal of African Renaissance Studies*, Vol. 4, No. 2, 2009, pp. 225 – 226.

② PCA, *Abyei Arbitration*, Hague: Permanent Court of Arbitration, 2009, para. 696 – 697.

③ PCA, *Abyei Arbitration*, Hague: Permanent Court of Arbitration, 2009, para. 706.

存在漏洞。①

（三）仲裁第二阶段：对阿卜耶伊地区边界的重新划定

在确定阿卜耶伊边界委员会确实存在超出授权的情况后，仲裁庭随即进入第二阶段的仲裁程序，着手通过已有证据重新划定阿卜耶伊地区的边界。由于南部边界并不存在争议，仲裁庭只对北部、西部和东部的边界进行调整。

在重新确定阿卜耶伊地区的边界时，仲裁庭发现已有的证据并不足以对 1905 年九个恩哥克－丁卡人酋长领地的范围进行精确勘定。仲裁庭不得不通过其认为最可靠的证据，在"部落解释"的基础上重新确定该地区的边界。仲裁庭通过审视各类证据后发现，苏丹政府和苏丹人民解放运动均没有对两位人类学家——保罗·P. 豪威尔（Paul P. Howell）和伊恩·坎尼森（Ian Cunnison）提供的资料提出异议。因此，上述两人的研究成果便成为仲裁庭重新确定阿卜耶伊地区边界的关键性证据。②

通过对豪威尔和坎尼森研究成果的检阅，并结合其他相关证据，仲裁庭认为包括拉加巴·伊兹·扎尔加（Ragaba ez Zarga）地区北部和东部在内的阿拉伯河地区在 20 世纪初便已经是恩哥克－丁卡人的永久居住地。③ 在此基础上，仲裁庭将阿卜耶伊地区的北部、西部与东部边界分别调整为北纬 $10°10'$、东经 $27°50'$ 和东经 $29°00'$。④

在重新确定阿卜耶伊地区边界的同时，仲裁庭强调，仲裁庭的权力仅限于在地图上确定阿卜耶伊地区的边界；在双方实际的划界过程中不应忽视该地区及其附近其他族群的传统权利。⑤ 这意味着仲裁庭认为米斯里亚人在阿卜耶伊放牧的传统权利不应因阿卜耶伊地区边界的改变而受到影响。

---

① PCA, *Abyei Arbitration*, Hague：Permanent Court of Arbitration, 2009, para. 704 – 705.

② PCA, *Abyei Arbitration*, Hague：Permanent Court of Arbitration, 2009, para. 714 – 719.

③ PCA, "Permanent Court of Arbitration：Abyei Arbitration", *International Journal of African Renaissance Studies*, Vol. 4, No. 2, 2009, pp. 227 – 228.

④ PCA, *Abyei Arbitration*, Hague：Permanent Court of Arbitration, 2009, para. 770.

⑤ PCA, *Abyei Arbitration*, Hague：Permanent Court of Arbitration, 2009, para. 748.

四　"阿卜耶伊仲裁案"的审理特点

（一）审理的高效性

鉴于阿卜耶伊地区的紧张局势，苏丹政府和苏丹人民解放运动均希望尽快解决该地区的划界问题。为此，双方在《阿卜耶伊地区划界仲裁协议》中对仲裁员选拔程序的各个环节提出了严格的时间限制，并规定不得延期。[①] 另外，双方还对国际常设仲裁法院的审理工作提出了极为严格的时间限制。《阿卜耶伊地区划界仲裁协议》中规定仲裁程序在协议签署的次日即被视为开始，且在仲裁庭成立后的六个月内（至多不能超过九个月），陈述材料上交后的 90 天内完成案件的审理工作。[②] 为达到此目的，双方仅有 12 周时间用于进行两轮书面答辩（written pleading），口头答辩（oral pleading）则被安排在书面答辩结束后的第 30 天。[③]

为确保案件能够按计划不因任何一方的阻碍而快速审理，苏丹政府和苏丹人民解放运动还在《阿卜耶伊地区划界仲裁协议》中加入了数条预防性条款。例如，在该协议的第 5 条中规定，如果任何一方未能按时任命仲裁员，则由国际常设仲裁法院的秘书长代为行使该权力；在第 8 条中也规定若一方未能按时进行书面或口头答辩，仲裁庭将继续进行审理程序，并在已有材料的基础上完成仲裁。[④]

协议中审理程序严格的时间限制与相应的保障机制都确保了对"阿卜耶伊仲裁案"的快速审理。仲裁庭在 2009 年 7 月 22 日如期公布了 269 页的仲裁书，使得整个案件的审理工作在签署仲裁协议的 13 个月内便宣告结束。

表 1　阿卜耶伊仲裁案主要事件时间

主要事件	时间
仲裁双方签署《阿卜耶伊地区划界仲裁协议》	2008 年 7 月 7 日

---

① GoS & SPLM, *Arbitration Agreement on Delimiting the Abyei Area*, 2008, Article 5.
② GoS & SPLM, *Arbitration Agreement on Delimiting the Abyei Area*, 2008, Article 4.
③ GoS & SPLM, *Arbitration Agreement on Delimiting the Abyei Area*, 2008, Article 8.
④ GoS & SPLM, *Arbitration Agreement on Delimiting the Abyei Area*, 2008, Article 5, 8.

续表

主要事件	时间
国际常设仲裁法院秘书长向仲裁双方提交仲裁员名单	2008 年 7 月 16 日
仲裁双方任命指定仲裁员	2008 年 8 月 14 – 15 日
国际常设仲裁法院秘书长任命第五名仲裁员（仲裁庭组建完成）	2008 年 10 月 30 日
仲裁双方提交备忘录（书面陈述开始）	2008 年 12 月 18 日
仲裁双方提交答辩材料（书面陈述结束）	2009 年 2 月 28 日
口头陈述	2009 年 4 月 18 – 23 日
公布终局仲裁裁决	2009 年 7 月 22 日

资料来源：PCA, *Abyei Arbitration*, Hague: Permanent Court of Arbitration, 2009, para. 1 – 94。

（二）审理的高透明性

阿卜耶伊仲裁案的另一个特点是其审理过程拥有极高的透明性。在《阿卜耶伊地区划界仲裁协议》中，仲裁双方要求仲裁庭对口头陈述阶段进行现场直播，定期向媒体公布案件审理的进展，并将双方提交的各类材料和裁定书公布于国际常设仲裁法院的网站。[1] 为便于本国民众阅读，仲裁双方还要求国际常设仲裁法院将裁定书翻译为阿拉伯语。此外，仲裁庭还应双方要求在公布裁定书时举行了一个特别仪式，并邀请200 余名来自仲裁双方、媒体以及 13 个见证国和欧盟的代表出席。[2]

根据国际常设仲裁法院的有关规定，一般情况下口头陈述环节应秘密进行，裁定书也不会对外界公开，更没有在公布裁定书时举行仪式的传统。在国际常设仲裁法院的历史上，仅有少数几个案例（如 1935 年美国无线电公司与中华民国仲裁案、2003 年欧洲隧道仲裁案）采取了与阿卜耶伊仲裁案类似的透明措施。[3]

有学者认为，仲裁双方对案件审理的透明性做出如此高的要求，一

---

[1] GoS & SPLM, *Arbitration Agreement on Delimiting the Abyei Area*, 2008, Article 8.

[2] Freya Baetens & Rumiana Yotova, "The Abyei Arbitration: A Model Procedure for Intra-State Dispute Settlement in Resource-Rich Conflict Areas?", *Goettingen Journal of International Law*, Vol. 3, No. 1, 2011, p. 435.

[3] Freya Baetens & Rumiana Yotova, "The Abyei Arbitration: A Model Procedure for Intra-State Dispute Settlement in Resource-Rich Conflict Areas?", *Goettingen Journal of International Law*, Vol. 3, No. 1, 2011, p. 435.

方面是考虑到定期公布审理过程可使得本国民众，尤其是生活在阿卜耶伊地区及其附近的居民能够及时掌握案件动态，减小他们对存在"暗箱操作"的疑虑，并进而对阿卜耶伊问题的最终解决创造良好的内部条件。另一方面，提高仲裁过程的透明度也有助于增加国际社会对判决结果的支持，为阿卜耶伊问题的解决与苏丹和平进程的推进营造良好的外部氛围。[①]

（三）　审理的特殊费用分摊机制

阿卜耶伊仲裁案特殊的费用的分摊模式也是其亮点之一。由于该仲裁案的当事双方分别为一国政府和该国一个反政府武装性质的地方势力，经济实力相差巨大。因此，双方在《阿卜耶伊地区划界仲裁协议》中规定不论仲裁结果如何，其费用均由苏丹政府承担。不过，鉴于苏丹政府的财政状况同样不容乐观，协议还允许其接受"国际常设仲裁法院财政援助基金"（PCA Financial Assistance Fund）的资金援助。[②] 最终，挪威、荷兰和法国通过该基金向苏丹政府提供了 40 万欧元的援助，约占全部诉讼费用的 17.5%。[③]

除了争取国际常设仲裁法院财政援助基金的支持，《阿卜耶伊地区划界仲裁协议》还允许仲裁双方争取国际社会的其他援助。事实证明，这类援助也给予了资金并不充裕的当事双方重要帮助。例如，苏丹人民解放运动就得到了威凯平和而德律师事务所（Wilmer Cutler Pickering Hale and Dorr LLP）和国际法政策组织（Public International Law Policy Group）的无偿专业服务。[④] 它们的代表作为苏丹人民解放运动的法律顾问参与了法律文件的起草工作并出席了口头陈述等重要审理环节。

---

① Freya Baetens & Rumiana Yotova, "The Abyei Arbitration: A Model Procedure for Intra-State Dispute Settlement in Resource-Rich Conflict Areas?", *Goettingen Journal of International Law*, Vol. 3, No. 1, 2011, pp. 434 – 435.

② GoS & SPLM, *Arbitration Agreement on Delimiting the Abyei Area*, 2008, Article 11.

③ PCA, *Abyei Arbitration*, Hague: Permanent Court of Arbitration, 2009, para. 32, 35.

④ Freya Baetens & Rumiana Yotova, "The Abyei Arbitration: A Model Procedure for Intra-State Dispute Settlement in Resource-Rich Conflict Areas?", *Goettingen Journal of International Law*, Vol. 3, No. 1, 2011, p. 437.

五　"阿卜耶伊仲裁案"的结果及其启示

（一）后仲裁时期"阿卜耶伊问题"的走向

综上所述，国际常设仲裁法院的相关人员在仲裁双方的委托下，依照相关法律法规高效地完成了"阿卜耶伊仲裁案"的审理工作，并公布了案件审理过程中的绝大部分资料。在国际常设仲裁法院公布仲裁结果后，苏丹政府与苏丹人民解放运动均表示欢迎该判决结果，且都对外宣布自身赢得了仲裁的胜利。此外，国际社会也对这一结果给予了广泛认可。虽然仍存在少数从法理合法性角度质疑仲裁的声音，但从总体上看，国际常设仲裁法院对案件的审理是公正合理的。①

国际常设仲裁法院的仲裁为"阿卜耶伊问题"的解决提供了契机。苏丹政府和苏丹人民解放运动在2009年8月成立了由双方代表组成的阿卜耶伊划界委员会（Abyei Demarcation Committee）以落实仲裁庭的相关判决。②"阿卜耶伊问题"这一苏丹和平进程中的巨大阻碍似乎离最终解决仅剩一步之遥。

然而，随着事态的发展，阿卜耶伊地区局势的缓和被证明仅是昙花一现。在仲裁裁决公布后，苏丹政府将阿卜耶伊地区划定的新边界作为南北方的新界线。由于仲裁庭所认定的阿卜耶伊地区范围比阿卜耶伊边境委员会的原有划界小了约8099平方千米，苏丹政府直接将这部分地区并入了北方。这种单方面行动激起了苏丹人民解放运动的不满，因为，根据2005年它与苏丹政府签署的《全面和平协定》，苏丹南北方的具体界线要由"南北边界委员会"（North South Border Committee）确定；同时苏丹政府的这一行为也超出了裁定书的效力范围——裁定书并不涉及苏丹南北方的划界问题。③

---

① 从法理角度对该仲裁案结果的质疑可参见：PCA, *Dissenting Opinion*, Hague: Permanent Court of Arbitration, 2009。

② Luka Biong Deng, "Justice in Sudan: Will the Award of the International Abyei Arbitration Tribunal be Honoured?", *Journal of Eastern African Studies*, Vol. 4, No. 2, 2010, p. 310.

③ Luka Biong Deng, "Justice in Sudan: Will the Award of the International Abyei Arbitration Tribunal be Honoured?", *Journal of Eastern African Studies*, Vol. 4, No. 2, 2010, p. 311.

在仲裁后，"阿卜耶伊问题"又衍生出了一个新的关于全民公决的选民资格认定问题。尽管根据《阿卜耶伊冲突解决议定书》，恩哥克 - 丁卡人应该是此次公投的主要受益对象，仲裁庭也采取了有利于他们的"部落解释"，然而，苏丹政府却坚持认为每年进入阿卜耶伊地区放牧的米斯里亚人也应有权参与此次公投。由于苏丹政府和苏丹人民解放运动难以在选民资格上达成一致，原定的公投只能无限期推迟。①

随着"阿卜耶伊问题"的持续发酵，仲裁庭的相关裁决难以切实履行。虽然最初预计阿卜耶伊的勘界工作在 2009 年 9 月便可结束，但其实际上长期处于停滞状态。阿卜耶伊划界委员会原计划通过 28 个界桩等标志物标定阿卜耶伊地区的具体边界，然而由于苏丹武装部队（SAF）和"米斯里亚民众防御力量"（Misseriyia Popular Defence Forces）拒绝委员会的进驻，实际上仅有 4 个界桩被成功安放在南部边界。②

在仲裁裁决难以执行的情况下，阿卜耶伊局势再次趋于紧张。苏丹政府和苏丹人民解放运动均向该地区增派部队，恩哥克 - 丁卡人威胁要单方面举行公投，而米斯里亚人则以成立自治机构与之对抗。最终，从 2011 年 1 月初（原定的公投日期）开始，该地区爆发了一系列暴力冲突。③ 同年 5 月，苏丹武装部队发动进攻，占领了包括阿卜耶伊镇在内的部分阿卜耶伊地区。④ 在强大的国际压力下，双方最终于 2011 年 6 月达成协议，约定共同从阿卜耶伊地区撤军，并允许联合国维和部队进驻。⑤ 不过至今，双方仍未彻底完成撤军工作，阿卜耶伊地区仍频繁发生武装冲突。

（二）仲裁未能促使"阿卜耶伊问题"解决的原因及启示

仲裁结束后阿卜耶伊地区的局势不仅未能趋于平稳，反而陷入了新

---

① Luka Biong Deng, "Justice in Sudan: Will the Award of the International Abyei Arbitration Tribunal be Honoured?", *Journal of Eastern African Studies*, Vol. 4, No. 2, 2010, p. 311.

② Luka Biong Deng, "Justice in Sudan: Will the Award of the International Abyei Arbitration Tribunal be Honoured?", *Journal of Eastern African Studies*, Vol. 4, No. 2, 2010, p. 311.

③ 姜恒昆、周军：《苏丹南北关系中的阿卜耶伊问题》，《西亚非洲》2011 年第 7 期，第 42 页。

④ Vaughan Lowe & Antonios Tzanakopoulos, "The Abyei Arbitration", *The Abyei Arbitration* (*The Government of Sudan / The Sudan People's Liberation Movement/Army*) *Final Award of 2009*, Hague: Permanent Court of Arbitration, 2012, p. 24.

⑤ 黄培昭、张梦旭、裴广江：《北南双方原则同意阿卜耶伊非军事化》，《人民日报》2011 年 6 月 15 日，第 19 版。

一轮动荡之中。笔者认为,仲裁没能有效推动解决"阿卜耶伊问题"的根源是仲裁的关注点与阿卜耶伊地区面临的实际情况之间的"错位"。

在"阿卜耶伊仲裁案"中,受《阿卜耶伊地区划界仲裁协议》对仲裁庭权力的限制,仲裁庭主要是通过判断1905年并入科尔多凡省的九个恩哥克 - 丁卡人部落的永久居住范围的方式划定阿卜耶伊地区的范围。恩哥克 - 丁卡人在该地区的历史性权利是占据仲裁核心的因素。然而,"阿卜耶伊问题"的实质却不是一个单纯学理性质的历史问题,而是苏丹政府与苏丹人民解放运动对石油资源的争夺以及恩哥克 - 丁卡人与米斯里亚人在放牧权利上的冲突。

其一,"阿卜耶伊问题"是苏丹政府与苏丹人民解放运动在对石油资源争夺中不可回避的冲突焦点之一。自1979年苏丹首次发现石油资源后,石油便成为苏丹政治和社会治理中的重要议题,并成为引发第二次内战的导火索。随着石油工业的发展,苏丹逐渐成为非洲第二大非欧佩克产油国,石油收入一度占该国出口额的80%。[①] 值得注意的是,苏丹的石油资源主要集中在具有独立倾向的南方地区。在《全面和平协定》签署后,面对苏丹南方即将独立的前景,苏丹政府意识到阿卜耶伊附近的哈季利季、班布油田将成为该国日后必需力争的、为数不多的产油地。然而,阿卜耶伊边界委员会却将上述油田也划归阿卜耶伊地区。这就是苏丹政府强烈反对《阿卜耶伊边界委员会报告》,并将该问题提交仲裁的最根本原因。

与此同时,由于大尼罗河输油管道也通过阿卜耶伊地区,该地区还是苏丹重要的石油转运枢纽。根据苏丹南北双方在2011年2月达成的协议,南方独立后南北苏丹将不再共享石油收入,苏丹将只收取石油运输的管道使用费。在这种情况下,无论是苏丹还是2011年7月独立的南苏丹,谁能保持对作为石油管道关键节点的阿卜耶伊地区的控制,谁就将增加在管道使用费谈判中的话语权。

国际常设仲裁法院的裁决虽"无意地"将哈季利季和班布油田划出了阿卜耶伊地区,部分地缓和了苏丹政府在"阿卜耶伊问题"上的强硬立场,然而,却没能也不可能调和双方在石油管道使用费方面的矛盾。[②]

---

① "What Does Sudan Export? (1962 – 2014)", The Observatory of Economic Complexity, 2016, http://atlas. media. mit. edu/en/visualize/line/sitc/export/sdn/all/show/1962. 2014/.

② 双方在管道使用费方面的激烈博弈可参见姜恒昆、付海娜《苏丹石油:从内政焦点到外交难题》,《西亚非洲》2012年第6期。

在此情况下，不顾仲裁庭的裁决与相关协议，在阿卜耶伊地区制造各类冲突以压制对手的行为对南北苏丹双方来说仍具有一定的战略和经济收益。

其二，恩哥克－丁卡人与米斯里亚人在放牧权利上的冲突也是"阿卜耶伊问题"的重要组成部分。由于气候原因，米斯里亚人每年都要穿越阿卜耶伊地区南下放牧。他们与恩哥克－丁卡人在长期的历史互动中建立了有效的合作机制。不过 1965 年后，随着两族群逐渐走向对立，恩哥克－丁卡人对米斯里亚人的放牧活动进行了越来越多的限制，使后者的权利遭受了损害。双方围绕放牧权爆发的冲突成为阿卜耶伊地区安全形势恶化的重要原因。然而，作为"阿卜耶伊问题"直接的利益攸关方，恩哥克－丁卡人和米斯里亚人却未能在仲裁案中扮演重要角色。最终，虽然仲裁庭认为阿卜耶伊地区边界的划定不应对该地区及其附近其他族群的传统权利造成影响，但米斯里亚人仍认为在缺乏相应保障机制的情况下，以恩哥克－丁卡人为主体来划定阿卜耶伊地区边界的做法将给自身的放牧权利带来威胁。

为了维护自身利益，米斯里亚人一方面向恩哥克－丁卡人发出威胁，称若后者执意按仲裁结果确定阿卜耶伊地区边界将不惜诉诸武力；另一方面，则对苏丹政府支持仲裁结果的举动表示失望，批评其只是关心石油利益而忽视了人民，并声称如果不能获得参加阿卜耶伊地区全民公决的资格将"自行解决该问题"。[1] 米斯里亚人所采取的这种坚决抵制态度极大地削弱了仲裁结果在解决"阿卜耶伊问题"中所能发挥的作用。

与仲裁未能推进"阿卜耶伊问题"走向解决形成鲜明对比的是，恩哥克－丁卡人与米斯里亚人在没有政府参与的情况下，通过传统协商机制却成功缓和了地区安全局势。2011 年 1 月，阿卜耶伊安全局势恶化后，两族群首领在南科尔多凡州（South Kordofan）首府卡杜格利（Kadugli）就稳定地区局势达成了协议，规定米斯里亚人对在冲突中被杀害的恩哥克－丁卡人每人支付 40 头牛的抚恤金，而米斯里亚人则被要求避开人口密集区，沿着规定路线继续南下放牧，恩哥克－丁卡人则保障米斯里亚

---

① Luka Biong Deng, "Justice in Sudan: Will the Award of the International Abyei Arbitration Tribunal be Honoured?", *Journal of Eastern African Studies*, Vol. 4, No. 2, 2010, pp. 310 - 311.

人的这一放牧权不被侵害。①

　　在"阿卜耶伊仲裁案"中反映出来的仲裁机制的局限性与无效化问题，从本质上看，是将"技术性问题"置于"实际关切点"之上，导致法律与政治错位的结果。在这种情况下，仲裁所能做到的仅是澄清事实并提供法理解释；至于仲裁结果的执行情况，已超过法律的边界及其限度，而演变为一个政治性问题。而政治性问题的解决，不能简单地以裁决为手段，而更多要依靠当事各方的协商、妥协与利益交换。因此，若要顺利解决边界争端等问题，需要综合考虑法律、政治、经济、族群等多方面的因素，调动多方面的资源，在最大限度保障各方合法利益诉求的同时，求得一个各方都能接受的、共赢的结果。

（责任编辑：周军）

　　① 姜恒昆、周军：《苏丹南北关系中的阿卜耶伊问题》，《西亚非洲》2011年第7期，第43页。

非洲研究　2018年第1卷（总第12卷）

第52－70页

SSAP © , 2018

法国马克龙政府对萨赫勒地区反恐政策初析

李东阳　徐　辉

【内容提要】　由于历史的原因，非洲萨赫勒地区是法国的传统势力范围。近年来，随着各种宗教极端势力与恐怖组织在萨赫勒地区的不断渗透、蔓延，法国前总统奥朗德先后发动"薮猫""新月形沙丘"等军事打击行动，积极介入该地区的反恐斗争。然而，从实际效果看，萨赫勒地区的反恐形势并未达到预期目的。法国总统马克龙自上任以来，不断调整对萨赫勒地区的反恐政策，推动联合国安理会通过数个针对萨赫勒地区反恐问题的决议，达成广泛共识；推动萨赫勒五国集团联合反恐框架初步形成，并实质性落地。尽管在反恐斗争过程中，萨赫勒地区各国仍然面临诸多困难挑战，任重道远，而马克龙采取的各项举措的效果还有待进一步观察和检验，但对形势日益严峻的萨赫勒地区而言，法国总统马克龙大力倡导的反恐政策，不失为一种可供深入探讨的地区性反恐思路。

【关　键　词】　反恐政策；马克龙政府；萨赫勒地区

【作者简介】　李东阳，武警第一机动总队；徐辉，国防大学国际防务学院院长，教授，博士生导师

法国总统马克龙自2017年5月14日上任以来，5月19日的首次出访洲际即前往地处非洲萨赫勒地区（Sahel Region）的马里，视察在马里北部城市加奥执行"新月形沙丘行动"（Operation Barkhane）反恐任务的法国驻军。6月6日，在联合国安理会上，马克龙呼吁敦促在司法和政治层面推动建立萨赫勒五国集团联合反恐部队（Force Conjointe du G5 Sahel, FC - G5S)。7 月 2 日，在马里首都巴马科举行的萨赫勒五国集团 (Group of Five for the Sahel, G5S)① 特别峰会上，马克龙表态将为萨赫勒五国集团联合反恐部队提供支持。8 月 29 日，在巴黎举行的法国驻外使节年度会议上，马克龙表示，其外交政策将围绕法国的"安全、独立和影响"展开，打击包括萨赫勒地区在内的恐怖主义、保证法国民众安全是法国外交重中之重的核心和首要任务。至此，马克龙对萨赫勒地区的反恐政策轮廓逐渐清晰。

一　萨赫勒地区恐怖主义发展情况

　　萨赫勒地区，取阿拉伯语"撒哈拉沙漠边缘"之意，西起大西洋之畔的塞内加尔、毛里塔尼亚，东至红海之滨的厄立特里亚、苏丹，范围包括撒哈拉沙漠南部及撒哈拉南缘的苏丹草原地区和半沙漠地区，长超过 3800 公里，宽约 320～480 公里，核心地带是被称为"萨赫勒五国集团"的毛里塔尼亚、马里、布基纳法索、尼日尔和乍得。该地区是阿拉伯人和黑人、游牧民和农民、黄沙和绿洲的天然分界线。

　　萨赫勒地区恐怖主义具有危害严重、跨国扩散、手段灵活、向普通民众生活渗透、与国际恐怖主义共生等特点②，其发展和当地的小环境与国际的大气候等内外部原因息息相关、密不可分。"二战"后，北非各国纷纷独立，当初与世俗社团并肩作战争取民族独立的各原教旨团体因不甘退出政治舞台，或开展宗教对抗、议会斗争，或转入武装抵抗，地区局势动荡不安。1991 年，阿尔及利亚原教旨组织伊斯兰救世阵线（Islamic Salvation Front, FIS）赢得大选，后被军方发动军管否决，由此，伊斯兰激进分子与世俗政府开始了长达 10 年的血腥冲突，阿尔及利亚一度成为全球恐怖活动的焦点。由于在袭击平民问题上产生分歧，萨拉菲宣教和战斗团（Salafist Group for Preaching and Combat, GSPC）从冲突中最强硬、最残忍、也最具实力的极端武装组织伊斯兰武装集团（Armed Islamic

---

① 2014 年 2 月，为共同应对萨赫勒地区日益严峻的安全形势，实现共同发展，毛里塔尼亚、马里、布基纳法索、尼日尔和乍得 5 国在毛里塔尼亚首都努瓦克肖特成立的地区性组织。

② 刘青建、方锦程：《非洲萨赫勒地带恐怖主义扩散问题探析》，《现代国际关系》2014 年第 11 期。

Group，GIA）中分裂出来，得到部分阿尔及利亚国内民众的支持，并受到基地组织和本·拉登的认可。2005 年，阿尔及利亚内战结束后，受到重创的萨拉菲宣教和战斗团被同病相怜的基地组织收编为伊斯兰马格里布基地组织（Organization of Al-Qaida in the Islamic Maghreb，AQIM），即基地组织北非分支，打开了萨赫勒地区恐怖组织活动的潘多拉魔盒，成为"萨赫勒恐怖链"形成的标志性事件。2009 年以后，以伊斯兰马格里布基地组织为代表的恐怖组织在萨赫勒地区日渐活跃，逐渐成为萨赫勒地区势力最强大的恐怖组织，并通过西非统一和圣战运动（the Movement for Oneness and Jihad in West Africa，MOJWA）向南渗透，与西非腹地的极端恐怖组织博科圣地（Boko Haram）相联系，开展各种有组织的犯罪与恐怖袭击活动，将影响扩散到更广阔的领域，成为制约地区安全的巨大威胁。

2011 年 2 月 16 日，利比亚第二大城市班加西爆发反政府示威抗议活动，并迅速波及全境，进而引发武装冲突，随着卡扎菲及其接班人穆塔西姆被杀身亡，利比亚分崩离析，地区权力陷入真空，安全形势处于失控状态，导致大量武器和有作战经验的官兵自由流动。利比亚战争结束后，曾长期与法国殖民当局合作、敌视 1960 年以来独立的马里政府、受雇于卡扎菲政府的图阿雷格武装人员携带大量军火相继返回马里，其主要反政府武装是阿扎瓦德民族解放运动（Mouvement National pour la Libération de l'Azawad，MNLA），这导致了萨赫勒地区的武装冲突升级。在 2012 年马里危机初期，上述宗教极端势力及恐怖组织还只是阿扎瓦德民族解放运动的附庸、帮手和追随者，但随着战果的不断扩大，它们开始与之争夺马里北部地区的领导权。在图阿雷格人独立建国的企图失败后，坚持世俗主义的阿扎瓦德民族解放运动号召力大为削弱，很快被宣扬政教合一的宗教极端组织和恐怖势力逐出通布图、加奥等马里北部中心城市。2012 年 7 月，阿扎瓦德民族解放运动最终宣布放弃在马里北部地区独立建国的目标，宗教极端势力及恐怖组织趁势控制了马里北方大片领土，并迅速向周边国家传播，扩散到整个萨赫勒地区。

二　奥朗德政府时期对萨赫勒地区反恐形势

法国前总统密特朗曾说："没有非洲，就没有 21 世纪的法国。"以

"非洲宪兵" 著称的法国,历来将非洲视为自己的一亩三分地和传统势力范围。法国工业所需的 90% 以上的铀、钴、锰以及 76% 的铝矾土、50% 的铬、30% 的铁矿石等战略原材料来自非洲①,法国核工业巨头阿海珐(Areva)集团甚至控制了世界第四大铀矿产国尼日尔 70% 的铀矿出口。

随着非洲安全形势的变化,法国改变了前几年试图逐步减少在非洲军事存在的做法,在吉布提、塞内加尔、加蓬、科特迪瓦、乍得、中非以及马里等国家驻有近万人的军队,并在多个地区执行维和行动。为了对众多法语非洲国家施加影响,法国与这些国家签订了一系列军事防卫、技术援助条约,而法国在本土以外的军事基地,也大部分位于非洲地区。

利比亚冲突,无疑为萨赫勒地区恐怖主义的迅猛发展埋下了关键伏笔。由于地缘政治的历史恩怨,加上石油企业在利比亚的利益,法国是第一个承认利比亚反政府武装的国家,更是第一个宣布在数小时之内对利比亚实施军事行动的国家。萨赫勒地区宗教极端势力和恐怖组织日益猖獗的恐怖活动,凸显了法国在该地区反恐问题上的窘迫地位和尴尬处境。

然而,与其他国家相比,在历史、经济和文化等方面与非洲有着千丝万缕联系的法国在萨赫勒地区开展反恐行动有着得天独厚、不可比拟的优势。

在法理层面,法国同该地区相关国家共签有 8 项防务协议、16 项合作协议,为其名正言顺地开展军事行动提供了法理依据;在制度层面,法非首脑会议②为维护地区和平与安全,打击恐怖主义和其他暴力行为凝聚了共识,排除了障碍;在组织层面,法国可在联合国、北约、欧盟等框架下开展维和行动,得到各成员国的支持;在情报层面,法军与驻在国军队保持多年合作,非常熟悉当地气候、地形、政治利益格局、人文风俗;在保障层面,除法国本土的距离优势,还可依托当地苦心经营的众多军事基地;在指挥层面,法国反恐军事行动指挥部就设在乍得首都恩贾梅纳;在行动层面,法军特种部队直接驻防布基纳法索首

---

① 黄泽全:《非洲发展亮点多》,《人民日报》2006 年 1 月 16 日,第 7 版。

② 1973 年,法国倡议与非洲法语国家的国家元首和政府首脑举行定期会晤,召开法非首脑会议,以更好地维护、加强其与非洲国家之间的政治、经济和文化联系,倡议得到部分非洲法语国家的支持。会议原为每两年举行一次,后改成每年一次。1988 年又恢复为两年一次,轮流在法国和非洲法语国家召开。在不举行首脑会议的年份,法、非外长举行部长级磋商会议。会议对促进法国与非洲地区国家关系发挥了重要作用。

都瓦加杜古，无人机侦察行动基地部署在尼日尔首都尼亚美机场。事实上，为维护本国利益，打击地区极端宗教组织和恐怖势力威胁，作为曾经的宗主国，法国通过发动一系列军事行动，也确实取得了显赫的战果。

2012 年，在北方阿扎瓦德民族解放运动、西非统一圣战运动、伊斯兰马格里布基地组织等多个恐怖组织联军的猛烈攻势下，马里政府岌岌可危。2013 年 1 月 8 日，马里过渡政府总统迪翁昆达·特拉奥雷（Dioncounda Traore）紧急致函联合国秘书长和法国总统求援。时任法国总统奥朗德喊出打击恐怖分子、维护地区和平与稳定、保护马里人民和在马里的 6000 名法国侨民的口号，直接派出军队，开展代号为"薮猫行动"（Operation Serval）的反恐军事干预行动。行动于 1 月 11 日开始，2 月 8 日即协助马里军队收复所有失地，在其后近半年的时间里，法军留在当地清缴叛军、维持秩序，于法国国庆日前一天，奥朗德宣布"薮猫行动"结束：各恐怖分子团伙在马里再也没有藏身之处。

2014 年 8 月 1 日，为把在马里建立起来的反恐机制扩大到受国际恐怖主义威胁的整个萨赫勒地区，法军正式主导启动"新月形沙丘行动"，在该地区部署兵力达 3000 人，战斗机 6 架，武装直升机 20 架，运输机 10 架，各类装甲车 200 辆，力图通过加强与新成立的萨赫勒地区五国集团之间的军事合作，利用更加快速、灵活、有效的反应来增强应对各种恐怖威胁的能力。

然而，法国的直接军事干预行动却激起了该地区恐怖势力的仇恨心理和极端报复行为。2013 年 1 月 16 日，为回应阿尔及利亚政府开放领空让法国战机借道空袭伊斯兰恐怖分子在马里的叛乱行为，阿尔及利亚发生因阿迈纳斯人质绑架危机，"武装人员要求阿尔及利亚释放关押的 100 名宗教极端人员，允许他们回到马里北部，以换取西方国家人质获释"，事件最终造成法国、美国、英国、罗马尼亚、日本等国的多名人员遇难。5 月 23 日，尼日尔阿加德兹军营遭自杀式汽车炸弹袭击，多名学生军官被劫持为人质，袭击造成至少 20 名尼日尔军人、3 名袭击者死亡，另有 16 名军人受伤。约半小时后，在北部阿尔利特地区，阿海珐集团旗下一个铀矿遭同样袭击，造成 2 名自杀式爆炸袭击者死亡、14 名平民受伤。2016 年 5 月 31 日，联合国排雷行动处设在马里加奥市的一个工作点遭到袭击，两名马里安保人员和一名国际专家在袭击中丧生。当晚，联合国马里多层面综合稳定特派团①（Multidimensionnelle Intégrée des Nations Unies pour la Stabilisation au Mali，MINUSMA，以下简称"联马团"）加奥营区的维和部队遭遇袭击，造成重大伤亡。其中，仅中国维和人员就有 1 人牺牲，4 人受伤。接连不断的报复行为引发国际社会的普遍关注和极大恐慌。

萨赫勒地区反恐问题长期得不到有效解决，一方面与当地民族纠纷、宗教矛盾交织不断、冲突频发脱不开关系；另一方面，也与萨赫勒地区国家之间缺乏协同，反恐理念、步调、能力参差不齐有关。整个萨赫勒地区跨度数千公里，多国边境接壤，越境作案、案后流窜式恐怖活动非常频繁，而各国间又缺少有效的跨境执法协调机制，情报滞后、行动迟缓、沟通不畅，使得地区反恐难见成效。另外，尽管联合国维和部队和法国在萨赫勒地区都有驻军，但该地区特殊的地理特征、经济条件和政治环境放大了维和的难度，使得驻点式的外部安全力量对萨赫勒地区的安全无法做到有效的全覆盖。②

三　马克龙政府对萨赫勒地区反恐政策的落实进展情况

（一）萨赫勒五国集团联合反恐战略框架初步形成

此前，在最危险的萨赫勒地区开展维和工作的联合国组织只有"联马团"，而该特派团工作进展异常不顺，极度缺乏在包括不对称威胁在内的复杂情况下履行安全任务的能力，导致任期一再延长。更加雪上加霜的是，该特派团在执行任务的四年时间里，至少已有 115 人遇难，仅 2017 年至少就有 17 名工作人员遇袭身亡，这也是目前正在执行全球维和任务的 16 支特派团中遇难人数最多的。而马克龙上台后，萨赫勒五国集团联合反恐战略框架相继得到萨赫勒五国集团国防委员会、非盟和平与

---

① 2012 年 12 月 20 日，联合国安理会通过第 2085 号决议，决定在马里部署一支由非洲主导的国际支助团（非洲支助团）。2013 年 4 月 25 日，联合国安理会通过 2100 号决议，决定设立马里稳定团，将非洲支助团移交给由联合国主导的马里多层面综合稳定特派团。同年 7 月 1 日，联合国马里多层面综合稳定特派团正式接管非洲支助团的工作，其主要任务是支持马里的政治进程，并执行一系列与安全稳定相关的任务。
② 张远：《马里恐袭凸显萨赫勒地带反恐难题》，新华社 2016 年 6 月 1 日电。

安全理事会认可同意，最终通过联合国安理会的授权批准。

根据联合国负责维和事务的助理秘书长卡西姆·韦恩（Kassim Wayne）的通报，萨赫勒五国集团联合反恐部队将实行两阶段战略。先在马里—毛里塔尼亚边境、尼日尔—乍得边境及布基纳法索、马里、尼日尔交界处的利普塔科—古尔马（Liptako Gourma）地区等三个战略区域执行跨境反恐任务，再加强五国集团相互之间的双边、多边合作。不仅如此，在 2017 年 6 月 29 日通过的联合国安理会第 2364 号决议①中，还就萨赫勒和撒哈拉国家建立一个总部设在埃及开罗的行动统一、情报共享的新反恐中心表示了欢迎。

（二）推动萨赫勒五国集团联合反恐部队实质性落地

2014 年 12 月 19 日，布基纳法索、乍得、马里、毛里塔尼亚和尼日尔在毛里塔尼亚首都努瓦克肖特宣布成立萨赫勒五国集团联合反恐部队，以应对恐怖主义和跨国有组织犯罪的影响，开展跨边界联合军事反恐行动，但直到 2017 年 2 月，萨赫勒五国集团才就组建 5000 人的联合反恐部队达成共识，且收效甚微，进展异常缓慢。而马克龙上任仅 4 个月后，萨赫勒五国集团联合反恐部队指挥部就在马里中部城市莫普提以东 10 公里处的塞瓦雷镇成立，负责人由马里将军迪迪尔·达科（Didier Dacko）担任，这也标志着萨赫勒五国集团联合反恐部队正式成立。

此外，为方便统筹指挥各国的反恐力量，积极开展反恐行动，萨赫勒五国集团联合反恐部队指挥部分别在毛里塔尼亚、尼日尔和乍得下设了三个指挥分部。根据计划安排，原定 10 月份沿马里、尼日尔和布基纳法索边界中部利普塔科—古尔马地区采取的"霍比行动"（Operation Hawbi）于 11 月 1 日正式展开，而东部和西部地区的部队于 2018 年春天具备初步行动能力。

通过大力支持巴马科维和学校和库利科罗军事院校的建设，法国为萨赫勒五国集团联合反恐部队的人员培训做了大量工作。

（三）萨赫勒五国集团联合反恐部队运转经费压力得以缓解

据测算，萨赫勒五国集团联合反恐部队筹建及第一年行动预算所需

---

① United Nations Security Council, "The Situation in Mali", *United Nations Security Council*, June 29, 2017, http://www.un.org/en/ga/search/view_doc.asp? symbol = S/RES/2364 (2017), Accessed 2017 - 12 - 5.

启动经费高达近 5 亿欧元,这笔资金的募集来源一直困扰着萨赫勒五国集团各成员国。在马克龙内阁的积极斡旋和四处奔走下,2017 年 6 月 5 日,欧盟承诺将提供 5000 万欧元活动经费。7 月 2 日,在萨赫勒五国集团特别峰会上,马克龙表示,将提供约 800 万欧元的军事物资援助,其中包括 70 辆作战车辆及通信和单兵装备。另外,萨赫勒五国集团联合反恐部队还得到萨赫勒五国各出资 1000 万欧元的保障性经费。此外,一向对萨赫勒五国集团联合反恐部队持保守甚至反对意见的美国在经历了"10·4"尼日尔遇袭事件①后做出巨大让步,国务卿雷克斯·蒂勒森(Rex Tillerson)宣布将出资 6000 万美元,用以支持萨赫勒五国集团联合反恐部队开展反恐任务,也在一定程度上缓解了经费预算压力的燃眉之急。

11 月 9 日,马克龙在结束对阿联酋的访问后,意外抵达沙特阿拉伯,在利雅得与王储穆罕默德·本·萨勒曼(Mohammed Bin Salman)会面,为沙特和伊朗紧张局势降温,并敦促沙特阿拉伯采取具体行动打击伊斯兰武装分子,为萨赫勒五国集团联合反恐部队做出贡献。12 月 13 日,为确保萨赫勒五国集团联合反恐部队于翌年 3 月前组建完成,马克龙召集萨赫勒五国集团领导人及德国总理安格拉·默克尔(Angela Dorothea Merkel)、比利时首相夏尔·米歇尔(Charles Michel)等欧洲国家领导人和非盟、欧盟、联合国及其他国际组织的官员,在巴黎拉塞尔圣克卢宫召开支持萨赫勒五国集团的出资与筹建会议,呼吁加大对萨赫勒五国集团联合反恐部队的支持力度。在会后的新闻发布会上,马克龙表示,法国和相关各方将简化为萨赫勒五国集团联合反恐部队提供资金援助的行政手续,使联合反恐部队的启动资金尽快到位。在马克龙的呼吁下,沙特阿拉伯和阿联酋表示将分别提供 1 亿和 3000 万欧元的资金援助。鉴于萨赫勒地区及萨赫勒五国集团在打击包括人口贩卖在内的恐怖主义和跨国犯罪方面的战略重要性,荷兰外交大臣哈利贝·兹杰斯特拉(Halbe Zijlstra)在会上承诺,荷兰将提供 500 万欧元的一揽子援助计划,这笔款项

---

① 2017 年 10 月 4 日,12 名美国"绿色贝雷帽"特战队员与 30 名尼日尔政府军士兵在与马里交界的东戈东戈村附近执行情报侦察任务,返回途中遭到 50 名据称与"伊斯兰国(ISIS)"有关的武装分子伏击。在发出求援信号,美军无人机无功而返后,法国部署在尼日尔首都尼亚美机场的 2 架"幻影-2000"战斗机抵达事发地上空,飞行员冒险实施低空通场,利用巨大的噪音威慑袭击者,并最终掩护法军"超级美洲豹"直升机救走伤员。事件造成美军 4 人死亡,2 人受伤,在美国国内一度引发轩然大波,被称为尼日尔版的"班加西事件"。

除用于确保萨赫勒五国集团联合反恐部队在反恐行动过程中遵循法治，并采取措施保障人权，确保违法者被依法逮捕和起诉外，还将用于加强对萨赫勒五国集团秘书处的支持和各国相互之间的情报信息交流。① 此外，另一轮资金谈判计划于 2018 年 2 月 23 日在布鲁塞尔举行。

除了在资金方面提供帮助，沙特阿拉伯外交大臣阿德尔·朱拜尔（Adel al-Jubeir）表示，沙特支持总部设于首都利雅得的伊斯兰反恐军事联盟（Islamic Military Alliance to Fight Terrorism）② 为萨赫勒五国集团联合反恐部队提供后勤保障、情报、培训及空中支持。第二届萨赫勒五国组织峰会宣布决议，在毛里塔尼亚建设的一所军事院校最终由阿联酋出资、计划于 2018 年投入使用。12 月 25 日，意大利总理保罗·真蒂洛尼（Paolo Gentiloni）宣布，驻扎在伊拉克的 1400 多名意大利军人中的一部分将被派往尼日尔，以协助法国在当地开展的反恐及打击人口走私犯罪的军事行动。据意大利媒体报道，该提议已经得到意大利议会批准，届时将有约 470 名意大利军人被派驻到尼日尔。法国还将在科特迪瓦建成一所地区反恐学校，在塞内加尔建立一所网络安全学校。

四　马克龙政府对萨赫勒地区反恐政策的特点

在短短半年多的时间内，年轻的马克龙就打出一套章法颇为老练的组合拳，悄然之间完成布局，打开了萨赫勒地区的反恐新局面。总结以上举措，不难发现有以下几个特点。

---

① Ministry of Foreign Affairs of the Netherlands，"The Netherlands pledges 5 million in support of regional military force in the Sahel"，*Ministry of Foreign Affairs of the Netherlands*，December 13，2017，https：//www. government. nl/latest/news/2017/13/the-netherlands-pledges-% E2% 82% AC5-million-in-support-of-regional-military-force-in-the-sahel/the-netherlands-pledges-% E2% 82% AC5-million-in-support-of-regional-military-force-in-the-sahel. Accessed 2018 – 1 – 15.

② 2015 年 12 月 15 日，由沙特阿拉伯发起的一支 34 国伊斯兰国家反恐军事联盟，也称为"伊斯兰版北约"，主要由逊尼派国家组成。该军事联盟于 2017 年 11 月 26 日正式启动，联合行动中心设在利雅得，指挥官由巴基斯坦前陆军参谋长拉希勒·谢里夫（Raheel Sharif）担任，任务是"动员和协调各类资源、促进信息交换、帮助成员国在反恐方面打造自身实力"。目前，已有 40 多个国家参与。

（一）注重在国际性、地区性组织框架范围内发挥作用

马克龙非常重视法国在欧盟的领导力，并且善于充分利用欧盟的影响力。就任总统次日，马克龙即到访德国，与德国总理默克尔就相关问题进行会晤，交换意见，为其出访马里做铺垫，体现出清晰的外交思路和灵活的外交手腕。在访问马里时，马克龙一再呼吁德国和其他欧洲国家加强对非洲的支持，包括部署最新式的武装直升机和装甲车辆，强化在非洲地区的军事合作，以打击恐怖组织。"萨赫勒地区安全与否事关法国安全和利益"（法国前总统奥朗德语），而在马克龙的游说下，欧盟外交与安全政策高级代表（欧盟外长）兼欧盟委员会副主席费代丽卡·莫盖里尼（Federica Mogherini）则表示，"萨赫勒地区的稳定和发展不仅对非洲至关重要，对欧洲也至关重要"。这些举措为马克龙政府反恐政策赢得欧盟内部的支持提供了有力保障。

马克龙政府抓住联合国安理会持续关注和重视解决非洲和平与安全问题的良好势头，在乌拉圭、玻利维亚、中国、埃及、埃塞俄比亚等国先后担任联合国安理会轮值主席国期间，将萨赫勒地区反恐行动视为关键议题，谋求得到联合国安理会授权。对比马克龙上台前后联合国安理会通过的主旨均为"非洲的和平与安全"（Peace and Security in Africa）的决议，不难注意到，在 2017 年 3 月 31 日通过的第 2349 号决议[①]中，Sahel（萨赫勒）一词仅出现了 4 次，且缺乏可操作的实质性内容，而在马克龙上台后通过的第 2359 号决议[②]中，Sahel 出现频率高达 32 次，FC - G5S（萨赫勒五国集团联合反恐部队）则出现了 17 次。在法国的外交努力和斡旋下，萨赫勒五国集团联合反恐部队最终得到联合国安理会层面的授权，这为其开展具体行动扫清了法理障碍，赢得了国际社会的普遍认同和广泛支持。

7 月 19 日，法国借助中国担任联合国安理会轮值主席国，倡议召开"加强非洲和平与安全能力建设"公开辩论会，为加强非洲和平与安全能

[①] United Nations Security Council, "Peace and Security in Africa", *United Nations Security Council*, March 31, 2017, http://www. un. org/en/ga/search/view _ doc. asp? symbol = S/RES/2349 (2017), Accessed 2017 - 12 - 10.

[②] United Nations Security Council, "Peace and Security in Africa", *United Nations Security Council*, June 21, 2017, http://www. un. org/en/ga/search/view_doc. asp? symbol = S/RES/2359 (2017), Accessed 2017 - 12 - 10.

力建设提供支持的时机，在建立联合国与非盟之间的定期协调机制、加强非洲地区的冲突预防与调解等举措方面积极对接，并深入参与探讨了非洲国家高度关切的非盟自主维和行动的供资、后勤保障等问题。

12 月 8 日，联合国安理会一致通过了法国起草的一项提议，同意"联马团"维和人员向萨赫勒五国集团联合反恐部队提供包括医疗后送、燃料补给、粮秣用水供应以及利用联合国工程机械装备建设在马里的营区营房的行动和后勤保障支援。①

2018 年 1 月 8 日至 10 日，马克龙应邀对中国进行国事访问，法中两国发表联合声明，承诺在联合国内共同推动解决包括中东、非洲、朝鲜半岛及防扩散问题在内的地区和国际热点问题。强调恐怖主义威胁没有边界，支持包括萨赫勒五国在内的非洲国家和区域、次区域组织解决非洲和平安全问题的努力，包括打击恐怖主义，继续为非洲大陆实现持久和平与可持续发展做出贡献。两国重申坚持联合国在国际合作中的中心协调作用，继续支持在联合国领导下动员各方力量打击各种形式恐怖主义的各项国际倡议。两国重申打击恐怖主义融资的重要性。此外，为研究如何切断恐怖主义者的资金来源，把为恐怖主义者提供资金定为"完全刑事犯罪"。马克龙邀请中国参加将在巴黎举行的反恐会议。

4 月 26 日，在马克龙的积极协调下，包括中国在内的 70 多个国家如约参加了在巴黎召开的反恐金融大会（Counter-Terrorist Financing Conference），意图通过磋商，建立有效机制，督促各方通力合作斩断恐怖组织活动的资金链。与会者承诺将加强打击为"伊斯兰国"、基地组织等有关的恐怖主义融资活动，一致同意对为恐怖主义者融资行为进行有效和适度的制裁，将这种融资定为"完全刑事犯罪"，哪怕融资与特定的恐怖主义行为没有关联也要为其定罪，并呼吁情报部门、执法部门、金融企业和技术行业之间能够更好地分享信息，完善对非政府组织和慈善协会资金流向的可追溯性。会议期间，法国方面敦促国际协调工作及金融交易的透明度，认为此次会议是金融领域协调行动的开始。马克龙在结束对美国的国事访问后，主持了大会的闭幕式，呼吁采取必要的多边合作行动。根据此次大会达成的共识，2019 年的反恐金融大会将移至澳大利亚

---

① Associated Press, "UN Allows Peacekeepers in Mali to Help Sahel Force", *VOA News*, December 08, 2017, https：//www. voanews. com/a/un-peacekeepers-in-mali-to-help-sahel-force/4156411. html, Accessed 2017 – 12 – 20.

举办。

此外，除了在欧盟、联合国等地区性、国际性组织框架范围内的积极行动，马克龙政府多次牵头筹划组织召开各种形式的出访及部长级会议和双边、多边会议，以期就联合反恐部队的资金、时间表等重要议题展开磋商，打开反恐新局面。

（二）通过人事安排推动反恐

马克龙本人对非洲事务并不陌生。2002 年，马克龙在法国国家行政学院攻读公共事务硕士学位期间，就曾在法国驻尼日利亚大使馆谋得一份实习生的工作。这在某种程度上也影响了其内阁人事布局。

在内阁成员人事安排上，马克龙任命曾担任萨赫勒地区军事行动总指挥、深谙萨赫勒反恐形势的前国防部长让伊夫·勒·德里安（Jean-Yves Le Drian）出任外交部长。新外长于 2017 年 6 月上中旬马不停蹄地访问地中海南岸诸国：突尼斯、埃及、阿尔及利亚，赶在联合国安理会决议出台前，取得了这几个阿拉伯国家在反恐问题上的理解、支持与合作。

顶着前经济部长头衔的新总统还任命曾服务于在尼日尔有着核心业务的法国核能巨头阿海珐集团的爱德华·菲利普（édouard Philippe）出任总理一职，在异常棘手的反恐经费问题上，打了漂亮的一仗。新内阁班子的合理布局、默契配合，为马克龙的萨赫勒反恐大计增加了不少亮色。

作为地区性大国，阿尔及利亚与萨赫勒五国拥有长约 2500 公里的边境线，且其发达的情报网络对区域武装派别有着深入的了解。马里前情报总监苏梅卢·布贝伊·马伊加（Soumeylou Boubeye Maiga）表示："寻找与阿尔及利亚合作的途径至关重要。"出于历史的原因和现实的考量，阿尔及利亚在多种场合质疑甚至拒绝法国反恐军事行动提议的问题。12 月 6 日，马克龙亲赴阿尔及利亚，同阿总理艾哈迈德·乌亚希亚（Ahmed Ouyahia）和总统阿卜杜拉齐兹·布特弗利卡（Abdelaziz Bouteflika）会面，试图敦促其在打击萨赫勒地区极端主义的军事行动中发挥更多作用。

此外，为帮助萨赫勒地区国家解决稳定问题，马克龙表示，他还将派出一名萨赫勒问题特使。

（三）　注重借助本土化力量反恐

奥朗德执政期间，法国借反恐名义在萨勒赫地区高调实施"薮猫行动""新月形沙丘行动"等反恐专项行动，力图在 2011 年利比亚卡扎菲政权倒台后，通过军事力量的渗透增强在该地区的影响力。而与奥朗德单边发动直接的军事打击行动不同，有意削减自身在萨赫勒地区军事存在的马克龙政府试图通过扶持当地军队的方式达到反恐的目的，对依靠该地区相关国家自身的军队开展反恐行动持开放和欢迎的态度。而法国外交官员也认为，在联合国安理会批准数亿美元资助索马里非洲反恐部队的前提下，那么，也理应一视同仁地授权资助萨赫勒地区成立非洲反恐部队。在面对萨赫勒地区国家是否有能力、组建萨赫勒五国集团联合反恐部队是否有必要等各种争议和非难时，即使是受到华盛顿方面不惜动用否决权的威胁，马克龙政府仍然不遗余力予以力挺，将这一原本地区性的反恐合作组织写入了联合国安理会决议。

借助联合国安理会积极推动萨赫勒五国集团联合反恐部队落地的举动，既可缩减法国在萨赫勒地区庞大的反恐开支，合理规划军事基地，重新布局非洲防务，又可通过培训当地武装力量、派遣军事顾问、出售武器装备等手段继续维持法国在非洲强大的军事存在，掌握充分的话语权，还可通过干预、左右甚至主导萨赫勒五国集团联合反恐部队乃至联马团的活动来彰显和扩大其在该地区乃至整个非洲的影响力，可谓一举多得。[1]

（四）　务实而高效的行事风格

2017 年 2 月，尚在参加总统竞选的马克龙不走寻常路，前往阿尔及尔，为法国在阿尔及利亚长达百余年的殖民统治公开认错道歉，希望两国能达成和解，并不执拗纠结于历史问题，赢得非洲主流媒体的普遍好感，也为法阿两国在安全方面的合作打下基础。当选总统后，马克龙又踏上摩洛哥的土地，向国内的摩洛哥裔移民传递、表达善意，在反恐及地区性安全稳定问题上争取摩洛哥政府的支持，同时借助摩洛哥与西非诸国的关系有效减少法国在萨赫勒地区开展反恐军事行动的阻力。

---

[1]　慕小明：《恐袭不断：萨赫勒五国联合反恐任重道远》，《中国青年报》2017 年 9 月 7日，第 12 版。

"10·4" 尼日尔遇袭事件发生后，马克龙政府充分抓住这一有利时机，甚至在美军无人机无所作为，却抱怨法军空中支援不力的情况下，仅仅过了 20 多天，就让一度在资金援助问题上态度强硬的特朗普政府出资 6000 万美元，用以支持萨赫勒五国集团联合反恐部队的反恐行动。尽管这是一项绕开联合国的双边协助，但在一定程度上，仍然推动了萨赫勒地区的反恐合作进程，并被法国方面认为是美国立场出现明显拐点的标志。

善于抓住转瞬即逝的谈判时机，擅长把握四两拨千斤的谈判技巧，马克龙在处理类似问题时的务实作风，为其高效推动萨赫勒地区反恐新局面的打开，无疑大大节约了外交成本。

（五）高度关注法国利益的保障

法国国防部长弗洛朗丝·帕利（Florence Parley）在接受采访时表示，萨赫勒五国集团联合反恐部队计划的一个关键目标是减轻该地区对法军的依赖，减少法军在该地区的存在。然而，不容忽视的是，马克龙政府在欧盟、联合国框架内借助本土化力量的反恐举措，支持非盟等非洲区域、次区域性组织发挥主导作用的反恐思路，并不是以放弃、牺牲甚至损害法国在非洲特别是萨赫勒地区的传统利益为代价的。

马克龙特别强调法国与非洲合作的重要性。作为前宗主国和萨赫勒五国集团的重要反恐伙伴，法国在萨赫勒五国集团联合反恐部队组建、运转、情报共享等方面发挥着举足轻重的作用。为加强法非交流，他宣布成立直接隶属于总统的非洲事务委员会，拓展法非在安全和难民领域之外的合作。根据联合国安理会的相关决议，即使是在组建萨赫勒五国集团联合反恐部队之后，法国驻非部队仍可应马里当局的请求并在其支持下继续采取行动，以遏制马里北部的人道主义危机和恐怖主义威胁，甚至连"联马团"都要通过与在当地盘根错节、深耕多年的法国驻非部队开展信息交流和情报互通，以确保通过相关机制在各自任务规定范围内充分协调行动。此外，法国还通过联合国授权，可在其能力范围内，在部署区采取一切必要手段，在"联马团"人员受到严重威胁时应联合国秘书长的请求进行干预，为其提供支持。这些举措实际上巩固和确保了法国在非洲的传统地位。

2017 年 12 月 31 日，弗洛朗丝·帕利来到马里东北部城镇泰萨利特，与驻扎在该地的 200 名法国官兵一同参加跨年活动，并前往萨赫勒五国集团联合反恐部队指挥部参观，筹划来年在巴黎召开的国防部长级会议。
2018 年 1 月 15 日，法国—萨赫勒五国国防部长会议如期召开，通过制定
具体的反恐时间表，进一步提升、扩大了法国在萨赫勒五国集团联合反
恐部队中的影响力和话语权。

五　马克龙政府对萨赫勒地区反恐政策面临的挑战

随着国际反恐局势的逐渐发展、恐怖极端势力的不断蔓延，不得不
承认，在日渐复杂的地区环境、日益严峻的地区反恐形势面前，马克龙
仍然面临着诸多挑战。

（一）地区宗教极端势力及恐怖组织的复杂性

马克龙在访问马里时宣布，法国开发署将在未来几年内为马里提供
约 4.7 亿欧元的援助，加大对马里基建、教育及医疗的投资，以刺激经济
发展，减少年轻人加入"圣战"组织的诱因，但他显然低估了萨赫勒地
区宗教极端势力和恐怖组织的复杂性。

在萨赫勒地区，国际恐怖主义、民族种族矛盾、宗教矛盾相互交织，
活跃着西非统一和圣战运动、伊斯兰马格里布基地组织、博科圣地、血
盟旅（al-Mulathamun Battalion）、穆拉比通组织（Al Mourabitoun）、索马
里伊斯兰青年党（Al Shabab）、伊斯兰后卫组织（Ansar Dine）以及从属
它们的支持伊斯兰和穆斯林组织（Group for the Support of Islam and Mus-
lims）等各种宗教极端势力和恐怖组织。随着打击的不断深入，萨赫勒地
区宗教极端人员和恐怖分子的暴恐活动也在不断进化。在传播扩散的范
围、手段、方式上，这些宗教极端势力和恐怖组织通过贩运武器、毒品
和文化财产、偷运移民、贩运人口等跨国有组织犯罪，积极拓展生存和
活动空间；通过采取独狼式报复性恐怖袭击、化整为零和地下游击战术，
恐怖活动更加隐秘，这无疑增加了反恐斗争的难度。

2017 年 6 月 18 日，支持伊斯兰和穆斯林组织袭击了马里首都巴马科
附近的康加巴旅游胜地，造成包括 4 名恐怖分子在内的 9 人死亡。8 月 13
日，伊斯兰马格里布基地组织宣布对布基纳法索首都瓦加杜古市中心一
间咖啡餐厅遭袭负责，这次袭击至少造成 18 人死亡，数十人受伤。9 月 5
日和 9 月 24 日，驻马里联合国维和部队两次遭袭，共造成 5 名维和士兵

死亡、4名维和士兵受伤。11月24日早，在靠近尼日尔边界的梅纳卡地区，来自布基纳法索、马里和尼日尔的3名联合国维和士兵与1名马里士兵在一场协同执行保护平民的联合行动中遭不明武装人员袭击身亡，另有17名维和士兵与1名平民受伤。当天中午，在萨赫勒五国集团联合反恐部队指挥部所在地的莫普提地区，"联马团"车队遭遇武装分子"爆炸装置加火箭筒"的"复合袭击"，导致1名维和士兵死亡、3名维和士兵受重伤。2018年1月，制造"10·4"尼日尔袭击事件并宣称对近期发生的一系列恐怖袭击负责的大撒哈拉伊斯兰国（Islamic State in the Greater）表示，"将尽一切努力让萨赫勒五国集团联合反恐部队无法在此立足"，公开向联合反恐部队叫板。有迹象显示，萨赫勒地区各种圣战组织之间正在加强合作，脆弱的联合反恐框架面临着严峻的挑战。

（二）萨赫勒五国集团联合反恐部队内部的脆弱性

从目前的进展情况看，萨赫勒五国集团联合反恐部队部分启动资金已经到位，指挥部正式成立，且已在马里、尼日尔、布基纳法索边界中部展开反恐行动，但联合反恐部队在组织、资金、运行机制、空中支援、通信装备、情报搜集等方面，仍面临着重重困难，法国寄希望于成立地区性反恐军事组织以缓解反恐压力的效果有待观察。

萨赫勒五国集团联合反恐部队并非一支全新组建的部队，而是在联合国安理会"没有制定恰当的监督和问责机制的情况下"，为提高萨赫勒五国集团成员国部队在反恐问题上行动的一致性，在法国和其他国家的直接帮助下，增设了一级联合指挥机构和内部协调机制的产物。萨赫勒地区相关国家固有的脆弱社会管理体系和有限执法资源等方面的痼疾，以及各邻国之间相互的不信任，给联合反恐部队的前景蒙上一层阴影。弗洛朗丝·帕利在接受法国国际广播电台采访时一度表示，组建联合反恐部队是一项重要的倡议，但推进速度让人忧虑，"我们必须加快速度，目标是在筹集资金及军队架构方面取得更快进展"。

除了在资金方面的巨大缺口，通信方式的缺乏、协调手段的不力、军事行动的泄密，萨赫勒五国集团联合反恐部队在自身的反恐能力和担负的反恐任务之间的现实矛盾，也是法国必须面对的现实问题。国际危机组织纽约中心主任理查德·阿特伍德（Richard Atwood）警告说，法国制定的反恐任务内容过于宽泛，将给反恐行动带来巨大难度。而来自尼日尔的联合反恐部队参谋长塞尼·加尔巴（Seni Galba）则表示："我们的行动经常是有计划性的，这也导致在实施打击前恐怖分子就已经知道了。"

此外，由于担心遭到报复，当地村民和游牧民族也并不总是愿意与当局合作，为确保反恐效果，联合反恐部队在展开打击行动之后，往往不得不驻留更长时间，进而分散了本已捉襟见肘、并不富裕的有限兵力。目前，驻扎在马里的法军的主要目标，就是压制、打击隐匿在阿德拉尔高原（Adrar Plateau）的恐怖武装团伙。

（三）美国的掣肘

横亘在马克龙面前的另一个问题是，美国虽然原则上支持法国在非洲的反恐立场，但对成立萨赫勒五国集团联合反恐部队的必要性和合法性一度持怀疑甚至否定态度，在各种场合质疑法国的反恐计划是否真正能给当地带来改变。在安理会明确由联合国负责萨赫勒五国集团联合反恐部队的行动及后勤开销的情况下，美国公开表示反对将联合国的资源花费在这支年花销近5亿美元的部队身上。

在萨赫勒五国集团联合反恐部队最关键的指挥权问题上，美国既不希望联合国安理会支持这一合作范围广泛、但并不在自己主导下的联合部队，拒绝批准由联合国秘书长古特雷斯、萨赫勒五国、法国及大部分安理会成员提出以联合国名义支援的要求；更不希望"一意孤行，无视反对意见"的法国主导这一地区性反恐组织。而斯德哥尔摩国际和平研究所的专家则务实地指出，法国想要争取美国的首肯，除了要为"已经得到广泛同意"的萨赫勒五国集团联合反恐部队提供更多资金外，还要为在该地区部署的4000人的法国军队提出切实可行的"退出战略"。

事实上，法国除了需要其他盟友和联合国方面的资金援助和跨境协作外，还必须赢得美国在这场反恐斗争中的支持。与马克龙对于美国出资援助感到欣慰、勒·德里昂对于美国达成妥协"仍留有一扇敞开之门"的乐观相比，美国似乎并不甘心只为他国在非洲的行动捧场站台。自2002年以来，先后在泛萨赫勒倡议（Pan Sahel Initiative，PSI）、跨撒哈拉反恐怖主义倡议（Trans-Saharan Counter Terrorism Initiative，TSCTI）的影响下，数以千计的美军事人员被部署到萨赫勒地区，以使该地区的政府和安全部队接受美国的训练、装备、资金和建议，特别是自2008年10月1日在德国斯图加特设立美军非洲司令部（US Africa Command，AFRI-COM）以来，美国越来越期望深入这片大陆，发挥更大的作用。

随着形势的发展，美国转而认可萨赫勒五国集团联合反恐部队，认为其成立是对"活跃在该地区内外袭击平民及联合国维和人员的跨国有组织犯罪网络团伙的暴力极端分子"的"真正回应"，但根据美国驻联合国大使妮基·海莉（Nikki Haley）的说法，在未来的3—6年，无论萨赫勒五国集团是否有能力，联合反恐部队都"首先也是最重要的，由萨赫勒地区国家主导"，而且这种主导"必须要在美国的参与下"才能完成，因为只有这样，才是将萨赫勒地区从恐怖组织下解放出来的"最有效方法"。

除此之外，地区冲突未平，国家政局动荡，经济增长缓慢，失业、贫困和难民问题凸显，萨赫勒地区和平与安全面临的诸多挑战，严重制约了该地区的发展。面对上述问题，萨赫勒地区军事力量建设受阻，各国自身预防和解决冲突、维护和平与安全能力建设严重不足，国家间军事反恐合作协调困难，萨赫勒五国集团联合反恐部队的自主和平行动受到财政资源、装备技术、管理体系等多方面的制约。

第一，要继续完善同联合国及非盟和平与安全理事会、萨赫勒五国集团国防委员会等区域性、次区域性组织的合作关系。2017年4月，联合国同非盟签署《联合国—非盟关于深化和平与安全伙伴关系联合框架文件》，进一步加强了同非盟的伙伴关系。马克龙政府应当支持联合国在充分尊重非洲自主解决安全问题主导权基础上，深化同非盟和平与安全理事会、萨赫勒五国集团国防委员会等区域性、次区域性组织的协调，在冲突预防、危机管理和冲突后重建等领域加强合作，建立共同计划、决策、评估和通报机制，与萨赫勒五国集团联合反恐部队联合开展危机预警、战略评估、任务授权和部署等工作，全方位提高合作水平。

第二，要切实支持萨赫勒五国集团联合反恐部队行动。萨赫勒五国集团联合反恐部队是应对萨赫勒地区危机的重要手段，是联合国维和行动的重要补充。面对人员、资金和资源不足等困难，马克龙政府应当考虑丰富联合反恐部队的供资模式，提出切实可行的供资方案，以提供充足、稳定和可持续的反恐资金，帮助建立持续、稳定和可预测的供资机制，提高联合反恐部队在行动规划、资金筹措、任务维持和管理等方面的能力，并协助加快联合反恐部队常备军、快速反应部队和早期预警机制建设，深化军事技术领域合作，扩大军事培训规模。

第三，要大力帮助萨赫勒地区国家解决冲突根源问题。萨赫勒地区反恐问题牵涉到复杂的国家、民族、宗教和社会矛盾，应该标本兼治，不仅注重解决当前面临的和平与安全问题，更应努力解决产生问题的根源，特别是要支持该地区加快发展，减少贫困，遏制并打击极端宗教思想进家庭和学校，切断恐怖组织的资金来源，消除滋生冲突和极端主义的温床，从医疗、教育、经贸和互联互通等基础设施建设项目入手，关注青年、妇女和儿童、难民和就业等问题，提高萨赫勒地区经济社会发展水平。

总之，在尊重当事国主权，综合考虑当事国实际需求、安全环境和任务目标等各方面因素，加强萨赫勒地区和平与安全能力建设，强化集体安全机制，完善和平与安全框架，解决导致冲突的根源性问题，实现2020 年萨赫勒地区乃至非洲平息枪声路线图的目标，对马克龙的考验或许才刚刚开始。

（责任编辑：宁彧）

非洲研究　2018 年第 1 卷（总第 12 卷）
第 71－84 页
SSAP ©，2018

坦桑尼亚：多元族群和谐的实现

徐　鑫　徐　薇

【内容提要】 1964 年，坦噶尼喀和桑给巴尔合并为坦桑尼亚联合共和国，成为法理上统一的国家。但对这个拥有 120 余个族群的新兴国家来说，如何处理族群间关系以及族群与国家建构间关系是影响整个国家能否维持长期稳定的关键性问题。坦桑尼亚独立至今已达 50 余年，整个国家几乎不存在因族群问题而引发的国家性动乱，这对族群矛盾横行的非洲大陆来说无异于一股清流。本文拟从历史因素、文化因素、政治制度因素这三个较为集中的角度就坦桑尼亚和谐族群关系形成的机理展开论述，以期增进对族群理论以及坦桑尼亚族群关系的了解。

【关　键　词】 坦桑尼亚；族群；国家建构

【作者简介】 徐鑫，浙江师范大学非洲研究院硕士研究生；徐薇，浙江师范大学非洲研究院副研究员。

坦桑尼亚，全称坦桑尼亚联合共和国，位于赤道以南的东部非洲。1964 年 4 月 26 日，坦噶尼喀和桑给巴尔合并，同年 10 月 29 日改国名为坦桑尼亚联合共和国。坦桑尼亚共有 120 余个族群，据 1967 年人口普查数据，全国总人口为 1200 余万，人口最多的是苏库马族（Sukuma），约有 150 余万人，其他族群的人口数多则三四十万，少则百余人。独立后，坦桑尼亚的政治经济发展轨迹和其他非洲国家并无本质区别，然而在族际关系的处理上却有其特点。自独立以来，坦桑尼亚没有发生过大规模内战或族群冲突；即使在 20 世纪 90 年代非洲因推行政治经济自由化政策而陷入动荡时，坦桑尼亚也没有像其他非洲国家那样濒临解体状态。各族群的政治权力虽不是均势分布，但他们能够理性地适应当前的政治环境，截至目前，坦桑尼亚没有出现过因族际竞争带来的政治争端；在日常生活中，族群间的差异也没有造成文化隔阂。从上层政治社会到基层民众生活，坦桑尼亚构建出了一个和非洲大多数国家完全不同的、连贯的、整体性的国家认同感。

自 20 世纪 60 年代以来，国内外学者就坦桑尼亚族群和谐的问题进行过一些探讨。布洛玛特（Blommaert J.）、巴肯（Barkan）、奥马利（Omari C. K.）等学者在史料梳理和田野调查的基础上，主要从语言、教育及酋长制等角度就坦桑尼亚国家建构过程中族群关系的处理进行了讨论，他们的著述为学界研究坦桑尼亚族群和谐问题提供了重要的实证材料和理论视角。[①] 推及国内，葛公尚、李保平、李安山、刘鸿武等学者从国家建构、一体化民族建构等角度就此问题展开讨论述，且较多地将视角集中于尼雷尔和"乌贾马运动"。[②] 多元族群和谐的实现是一个动态化过程，任何一个方面的因素都有可能对族群关系的处理产生影响，本文在立足于前人研究的基础上，从历史、文化、政治制度这三个集中性角度来阐述坦桑尼亚和谐的族群关系是如何在族群与族群、族群与国家的互动中形成。

一 以史为基：族群团结初步形成

（一）团结雏形：对殖民统治的反抗

19 世纪末期，坦桑尼亚各族群反抗殖民统治的运动呈现出多点爆发

---

① 参见 Blommaert J. , "Language and Nationalism: Comparing Flanders and Tanzania", *Nations and Nationalism*, Vol. 2, No. 2, 1996, pp. 235 – 256；Barkan J D. , "Beyond Capitalism vs. socialism in Kenya and Tanzania", *African Affairs*, Vol. 95, No. 380, 1996, pp. 85；Omari C. K. , "Ethnicity, Politics and Development in Tanzania", *African Study Monographs*, Vol. 7, 1987, pp. 65 – 80。

② 参见葛公尚《初析坦桑尼亚的民族过程—体化》，《民族研究》1991 年第 2 期，第 45 – 51 页；李保平：《传统与现代：非洲文化与政治变迁》，北京大学出版社，2011，第 178 – 222 页；李安山：《非洲国家民族建构的理论与实践研究——兼论乌贾马运动对坦桑尼亚民族建构的作用》，《西亚非洲》2002 年第 4 期，第 7 – 13 页；刘鸿武：《论当代黑非洲的部族文化整合与国民文化重构——兼论"非洲社会主义"的评价问题》，《西亚非洲》1997 年第 3 期，第 25 – 31 页。

的特点。1888 年，阿布希里·伊本·萨利姆·哈斯（Abushiri Ibn Salim al-Harthi）在东部沿海庞加尼地区建立了自己的统治。但在当年 8 月份，德国人为占据东部优良港口，随即在萨利姆的领地建立了统治。在萨利姆的领导下，持续近 16 个月的抵抗运动由此爆发，坦噶尼喀（Tanganyika）的其他族群也相继加入这场反击战。在坦噶尼喀北部地区，查加族（Chaga）展开抵抗运动。19 世纪 80 年代，查加族试图利用德国的实力来维持和加强自身的独立地位，但这种消极抵抗策略的失败导致一个个查加族酋长国丧失独立。在这种情况下，查加族连同周边其他族群开始了积极的抵抗之路。在坦噶尼喀西部地区，武装反抗行动较为零散，但涉及族群众多。1890—1898 年，尼亚姆维奇族（Nyamwezi）、戈戈族（Gogo）、图鲁族（Turu）、哈族（Ha）等都参与了对德国入侵者的反抗。[1] 相较而言，南部地区反抗殖民统治最为积极。在 19 世纪后期，对德国人入侵坦桑尼亚南部造成最大阻碍的当属姆克瓦瓦领导的已然完成了族内统一、建立了赫赫王国的赫赫族（Hehe）。1891—1892 年间，赫赫族接连给予德军重创，虽最终失败，但很大程度上阻挡了德军的入侵进程。可以想见，即使在这个分散式的被动性抗争阶段，坦桑尼亚诸多族群已然用实际行动证明了他们并非无所作为，在面对外来侵略者时，族群之间虽然缺乏统一的领导和组织，但大部分族群都采取过各类抵抗行动，都在积极作为。此时的他们虽说没有团结一致的主张和意识，却有着一致对外的行为。

不同于以上分散式的传统抵抗运动，马及马及起义[2]开启了众多族群有计划、联合化的积极抵抗运动的新篇章。1904 年，民间秘密地传递着消息：死去的祖先将在恩加兰比（Ngarambe）显灵，那里的巫医金吉基蒂勒·恩格瓦勒在鲁菲吉河（Rufiji River）中得到一种"仙药"，不仅能祛病除邪，而且能刀枪不入，使德国人的枪弹化为水，于是纷纷前往朝拜。在恩加兰比，他们被编入小分队以练习舞蹈的形式接受统一军事训练。1905 年 7 月，以赶走德国殖民者为由，马通比人（Matumbi）首先发动起义，基齐人（Jiji）、恩金多人（Ndendeule）、扎拉莫人（Zaramo）和

---

① 吉尔伯特·格瓦萨：《德国人的入侵和坦桑尼亚人的抵抗》，引自伊·基曼博主编《坦桑尼亚史》，商务印书馆，1976，第 151－162 页。

② "马及马及"是斯瓦希里语 maji maji 的音译，"马及"的意译是水，传说参加马及马及起义的人相信有一种神水，喝了这种水可以枪弹不入，参见丁邦英《马及马及起义》，《西亚非洲》1981 年第 3 期，第 60－61 页。

恩戈尼人（Ngoni）随之而起，在接下来的一年多时间里，北至达累斯萨拉姆，南到鲁弗马界河，东起沿海海岸，西至马拉维湖滨的长达五六百公里的辽阔土地上的不同族群大都被发动了起来。在很短的时间内，起义军迅速占领了达累斯萨拉姆 – 基洛萨线（Dar es Salaam-Jiluosa）以南、基洛萨 – 马拉维线（Jiluosa-Malawi）以东的广大地区，德国的殖民统治机构陷于瘫痪。[①] 和以往各自为战的反抗斗争不同，这次起义是各个地区、族群的领导者聚集在一起，工作在一起，为了一个共同的目标：赶走所有欧洲人。

对殖民者的反抗塑造并增强了族群间的凝聚力，共同的历史记忆帮助族群之间建立起相互认同。对于坦桑尼亚 120 余个族群来说，反抗殖民统治、建立自由统一的国家就是他们的共同目标，反抗殖民统治的同时也增进了族群间的相互了解，族际团结初步形成。

（二）一反其道：殖民统治政策的客观推动

对非洲国家来说，殖民统治无疑是一场灾难。但在非洲众多民族国家的构建过程中，殖民时期的统治政策所发挥的塑造性作用依旧不可忽视。坦桑尼亚有两个截然不同的殖民统治时期，故而殖民统治政策对坦桑尼亚族群关系的影响比大多数非洲国家表现的更为复杂。1885—1918 年，德国在坦噶尼喀维持了长达 23 年的统治，第一次世界大战德国战败后，英国接替德国开始了在坦噶尼喀的统治，直至其 1961 年独立为坦噶尼喀共和国。

德国殖民者统治期间，殖民当局在坦桑尼亚采取高度集中的行政规制，压制了坦桑尼亚各个族群各自为政的政治体系，并逐步使各族群集团的传统权力完全交由达累斯萨拉姆的殖民势力控制。为了维护德国殖民政府在坦桑尼亚合法性权威的唯一性，殖民当局采取了边缘各族群语言、弱化传统地方政府和法院的地位与作用等一系列有助于分散传统权力的措施。德国殖民者采用的政策，在淡化族群的分离意识、培养统一的国家意识方面，产生了重要作用。这些政策为坦桑尼亚独立后中央收归传统酋长的权力，奠定了基础。第一次世界大战德国战败，英国接管下的坦桑尼亚实行了"间接统治"体系，但该制度在坦桑尼亚所产生了族群分化作用并不像非洲其他地区那样明显。究其原因，主要有两点。

---

① 丁邦英：《马及马及起义》，《西亚非洲》1981 年第 3 期，第 60 – 61 页。

一是英国统治期间，德国殖民当局在坦桑尼亚的种种措施已经使得单一族群失去了作为一个单独的政治身份的合法性基础，且坦桑尼亚并不存在一个在政治、经济或人数上的具有较大优势的核心族群；二是受国际力量的约束，英国殖民政府难以在坦桑尼亚推行建立在以民族或宗教等分歧为基础的"分而治之"战略。当时的坦噶尼喀并不是从战前的德国殖民地过渡到战后的英国殖民地，而是成为国际组织监管的地区，这也就意味着英国殖民政府在坦噶尼喀的行为受到联合国的监管。德国和英国的殖民统治当然不能成为促进坦桑尼亚族群和谐局面形成的有利因子，但从某个角度来看，受国际社会监督的殖民政策从客观上降低了后殖民时代族群分歧对坦桑尼亚国家认同感形成、统一国家建立的负面影响，也就间接减少了独立后的坦桑尼亚处理民族问题所消耗的政治、经济资源。

二　以文化人：文化调剂下的一体认同

语言和教育是族群和谐的重要支撑，坦桑尼亚推行的斯瓦希里语国语化、统一性国家义务教育、消减族际隔阂的文化措施等都成为推动族群互动和族群和谐的重要因素。依托于一系列的民族整合措施，民族国家建构框架下的"坦桑尼亚人"这一国家认同逐步确立。

（一）纽带连接：共有语言及语言政策

坦桑尼亚语言众多，除外来的英语、阿拉伯语和南亚有关语言外，主要民族（占人口95%）说班图语，但班图语在坦桑尼亚有100多种方言。[①] 语言对于人类共同体形成的推动作用不言而喻，操有相同语言的族群会有一种天然的亲近感，而如果语言不通，则不利于不同人类共同体之间的互动交流，从而影响到族际关系，甚至造成族群矛盾。[②] 早在12世纪，斯瓦希里语就在坦桑尼亚东部沿海产生，随后逐渐传入内地。1930年，英国统治者在坦噶尼喀成立了地区间语言委员会（Inter-Territo-

---

① 李安山：《非洲民主主义研究》，中国国际广播出版社，2004，第297－298页。
② 范磊：《新加坡族群和谐机制：实现多元族群社会的"善治"》，湖南人民出版社，2016，第123页。

rial Language Committee），负责标准化的斯瓦希里语推广；20 世纪 50 年代，前总统尼雷尔在争取政治和国家独立过程中将斯瓦希里语作为动员全国民众的重要工具。在独立后的 10 年里，坦桑尼亚政府大力推广斯瓦希里语，将其作为塑造共同国家身份的重要工具，并且强调其为政府的官方语言和作为全国学校系统教学语言的运用。1961 年，坦噶尼喀独立后，政府随即在第二年将斯瓦希里语确认为国语。1967 年，坦桑尼亚成立了"国家斯瓦希里语委员会"，负责推广和完善斯瓦希里语，并协同全国各分支机构出版诸多刊物，主办与斯瓦希里语相关的会议。① 不难发现，在这历史延续过程中，斯瓦希里语已然在全国建立了广泛的民众基础，也成了一种真正意义上的国家语言，共同的语言成为坦桑尼亚的立国之基。

斯瓦希里语作为争取民族独立与自由、促进国家建设和团结的一部分，同时也作为一种反"部族主义"的工具，斯瓦希里语的存在并不是坦桑尼亚人族群属性的展现，而是坦桑尼亚公民身份的表达。民族主义时期，斯瓦希里语在坦桑尼亚的广泛使用使得坦噶尼喀非洲民族联盟（Tanganyika African National Union，TANU）的领导者可以极其容易的在全国为其政党培养支持者。作为一门非欧洲语言，斯瓦希里语使得各个民族集团更为容易相互沟通，并且在建设一个有效且真正的国家民族主义运动中发挥了极其重要的基石作用。更为重要的是，斯瓦希里语是属于坦桑尼亚普通民众的语言，而不仅仅是受过教育的知识分子的语言。毫无疑问，斯瓦希里语成为国内各民族进行文化交流与融合的便利工具，同时也有利于促进坦桑尼亚民族意识的形成，对消除地方民族主义，推动坦桑尼亚民族建构方面起到了极其重要的作用。②

（二）有教无类：统一的国有教育促进族群和谐

独立前，坦桑尼亚先后被德国和英国统治长达 70 余年，种族隔离和歧视教育成为殖民地教育政策的基础，地区、族群及各宗教社团间教育发展存在着极大的不平衡。③ 据统计，自 1946 年英国殖民者在坦桑尼亚

---

① L. A. Mbughuni, *The Culture Policy of the United Republic of Tanzania*, Paris：The Unesco Press, 1974, pp. 44 - 45.

② 葛公尚：《初析坦桑尼亚的民族进程一体化政策》，《民族研究》1991 年第 2 期，第 47 - 48 页。

③ 李建忠：《坦桑尼亚教育改革初探》，《比较教育研究》1994 年第 5 期，第 38 页。

开展了针对教育的十年发展计划后，1956年初级教育的适龄儿童也仅有36%的入学率，初中教育则更为凋敝，仅有232名学生升入初中学习。在这种背景下发展的教育必然会强化各个族群的地域化认同和族群认同，进而影响众多族群对一体化国家的向心力；且教育作为培养国家意识、提高国民素质的重要途径，受教育程度低的缺陷成为坦桑尼亚民族国家建构的一大阻力。

独立后，开国总统尼雷尔深刻认识到建立在坦桑尼亚本土特点基础上的教育发展对国家建设的重要性。尼雷尔认为，尽管国外教育为我们的发展做出了一定的贡献，但长期看来，如果我们要树立一种强烈的国家意识，就必须要培养自己的受教育公民，也即是说，不仅仅要在非洲开展教育，而且教育的内容要满足非洲的需求。[①] 新独立国家的第一个教育措施是所有私立学校的国有化，不再设立只对特定民族、种族或宗教集团开放的学校；并取缔为特定宗教或民族团体服务的学校，如专为欧洲人或亚洲人提供教育的私立学校，迎合路德教会或圣公会等特定宗教群体的学校，以及那些为迎合坦桑尼亚富裕阶层而建立的学校。同时，在"教育必须大众化、必须宣扬平等思想、鼓励所有地区的人们相互合作、培养青年将来为国效力精神"这一思想的指导下，坦桑尼亚国家政府以义务教育政策为支撑点，大力推进公平教育，消除教育中的族群偏见。据统计，1957年，坦桑尼亚大陆地区初级教育入学人数为43万人，1967年，这个数字已达到93万人。国有化教育和义务教育政策为族群偏见、族群隔阂的消减提供了有效的途径，与此同时，坦桑尼亚政府也充分认识到教育作为社会化工具的重要性，他们决定对教育课程加以利用，将其作为促进坦桑尼亚族群和谐的工具。为达成这一目标，政府把国家价值观和民族自豪感的宣扬和强化作为课程的内容。新课程的核心理念非常明确：坦桑尼亚这一国家概念至关重要，而且这个国家概念不是一个个分散独立的族群身份表达，它只有一个内涵，那就是民众共同努力实现从殖民状态过渡到国家独立统一。可以想见，独立后，坦桑尼亚政府在大力推动教育在削弱族群分化、培养年轻一代国家意识上发挥的积极作用，国家教育的推进过程也是众多族群的族群意识隔离化转变为国家意识凌驾于族群意识之上的过程。

---

① 尼雷尔：《尼雷尔文选（第二卷）：自由与统一》，韩玉平译，华东师范大学出版社，2015，第90页。

（三） 我们都是"坦桑尼亚人"：促进多元族群国家认同建构的文化措施

1963 年，尼雷尔在一次公开讲话中强调："独立后，坦噶尼喀的公民身份成为一个合法事实，现在我们需要做的，就是确信作为坦噶尼喀共和国（Republic of Tanganyika）公民的一员是非常荣耀的。不管在什么地方、处于什么情况下，我们都可以自豪地说'我是一名坦噶尼喀公民'。"① 为将各个族群的民众统一在国家公民身份的框架下，独立后的坦桑尼亚政府采取了多项旨在减少族群分歧、培养各族群民众国家认同的文化措施。

首先，政府通过对本土文化的认可塑造来推动坦桑尼亚人的国家认同。1962 年，尼雷尔在总统就职演说时提到："文化是每个国家的本质和精神，一个缺乏本国文化的国家只不过是一个没有国家精神的人的集合。在殖民主义所有的罪恶中，试图让我们相信我们没有自己的本土文化或我们拥有的文化是无用的，这是最大的罪恶。"② 以此为契机，政府建立了国家文化和青年部，该部门的目的在于通过文化活动的推动来发展属于坦桑尼亚人自己的文化个性和文化认同。其次，通过对共同历史记忆的维护，来增强国民认同感。1964—1974 年，政府制订了以博物馆建设为核心的两个文化发展五年计划。第一个五年计划规定各个地区的首府都要建立用于保护传统文化设施和文化遗产的博物馆，且中央会向各个地区分别提供 7000 英镑的建设资金；第二个五年计划期间，政府出台了包括扩建国家体育场、建设地区博物馆、建立文化中心、进行文物搜集和保护、扩建国家博物馆、在具有文物古迹的地区建立文物博物馆等诸多措施在内的文化发展计划，总预算达 600 余万坦桑尼亚先令。③ 殖民遗产和殖民记忆在凝结多元族群过程中发挥着重要作用，承载着这些历史性记忆的建筑，不仅仅是国家独立的象征，同时也是超越于单一族群之上的具有共同性的民族心理和民族意识日臻成熟的表现。

---

① 尼雷尔：《尼雷尔文选（第二卷）：自由与统一》，韩玉平译，华东师范大学出版社，2015，第 189 页。

② 尼雷尔：《尼雷尔文选（第二卷）：自由与统一》，韩玉平译，华东师范大学出版社，2015，第 125 页。

③ L. A. Mbughuni, *The Culture Policy of the United Republic of Tanzania*, Paris: The Unesco Press, 1974, pp. 25 – 30.

三 政制为轴：政治体制推动下的族群和谐

在多族群国家的民族国家建构过程中，伴随的往往是各个族群相互妥协后国家层面之上的民族共同体的形成。为了构建和运营自己的政治体系，这一共同体也必然会通过政治权力来聚集民族利益，协调族群关系。[①] 其间，政治制度是政治权力运行的制度性安排，政治制度的合理与否，深切的关乎族群关系能否保持和谐稳定，对于拥有120余个族群的坦桑尼亚，这点显得更为重要。

（一）团结核心：革命党的成立、发展及作用

马及马及起义的失利结束了一个试图用武装斗争争取独立的时期，转而开辟了一个妥协于接受殖民统治并采取和平手段争取自由独立的新时代。武装反抗时期，各个族群已然看到了族群团结所带来的巨大能量，虽然最后以失败告终，但谁也不能否认团结各个族群的国家性组织的建立在自由独立之获取、国家意识之形成的过程中不可替代的作用。

以此为契机，在两次世界大战期间，诸多超族群的组织和协会应运而生，坦噶尼喀非洲人协会（Tanganyika African Association，TAA）是这些组织中的杰出代表。1929 年至 1945 年，这个协会的主要活动是在团结的理想指导下，将国内众多组织和协会联系在一起，进而解决国内众多族群不团结的问题。故此，坦噶尼喀非洲人协会的重要性不言而喻，更重要的是它非族群的性质。继承了该理念的坦噶尼喀非洲民族联盟成了一个独特的政治组织，并发展为一个成功的群众运动。[②]

1954 年 7 月 7 日，坦噶尼喀非洲人协会正式改组为坦噶尼喀非洲民族联盟（Tanganyika African National Union，TANU），这也标志着这一组织从半政治性、半社会性的协会过渡为单一性政党。作为一个全国性的机构，坦噶尼喀非洲民族联盟对各个族群的成员并不存在歧视。坦噶尼喀非洲民族联盟的壮大一方面体现的是它在连接各个族群工作中的出色表

---

① 周平：《民族政治学》，高等教育出版社，2007，第 130 – 131 页。
② 阿诺德·特穆：《民族主义的兴起和胜利》，引自伊·基曼博主编《坦桑尼亚史》，商务印书馆，1976，第 278 页。

现，另一方面也反映出这一政党的存在为当时诸多族群谋求自由与独立提供了一个合适的团结平台。1961 年 12 月 9 日，坦噶尼喀获得政治独立，但不同族群之间并没有因为谁应该掌握国家政权的问题而爆发冲突。这一局面的造就当然不能全然归功于坦噶尼喀非洲民族联盟的存在，但能部分地反映出它如何以组织的形式体现出族群间的稳定关系。依托于族群团结，坦噶尼喀实现了独立，但如何在政治上维护国家的稳定依然是摆在整个国家面前的一道难题。独立初期，坦噶尼喀实行的是多党民主议会制，除了坦噶尼喀非洲民族联盟之外，坦桑尼亚还存在着坦噶尼喀联合党、坦噶尼喀非洲国民大会等诸多政党。就坦桑尼亚而言，政党的存在往往是各族群在政治上的反映，随着坦桑尼亚人重掌国家政权，各自族群集团的利益诉求也存在着冲突，这对于一个新兴国家来说无疑是极为不利的。1965 年，坦噶尼喀非洲民族联盟国家执行委员会通过了修改坦噶尼喀宪法的决议，决定将坦噶尼喀为一党制国家的既成事实载入宪法，坦噶尼喀非洲民族联盟成为坦噶尼喀地区唯一的合法政党。尼雷尔就一党制问题在答记者问时明确指出："对于年轻国家来说，多党制很容易造成分裂，导致国家软弱，使别有用心的投机者有机可乘，无视国家独立。"[1] 1977 年 2 月 5 日，坦噶尼喀非洲民族联盟和桑给巴尔非洲设拉子党合并为坦桑尼亚革命党，并于 1982 年 1 月被确定为唯一的执政党。革命党继承了坦噶尼喀非洲民族联盟在处理族群问题上的一贯态度，并在《坦桑尼亚革命党党章》中明确规定：保证政府及一切公共机构向全体人民不分性别、肤色、部落、宗教和社会地位提供平等地位。在实行一党制的几十年里，坦盟及其后的革命党虽因一党独大使得在政党腐败、经济发展等方面出现了弊端，却少有因政治原因发生的族群冲突，可见在坦桑尼亚独立之初这一特定时期，一党制在避免族群矛盾、维护民族一体化和国家统一等事务上发挥了重要的作用。

（二）法度为纲：平等公正的选举制度

在极易引起族际冲突的政治领域，坦桑尼亚革命党认为反对党政治不适用于多元族群的坦桑尼亚，所以逐步确立起革命党一党独大的体制。一党制的实行引起的是各族群对自身利益、权力分配的恐慌，为打消这

---

[1] 《尼雷尔就国内外形势答记者问》，冯克智、曹勤译，《非洲历史研究》1987 年第 1/2 期，第 40 页。

种疑虑，作为权力分配途径的选举制度的合理制定就显得尤为重要。

一党制期间，宪法就国民议会选举制度做出了明确规定：国民议会候选人不仅需要坚定的成为革命党的一员，而且他在参与选举之前还必须得到革命党的推荐或选择；要成为候选人，必须同意执政党的一系列严格规定，其中包括禁止诉诸族群、种族或宗教身份；候选人在竞选时被要求必须使用斯瓦希里语，使用当地语言则可能被取消竞选资格；候选人严禁利用族群或宗教偏见来获得支持，一旦发现候选人有这种行为将被取消竞选资格。一方面，这些规定的存在凸显了坦桑尼亚多种族和多族群的特性，明确地表达了革命党维护中央政权权威统一的决心；另一方面，这些规定的存在也把许多声望极高的传统领袖排除于中央政治体系之外，通过对传统领袖权威的削弱，建立在单一族群集团之上的权力结构将难以为这些传统领袖在新的多民族统一国家获得领导身份提供一个合法性途径或者机会。为进一步凸显坦桑尼亚的多元族群特性，革命党也采取一系列措施来保证国民议会的成员不是由某一特定族群或者某一族群占绝大多数的选区当选。如坦桑尼亚政府将行政区划设为省、县、乡、片、村五级，在具体划分中，大多数的县界与该地区族界基本吻合，宪法规定每个县必须拥有至少一个席位，保证了基本上各族群都会在议会内拥有席位。[①] 这一旨在保障多元族群利益的选举制度虽一定程度上会强化族群边界，不利于族际沟通和国民融合，但中央权力机构的选举制度中族群身份的淡化也会很大程度上消解这一副作用。任何一个族群在促成国家实质统一、族群和谐的进程中都发挥着独特的作用，因此为了充分保障各个族群的权力伸张，对地方族群权力的适度让步是难以避免的。

（三）权力分配：酋长制问题的合理解决

独立初期，坦噶尼喀地区存在两种地方政权：以 1953 年《地方政府法》（*Local Government Ordinance*）建立的 11 个城市委员会和 6 个农村委员会；根据殖民时期的国家条例建立的 55 个其他形式的农村委员会。这两种地方政权并非通过选举产生，且大多是以各个族群为基础，实际权力也由传统酋长掌控。独立后，统一的中央政府无意于承认原先按照族群界限建立的地方政权，因此直至 1962 年 7 月，这些地方政权并没有在

---

① 葛公尚：《初析坦桑尼亚的民族进程一体化政策》，《民族研究》1991 年第 2 期，第 48 页。

宪法中被赋予合法身份。为改变中央权力受制于地方酋长的局面，中央政府于 1962 年废除了《非洲酋长法》（*African Chiefs Ordinance*），建立在民众普选和中央授权基础上的非洲自治委员会（African District Councils）代替酋长政权行使权力。就此，传统酋长要么继续孤立，要么采取合作的姿态参与这一权力重组。这一民主原则的胜利使得酋长权力式微，当《非洲酋长法》被废除后，建立在这一法令之上的酋长权力也被迫让渡。这一措施虽说某种程度上会伴随着传统地方政权的抵制，但也只是民族国家建构过程中的阵痛，最终将有利于族群传统权力的分解、国家统一权力的建构以及中央和地方黏合程度的加强。① 对一般族群来说，酋长在族群内部具有崇高的地位和绝对的权威，对酋长权力体系的改制一定程度上是对各族群民众原属族群认同的改革。当然，传统权力的消解并不是简单的权力剥夺，而是权力统一化基础上的权力再分配。这种权力体制上的变动体现的也不仅仅是传统酋长政权向新兴国家政权的权力让渡，同时也是民众族群身份向公民身份的转化。

四　小结

自独立来，坦桑尼亚不时会在政治、经济、文化、宗教等方面面临一些困扰，尤其是经济发展形势不容乐观，据联合国颁布的《2016 年最不发达国家状况报告》显示，坦桑尼亚依旧无法摆脱其最不发达国家的窘境。但总体来看，独立后的坦桑尼亚没有爆发过大规模的族群冲突或因族群矛盾而产生的国内动乱，各族群间和谐相处，从这个层面而言，坦桑尼亚的族群治理成就显著。2001 年，非洲民主动态调查组织就"你觉得自己属于哪个特定群体"这一问题在非洲展开调查的数据显示，坦桑尼亚只有 3% 的人回答"他们所属族群"。② 这也从侧面反映出坦桑尼亚族群关系的处理、民族国家的建构所取得的良好成效。当然，坦桑尼亚的族群关系结构并不是一个静态体系，随着社会关系及国内外环境的

① Dryden S., "Local Government Reform in Tanzania", *Tanzania Notes and Records*, 1966, pp. 147 – 154.

② Elliott Green, "The Political Economy of Nation Formation in Modern Tanzania: Explaining Stability in the Face of Diversity", *Commonwealth & Comparative Politics*, Vol. 49, No. 2, 2011, pp. 224 – 225.

变化，族群关系也会发生变化，这也就决定了国家的族群治理体系也应适时调整。成熟的社会理应是一个包容的社会，尤其对于具有多元族群的坦桑尼亚而言，坚持对多元族群的包容，各个族群才不会因差异性的消失而陷入同化模式下的模板式存在，整个国家才能更具生命力。

关于族群关系的讨论，同化理论和多元化理论是学界较为通用的两大理论范式。同化最直接的含义是日渐融合与渐增的相似性。① 美国学者戈登在早期社会学家帕克的研究基础上将同化解释为不同群体将经历的一系列阶段或步骤，并将同化过程由初级到高级分为 7 个阶段：文化或行为同化（文化适应）、结构同化、婚姻同化（融合）、认同同化、态度待遇上的同化、行为待遇上的同化和公民同化。② 虽说同化理论因缺乏对少数族群的关注以及忽略族群差异性边界的存在而为后来学者所诟病，但以可同化为假设前提，则是肯定了族群间存在着相似性，在 20 世纪种族主义盛行的时代，具有积极的反种族主义的意义。多元主义是对同化主义的回应，它主张保存族群间的差异，强调少数族群的权利、文化存在、生活方式等的合理性与合法性。艾布拉姆森将多元化定义为族群会以保持甚至强化其特征为前提，产生持续的族群差异。③ 多元主义有利于族群宽容与族群多样性的维持，各个族群不会因差异性的消失而陷入同化模式下的模板式存在。但我们理应清晰地认识到，在现代多族群社会中，同化过程和多元化过程不可能分离存在。完全的同化意即对族群差异的抹杀，完全的多元也会使得各个族群难以共处一个社会，偏废一方的做法难以完成多族群国家的国家构建任务。坦桑尼亚拥有 126 个族群，总人口有 5000 余万人，人数最多的苏库马族与尼亚姆维奇族也各只占总人口的 13% 和 8%，并没有某一个或某几个族群处于绝对的主体地位，所以单用同化理论或者多元化理论都不能解释其稳定的族群关系。如上文所述，独立后的政府采取了一系列措施力图建立成熟稳固的国家认同。但是，这些措施不是以消灭族群差异性为前提，而是强调基于一体化国

---

① 马丁·N. 麦格：《族群社会学》，祖力亚提·司马义译，华夏出版社，2007，第 94 页。

② 参见 Milton M. Gordon, *Assimilation in American Life：The Role of Race, Religion, and National Origins*, Oxford University Press on Demand, 1964；吴晓刚译《同化的性质》，载马戎主编《西方民族社会学经典读本——种族与族群关系研究》，北京大学出版社，2009，第 91–106 页。

③ Abramson H. J., "Assimilation and Pluralism", *Harvard Encyclopedia of American Ethnic Groups*, Vol. 8, No. 3, 2003, p. 363.

家认同下的多元化族群认同。坦桑尼亚政府较好地处理了各族群"一体"与"多元"的关系，"坦桑尼亚人"概念的产生与弘扬，为民族国家的建构方法提供了有益经验。

（责任编辑：胡洋）

非洲研究 2018年第1卷（总第12卷）
第85-98页
SSAP ©，2018

非洲国家对西式民主的认知现状分析[*]

——基于对尼日利亚、坦桑尼亚和埃塞俄比亚等国的调研

欧玉芳

【内容提要】20世纪90年代以来，外植的西式民主对非洲民主产生了巨大的影响。实地调查尼日利亚、坦桑尼亚和埃塞俄比亚等非洲国家各行业、各年龄段的被调查者对西式民主的认知现状后，发现绝大多数被调查者对"民主"的认知清晰且认知差异不大；对西式民主持支持态度和反对态度的占比各异，对"中国民主"特质持积极认知态度；大部分被调查者对西式民主之于非洲发展产生的影响持中立态度，认为其产生的积极和消极影响均有。同时认为"缺乏稳定、统一、强大的国家"和"严重的腐败"是阻碍本国发展的主要因素，认同非洲国家发展的最关键因素有"统一、强大而稳定的国家"、"适合国情的发展道路"以及"有利的国际环境"等。未来非洲民主的发展应在培育国家全体民众的国家观念与国家意识，建立现代统一的国民经济体系，形成国内统一的市场体系的基础之上，结合非洲的现实，探索适合非洲各国国情的民主发展道路。

【关 键 词】西式民主；非洲发展；认知现状

【作者简介】欧玉芳，浙江师范大学非洲研究院助理研究员。

---

* 王严、张勇、胡洋等人分别赴尼日利亚、坦桑尼亚、肯尼亚进行了实地调研、访谈、数据收集，对课题完成有较大贡献。

20 世纪 90 年代冷战结束以后，西方把推行西式民主作为对非战略的首要目标。建立在生产资料私有制基础之上的西式民主对非洲产生了深远的影响，这种影响的主要体现其一为非国大、非盟和非洲国家主要领导人大多奉行西式民主；其二为西式民主自由价值观与西方政治制度、经济影响纠合在一起，成为主导非洲国家的主流意识形态。大部分非洲国家按照西方国家的要求进行了政治改革，建立起了西式的民主制度。西式民主在非洲取得了一些成绩，但是西式民主在非洲诸国引发的政治变革进程并不顺利，甚至引发了非洲国家的一党专政、军事独裁和政局动荡等诸多复杂问题。本次调查是为了解非洲民众对西式民主的认知现状，探析西式民主对非洲实现自主可持续发展的影响，寻找非洲民主发展的道路。

本着定性研究与定量研究相结合的指导原则，本调查研究采用问卷与访谈相结合的方式，共发放 162 份问卷，回收率 100%，其中有效问卷150 份，无效问卷 12 份。课题组先后调查了南非、坦桑尼亚、肯尼亚、埃塞俄比亚等 22 个非洲国家各行业（包括政府部门工作者、学者、记者、商业人员和自由职业者等）和各年龄段（包括 18—28 岁、29—38岁、39—45 岁、46—56 岁以及 60 岁以上五个年龄段）的被调查者对西式民主的认知现状，同时调研了他们对中国民主的理解，分析了西式民主思潮在非洲国家的具体表现形式和产生影响的方式。本调查研究利用社会科学统计软件 SPSS 统计分析调查结果，调查统计基本符合调查科学性的要求。

一　被调查者的基本情况

本研究的调查对象分布于非洲 22 个主要国家，调查具有普遍性。调查对象所属国籍包括尼日利亚（41 人），埃塞俄比亚（31 人），坦桑尼亚（21 人），刚果（布）、肯尼亚（各 6 人），马拉维（5 人），喀麦隆、南苏丹、塞内加尔（各 4 人），埃及、津巴布韦、赞比亚（各 3 人），布隆迪、冈比亚、几内亚、毛里求斯、摩洛哥、乌干达、中非（各 2 人），科特迪瓦、利比里亚和马里（各 1 人）。①

---

① 为了比较，还调查了 2 位中国人对西式民主的认知。

从被调查者的年龄结构分布比例来看，年龄段分布相对均衡，29—38岁的被调查者偏多（46%）、18—28岁的（28%）和39—45岁的（22%）被调查者呈均衡状态分布，60岁以上的老年被调查者所占比例最少，占4%。

本研究接受抽样调查的被调查者从事的职业比较分散，包括政府部门工作人员（37.3%）、学者（10.7%）、自由职业者（8.7%）、商业人员（5.3%）、记者（1.4%）以及从事其他职业①的被调查者。

本研究接受抽样调查的被调查者的学历普遍较高，大学专科及以上学历占90%以上，其中博士研究生学历占4.7%，硕士研究生学历占26.0%，大学本科学历占40.7%，大学专科学历占19.3%，高中学历占9.3%。

以上被调查者中一直在本国接受教育的占58%；有在其他非洲国家接受教育经历的被调查者占24.67%；有西方国家留学经历的被调查者占9.33%；有在其他发展中国家接受教育经历的被调查者占6.00%；其他教育背景的被调查者占2%。

二　非洲三国对西式民主的认知现状分析

课题组调查了尼日利亚、埃塞俄比亚、坦桑尼亚等国家对西式民主的认知，包括被调查者对"民主"的实质和形式、"西式民主"和"中国民主"的特质、本国民主与西式民主的一致性及导致二者差异的原因、西式民主对非洲发展的影响，以及阻碍本国发展的因素和实现本国发展的关键因素的认知。鉴于经济实力、人口总数和影响力的考虑，下文仅分析坦桑尼亚、尼日利亚和埃塞俄比亚三国被调查者对民主的认知现状，调查结果详见下文分析。

（一）被调查者对"民主"实质的认知分析

"民主"（Democracy）一词来源于希腊语"demos"（人）和"kratia"（权力或规则），其理念简单地说就是"人民统治"即民治，更详细一点说，就是：国家权力属于她的人民，参与国家政治是人民的正当权

---

① 其他职业主要是无业人员、退休人员和学生等。

利，人民非但不是被统治对象，反而是统治者，人民拥有和管理国家，国家因为人民的存在而存在。① 调查发现绝大多数被调查者对"民主"的认知清晰，且认知差异不大，详见表 1。

由表 1 可知，大部分被调查者认为民主是"人民参与政治、经济、文化活动，当家作主""大家都有表达意见的权利""多数人决定事情""政治概念，现代社会常常提倡的一种理念"。其中，民主是"人民参与政治、经济、文化活动，当家作主"被大部分尼日利亚和埃塞俄比亚被调查者认同。然而，也有少部分人认为民主"充满虚伪、欺骗和谎言"，持这种观点的以尼日利亚被调查者居多（17%）。这种认知偏差有可能是被调查者对尼日利亚的国家民主实况有所不满导致的。

表 1　非洲三国被调查者对民主实质的理解

单位：人

您对于"民主"的理解是？	坦桑尼亚	尼日利亚	埃塞俄比亚
政治概念，现代社会常常提倡的一种理念	7 (33%)	9 (22%)	6 (19%)
多数人决定事情	5 (24%)	17 (41%)	22 (71%)
大家都有表达意见的权利	4 (19%)	27 (66%)	17 (55%)
人民参与政治、经济、文化活动，当家作主	8 (38%)	33 (80%)	27 (87%)
不知如何表达，反正是学术高深的一个词	0 (0%)	2 (5%)	3 (10%)
充满虚伪、欺骗和谎言	0 (0%)	7 (17%)	0 (0%)
其他	0 (0%)	4 (10%)	0 (0%)

（二）被调查者对"民主"形式的认知分析

享有民主的人用什么样的政权组织形式来实现民主，或者说用什么

---

① 亚里士多德：《政治学导读》，天津人民出版社，2009，第 61 页。

样的政权组织形式对社会进行管理称为民主形式。① 世界各国常见的民主形式有选举民主、决策民主、监督民主、言论自由、公民自治等。为此，我们调查了非洲三国对民主形式的认知现状，结果详见表2。

表2　非洲三国被调查者对民主形式的理解

单位：人

您认为民主的形式有哪些？	坦桑尼亚	尼日利亚	埃塞俄比亚
选举民主	5	18	6
	（23.8%）	（46.2%）	（19.4%）
决策民主	11	16	23
	（52.4%）	（41.0%）	（74.2%）
监督民主	3	4	5
	（14.3%）	（10.3%）	（16.1%）
言论自由	1	8	16
	（4.8%）	（20.5%）	（51.6%）
公民自治	6	7	1
	（28.6%）	（17.9%）	（3.2%）
其他	1	2	0
	（4.8%）	（5.1%）	（0.0%）

由表2可知，在五种常见的民主形式中，决策民主在坦桑尼亚和埃塞俄比亚被调查者中的认知度最高，其中52.4%的坦桑尼亚被调查者和74.2%的埃塞俄比亚被调查者对决策民主存在认知，认知比重在两国的民主形式认知度中均最高。出现这一调查结果的可能原因是决策民主在坦桑尼亚和埃塞俄比亚执行得较好，被调查者自然而然认识到了决策民主；也有可能是决策民主在两国遭到了极大阻碍，被调查者对决策民主的诉求高所致。在五种常见的民主形式中，坦桑尼亚被调查者对言论自由，尼日利亚被调查者对监督民主，埃塞俄比亚被调查者对公民自治的认知度均为最低。

（三）被调查者对"西式民主"特征的认知分析

根据"西式民主"特质的"发展历史悠久，体制比较完善""全民

---

① 王惠岩：《论民主与法制》，《政治学研究》2000年第3期，第1-11页。

参与，直观表现""公民有较多参与机会，民主意识发展良好""社会风气的开放、自由、多元""并不觉得哪里好"等五种常见表现，我们调查了非洲三国对"西式民主"特征表现的认知现状。调查发现，80%以上的坦桑尼亚被调查者和近 2/3 的尼日利亚被调查者对西式民主的特征表现持支持态度，而近 40%的埃塞俄比亚被调查者则对西式民主持反对态度。

由表 3 可知，42.9%的坦桑尼亚被调查者认为"西式民主"的特征表现为"公民有较多参与机会，民主意识发展良好"；35.0%的尼日利亚被调查者认为"西式民主"的特质表现为"全民参与，直观表现"；38.7%的埃塞俄比亚被调查者对"西式民主""并不觉得哪里好"。

表 3　非洲三国被调查者对"西式民主"特征的理解

单位：人

您觉得西式民主的特质表现是什么？	坦桑尼亚	尼日利亚	埃塞俄比亚
发展历史悠久，体制比较完善	2	6	11
	（9.5%）	（15.0%）	（35.5%）
全民参与，直观表现	5	14	4
	（23.8%）	（35.0%）	（12.9%）
公民有较多参与机会，民主意识发展良好	9	13	10
	（42.9%）	（32.5%）	（32.3%）
社会风气的开放、自由、多元	5	8	8
	（23.8%）	（20.0%）	（25.8%）
并不觉得哪里好	2	9	12
	（9.5%）	（22.5%）	（38.7%）
其他	1	2	0
	（4.8%）	（5.0%）	（0.0%）

（四）被调查者对"中国民主"特质的认知分析

根据访谈结果，我们发现非洲三国被调查者对"中国民主"特质基本上持四种认知态度，即①符合国情，符合中国的现实需要；②理论优势，发展道路光明；③真实有效，不做多余的形式；④并不觉得哪里好。本研究将以上四种认知态度中的前三种定为积极态度，后一种定为消极态度。经调查发现，被调查者对"中国民主"特质的认知持积极态度，其中98%的坦桑尼亚、尼日利亚和埃塞尔比亚被调查者对"中国民主"特质持积极认知态度。47.8%的坦桑尼亚被调查者认为中国民主"符合国情，符合中国的现实需要"；54.5%的埃塞俄比亚被调查者认为中国民主具有"理论优势，发展道路光明"；48.9%的尼日利亚被调查者认为中国民主"符合国情，符合中国的现实需要"。被调查者中仅1位尼日利亚被调查者（占尼日利亚被调查者的2.1%）并不觉得中国民主哪里好，调查结果详见表4。

表4　非洲三国被调查者对"中国民主"特质的理解

单位：人

您觉得中国民主的特质表现是什么？	坦桑尼亚	尼日利亚	埃塞俄比亚
符合国情，符合中国的现实需要	11	23	11
	（47.8%）	（48.9%）	（33.3%）
理论优势，发展道路光明	6	15	18
	（26.1%）	（31.9%）	（54.5%）
真实有效，不做多余的形式	5	5	3
	21.7%	10.6%	9.1%
并不觉得哪里好	0	1	0
	0.0%	2.1%	0.0%
其他	1	3	1
	4.3%	6.4%	3.0%

（五）被调查者对本国民主与西式民主一致性的认知分析

20世纪90年代初，部分非洲国家迫于西方国家"对非经济援助与民主化挂钩"的政策压力，纷纷仿效西方建立民主制度。[1] 为了研究当下非洲民主与西式民主的一致性问题，我们设置了"本国民主与西式民主有较高的一致性"的李克特（Likert）五级量表，设置了"完全不赞同""不太赞同""一般""比较赞同"和"非常赞同"五个回答选项。我们将"完全不赞同"和"不太赞同"响应选项视为"不赞同"态度；"一般"视为"中立"态度；"比较赞同"和"非常赞同"视为"赞同"态

---

[1]　刘娟娟：《从泰国动乱透视"西式民主"的尴尬》，《当代世界》2010年第6期，第1页。

度。经调查我们发现，被调查者对这一问题的认知迥异，具体表现为大部分坦桑尼亚被调查赞同"本国民主与西式民主有较高的一致性"（57.1%）；大部分尼日利亚被调查不赞同"本国民主与西式民主有较高的一致性"（69.2%）；而埃塞俄比亚被调查者对此问题持"不赞同""中立"和"赞同"态度的人数比例均在 30% 左右，分布较为均衡。调查结果详见表 5。

表 5　非洲三国被调查者对本国民主与西式民主一致性的理解

单位：人

本国民主与西式民主有较高的一致性	坦桑尼亚	尼日利亚	埃塞俄比亚
完全不赞同	6	14	3
	（28.6%）	（35.9%）	（11.1%）
不太赞同	1	13	4
	（4.8%）	（33.3%）	（14.8%）
一般	2	3	11
	（9.5%）	（7.7%）	（40.7%）
比较赞同	5	5	6
	（23.8%）	（12.8%）	（22.2%）
非常赞同	7	4	3
	（33.3%）	（10.3%）	（11.1%）

（六）导致非洲三国民主与西式民主差异的原因认知分析

以上调查表明当下非洲三国的民主与西式民主存在差异。追根溯源，导致差异的根本原因是 20 世纪 90 年代，非洲三国迫于西方政治经济压力，在西式民主与本国国情不符的情况下效仿西式民主。具体原因则包括"历史和文化不同""经济基础不同""政治制度安排不同""政府责任不同""公民意识和思想境界不同"等。调查发现，被调查者对导致本国民主与西式民主差异的原因认知较为一致，绝大多数被调查者认为"历史和文化不同""经济基础不同"和"政治制度安排不同"导致了本国民主与西式民主的差异（见表 6）。

表6　导致非洲三国民主与西式民主差异的原因

单位：人

您认为本国民主与西式民主差异的原因来自哪些方面？	坦桑尼亚	尼日利亚	埃塞俄比亚
历史和文化不同	7	20	15
	（29.2%）	（35.7%）	（28.8%）
经济基础不同	7	11	17
	（29.2%）	（19.6%）	（32.7%）
政治制度安排不同	6	7	8
	（25.0%）	（12.5%）	（15.4%）
政府责任不同	2	11	6
	（8.3%）	（19.6%）	（11.5%）
公民意识和思想境界不同	2	6	4
	（8.3%）	（10.7%）	（7.7%）
其他原因	0	1	2
	（0.0%）	（1.8%）	（3.8%）

（七）非洲三国对西式民主之于非洲发展影响的认知

非洲国家效仿西式民主20多年后，西式民主必然对非洲国家产生不同程度的影响。经调查我们发现，分别有50.0%、64.1%、67.7%的被调查者认为西式民主对非洲发展既有积极影响又有消极影响。其中，坦桑尼亚和埃塞俄比亚被调查者认为西式民主产生的消极阻碍作用大于积极促进作用，而认为西式民主产生了积极促进作用的尼日利亚被调查者人数稍多于认为产生了消极阻碍作用的人数（见表7）。

表7　非洲三国被调查者对西式民主之于非洲发展影响的认知

单位：人

你认为西式民主对非洲发展有什么影响？	坦桑尼亚	尼日利亚	埃塞俄比亚
积极促进作用	3	6	2
	（15.0%）	（15.4%）	（6.5%）

续表

你认为西式民主对非洲发展有什么影响？	坦桑尼亚	尼日利亚	埃塞俄比亚
消极阻碍作用	5	4	6
	（25.0%）	（10.3%）	（19.4%）
积极、消极影响都有	10	25	21
	（50.0%）	（64.1%）	（67.7%）
不知道	0	3	2
	（0.0%）	（7.7%）	（6.5%）
其他	2	1	（2.6%）
	（10.0%）	0	（0.0%）

（八）非洲三国对阻碍本国发展的因素的认知分析

阻碍非洲发展的常见因素有不利的国际环境、缺乏稳定统一的国家、西方殖民经历以及严重的腐败等。为此，我们调查了非洲三国对阻碍本国发展的因素的认知现状，发现大部分被调查者认为"缺乏稳定、统一、强大的国家"和"严重的腐败"是阻碍本国发展的主要因素。如 42.3% 的坦桑尼亚被调查者认为阻碍坦桑尼亚发展的因素是"缺乏稳定、统一、强大的国家"；42.9% 的尼日利亚被调查者和 46.9% 的埃塞俄比亚被调查者认为阻碍各自国家发展的因素均是"严重的腐败"。调查结果详见表 8。

表 8 非洲三国被调查者对阻碍本国发展的因素的认知

单位：人

你觉得阻碍本国发展的因素有哪些？	坦桑尼亚	尼日利亚	埃塞俄比亚
国际环境不利于非洲发展	4	2	2
	（15.4%）	（4.1%）	（6.3%）
缺乏稳定、统一、强大的国家	11	18	10
	（42.3%）	（36.7%）	（31.3%）
被西方殖民经历后遗症	5	6	2
	（19.2%）	（12.2%）	（6.3%）
严重的腐败	6	21	15
	（23.1%）	（42.9%）	（46.9%）

你觉得阻碍本国发展的因素有哪些？	坦桑尼亚	尼日利亚	埃塞俄比亚
其他	0	2	3
	（0.0%）	（4.1%）	（9.4%）

（九）非洲三国对实现本国发展的关键因素的认知分析

调查发现，61.9%的坦桑尼亚被调查者认为实现坦桑尼亚发展的最关键因素是"统一、强大而稳定的国家"；50.0%的尼日利亚被调查者认为实现尼日利亚发展的最关键因素是"适合非洲各国国情的发展道路"；而35.5%的埃塞俄比亚被调查者则认为实现埃塞俄比亚发展的最关键因素是"有利的国际环境"，如表9所示。

表9　非洲三国被调查者对实现本国发展的最关键因素的认知

单位：人

你认为实现本国发展最关键的影响因素是什么？	坦桑尼亚	尼日利亚	埃塞俄比亚
有利的国际环境	2	5	11
	（9.5%）	（12.5%）	（35.5%）
统一、强大而稳定的国家	13	9	9
	（61.9%）	（22.5%）	（29.0%）
实行西式民主	4	4	0
	（19.0%）	（10.0%）	（0.0%）
适合非洲各国国情的发展道路	2	20	8
	（9.5%）	（50.0%）	（25.8%）
非洲人的自力更生	0	2	3
	（0.0%）	（5.0%）	（9.7%）
其他	0	0	0
	（0.0%）	（0.0%）	（0.0%）

三　非洲国家民主道路的思考与分析

非洲国家民主评估的根本标准，是要看它是否促进了政治稳定、社会经济发展和人民生活水平的提高。① 我们认为培育非洲各国民众的国家观念与国家意识，整合非洲各国传统部族社会分割破碎的内在凝聚力，探索适合非洲各国国情发展的民主道路，建立现代统一的国民经济体系，形成国内统一的市场体系将有利于根本标准的达成。

（一）培育国家全体民众的国家观念与国家意识

在国家归属感的认同过程中形成了现代国家观念，此后，其作为不可或缺、发挥持久作用的国家文化支撑体系，支撑着一个国家的生存、发展和稳定。② 然而，经调查我们发现，在尼日利亚、埃塞俄比亚和坦桑尼亚平均有近 40% 被调查者认为阻碍非洲民主发展的重要原因之一是"缺乏稳定、统一、强大的国家"，因而，要实现非洲国家的民主发展首先是培育非洲三国民众的国家观念与国家意识，整合传统部族社会分割破碎的内在凝聚力，建成具有内聚力和向心力的国家，建立稳定、统一、强大的国家。建立稳定、统一、强大国家的途径之一是构建政治与主权统一的国家，即：构建中央集权政治体制以及现代民族和国家统一的中央政府；途径之二是建构统一的国民文化体系，即：整合国家文化，让一体化的国家文化作为统一、团结的国家文化纽带，提供强烈的国家意识和国民情感；将现代科学文化、理性精神，以及现代国家发展的必备知识、技术和理论引入国家的政治体制、政策和思想中。

（二）建立现代统一的国民经济体系，形成国内统一的市场体系

20 世纪 50 年代末，李普塞特（S. M. Lipset）证明经济发展与民主发展呈正相关关系，一个国家财富、工业化、城市化程度和教育水平等经济发展指标的高低几乎决定着其民主化程度的高低。③ 20 世纪六七十年代以后，经济发展与政治民主之间更精确的正相关关系得到了进一步证实。亨廷顿调查不同时期各国人均 GNP 与民主化的关系后指出，民主转变主要在具备中上经济发展水平的国家发生。

从根本上说，非洲的民主发展只能通过经济发展才能最终实现。对

---

① 张宏明：《多维视野中的非洲政治发展》，社会科学文献出版社，2007，第 295 页。

② 刘鸿武：《从中国边疆到非洲大陆——跨文化区域研究行与思》，世界知识出版社，2017，第 332 页。

③ Lipset S. M.，"Some Social Requisites of Democracy"，*American Political Science Review*，Vol. 53，No. 1，1959，pp. 69 – 105.

于当今的非洲国家而言，各国人民共同努力，通过先进的科学技术和现代化的教育推动国家走向繁荣富强之路更符合各国国情，创造国民财富比任何民主空想更有现实的理性精神。以实现经济发展推进民主建设，通过经济合作而非武力暴动来治理非洲国家面临的矛盾冲突，在谋求经济和社会发展的根本前提下推进国家民主建设，对当今非洲民主建设具有特殊的现实道德意义。

（三）探索适合非洲各国国情发展的民主道路

近代西方民主已经历了近400年的发展历程，时至今日仍在不断地完善。然而，非洲的"外植式"民主才刚刚起步，故而，非洲的民主发展还要历经一个长期、渐进的探索过程。[①] 当前，非洲国家普遍推行西式的多党选举制，民主选举理念已在非洲扎根是一个不争的事实。但从近年来的发展趋势看，非洲国家与西式民主理念结合出现的"夹生"现象愈发凸显，非洲国家自身依旧没有探索出符合自己国情的政治民主形式。非洲国家必须找到适合自己国情的民主发展道路，在社会稳定的前提下，以经济的发展保障民主的发展。因此，探索在非洲实施民主的稳妥而有效的办法是在维护社会稳定的前提下，适当开放民主，调和社会矛盾，调整经济结构，提高人民生活水平。基于非洲的事情只能由非洲人自己来解决的信念，本研究相信随着社会、经济、文化的发展，非洲国家必将能够寻找到符合各自国家国情的政治发展模式。政治民主化的关键是推动国家内部的政治发展，只有符合非洲各国国情的民主方才具有强大的生命力。总之，非洲的问题只能由非洲人自己根据非洲自身的实际情况寻求解决方案和办法。

非洲民主产生的历史背景决定了其发展过程是复杂、艰难和脆弱的，幸运的是非洲民主框架性建设已经初步形成，包括宪法制度、议会制度、司法制度、行政制度、政党制度和选举制度在内的各项民主制度以及多党制为特征的代议制民主政体。[②] 但是非洲民主的高阶发展，即具有稳定的民主文化和价值观，以及完善的民主法律和制度，这一切对非洲国家而言才刚刚开始，任重而道远。

综上所述，民主发展是长期政治变革的结果，不是轻而易举的，尽

[①] 张宏明：《多维视野中的非洲政治发展》，社会科学文献出版社，2007，第295页。
[②] 贺文萍：《非洲国家民主化进程研究》，时事出版社，2005，第187页。

管其平等原则是普适的，但其形式却是多样的。未来非洲民主的发展应
在培育国家全体民众的国家观念与国家意识，建立现代统一的国民经济
体系，形成国内统一的市场体系的基础之上，结合非洲的现实，探索适
合非洲各国国情发展的民主道路，从关注制度和形式转向注重内涵和内
容，自主培育出适合非洲大地的民主之花。

（责任编辑：王珩）

非洲经济与发展

非洲研究 2018 年第 1 卷（总第 12 卷）
第 101－119 页
SSAP ©，2018

东非国家经济发展状况及投资环境分析*

任 佳 马文霞

【内容提要】东非是海上丝绸之路的必经地区，地处地中海、印度洋、大西洋水系的分水地区，海岸线长，具有重要的地缘优势。同时，东非的主要国家经济增长较快，地区经济较为活跃，是非洲最受欢迎的投资地之一。基于此，本文从经济总量、产业结构、投资、国际收支、进出口贸易、通货膨胀与失业率等方面对东非各国的经济发展进行分析，并从地理位置、自然和旅游资源、投资政策、市场潜力和规模以及投资风险等视角对该地区的投资环境进行考察，以期对中国与这一地区国家的合作提供基础参考。

【关 键 词】东非国家；经济发展；投资环境

【作者简介】任佳，博士，云南省社会科学院研究员；马文霞，经济学硕士，张家口银行。

引 言

东非地区的范围，既有包括非洲东北部、东南部、中东部、东部、东面岛国国家在内的划分，有 13 国之多，也有不包括东北非、东南非和岛国的划分，只包括非洲东部和中东部 5 国。本文涉及的东非国家范围，

* 本文系浙江师范大学非洲研究院重点课题成果之一，项目编号 14FZZX03Z 。

包括东部、中东部和与东部接壤的东南部沿海国家，主要是埃塞俄比亚、厄立特里亚、吉布提、索马里、肯尼亚、乌干达、卢旺达、布隆迪、坦桑尼亚、莫桑比克 10 国。莫桑比克虽然属于东南非，但与坦桑尼亚相邻，同时又是印度洋沿岸国家以及海上丝绸之路的重要国家。这一地区面积 451 万平方公里①，占非洲总面积的 14.93%。东非区域合作比较活跃，有两个国际合作组织在该地区发起，分别是东非共同体和东南非共同市场，其中坦桑尼亚、肯尼亚、乌干达、布隆迪、卢旺达是东非共同体成员国，乌干达、布隆迪、埃塞俄比亚、肯尼亚、卢旺达、吉布提、厄立特里亚同时又是东南非共同市场成员国。同时还有一些国家又属于环印度洋联盟成员国，区域辐射范围广，具有经济活力和发展潜力，因而成为最受欢迎的非洲投资地之一。

在 2017 年 20 国集团汉堡峰会上，习近平主席指出，支持非洲发展有利于推动世界经济均衡、包容增长。中国是支持非洲发展的真诚伙伴。我们秉持真实亲诚的对非政策理念，不附加任何政治条件，通过实实在在的项目帮助非洲发展。中国 2015 年提出中非"十大合作计划"，并正在实施"十大合作计划"。因此，研究该地区的经济发展状况及投资环境，对我国开展与该地区的经济合作以及推进"一带一路"倡议的实施具有现实意义。

一 东非国家经济发展状况

东非地区拥有丰富的自然资源、充足的劳动力、广阔的市场和便利的交通。非洲经济增速最快的国家在东非。东非国家也在谋求推进工业化、现代化、城镇化进程。经济发展趋势总体向好，但一些国家也面临困难和挑战。

（一）经济总量及人均经济总量

该地区经济增长较快，但发展不平衡。根据世界银行发布的《2017全球经济预览》报告，预计埃塞俄比亚、坦桑尼亚和肯尼亚将成为 2017年东非地区经济增速最快的三个国家。埃塞俄比亚是 2017 年东非经济增

---

① 根据《世界地图册》中该区域所占面积计算，星球地图出版社，2004。

速排名首位的国家，坦桑尼亚排名第二，肯尼亚排名第三。①

从 GDP 总量上看，肯尼亚、埃塞俄比亚、坦桑尼亚、乌干达、莫桑比克经济规模较大，2016 年五国的 GDP 总量分别为 691.7 亿美元、692.2 亿美元、467 亿美元、256.1 亿美元、120.5 亿美元；相比之下，卢旺达、厄立特里亚、布隆迪、吉布提经济规模较小，2016 年四国的经济总量分别为 83.4 亿美元、53.5 亿美元、27.4 亿美元、18.9 亿美元，明显低于前面分析的五个国家，可见东非国家经济发展不平衡（见表 1、图 1）。

表 1　东非国家 GDP 总量（2005—2016 年）

单位：十亿美元

国家 年份	布隆迪	吉布提	厄立特里亚	埃塞俄比亚	肯尼亚	莫桑比克	卢旺达	坦桑尼亚	乌干达
2005	1.12	0.71	1.10	12.41	21.00	7.60	2.58	16.93	9.60
2006	1.27	0.77	1.21	15.28	25.83	8.30	3.11	18.61	10.85
2007	1.36	0.85	1.32	19.70	31.96	9.47	3.78	21.50	13.50
2008	1.61	0.98	1.38	26.84	35.90	11.56	4.80	27.37	17.28
2009	1.78	1.02	1.86	32.46	37.02	11.24	5.31	28.57	18.58
2010	2.03	1.10	2.12	29.92	40.00	10.46	5.70	31.09	20.21
2011	2.24	1.24	2.61	31.96	41.95	13.13	6.41	33.58	21.11
2012	2.33	1.35	3.09	43.13	50.41	15.18	7.22	39.09	24.62
2013	2.58	1.46	3.50	47.66	55.10	16.01	7.52	44.41	25.60
2014	2.93	1.59	4.05	55.51	61.40	16.87	7.90	48.26	27.52
2015	2.87	1.73	4.67	61.63	63.40	14.81	8.11	45.63	24.31
2016	2.74	1.89	5.35	69.22	69.17	12.05	8.34	46.70	25.61

资料来源：国际货币基金组织，World Economic Outlook Database，October 2016。

从人均 GDP 看，吉布提人均 GDP 最高，其次是肯尼亚、坦桑尼亚、乌干达、卢旺达，而莫桑比克、埃塞俄比亚、厄立特里亚、布隆迪的人均 GDP 水平较低。从人均 GDP 增速看，肯尼亚以及吉布提增长较为快速，人均 GDP 稳步提升。莫桑比克、埃塞俄比亚、厄立特里亚、布隆迪

①　2017 年东非国家经济增速预测，见中非贸易研究中心 http://www.sohu.com/a/126499383_590014。

四国人均 GDP 增长有波动，但总体呈增长态势（见图 2）。

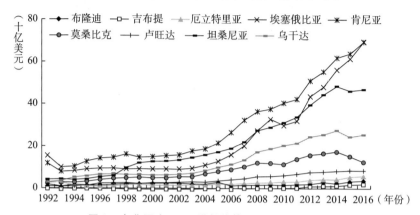

图 1　东非国家 GDP 增长趋势（1992—2016 年）

资料来源：国际货币基金组织，World Economic Outlook Database October 2016。

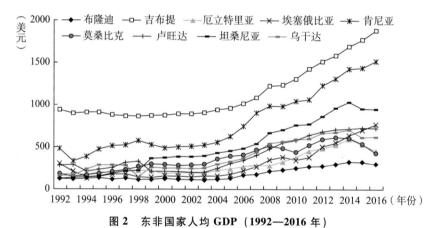

图 2　东非国家人均 GDP（1992—2016 年）

资料来源：国际货币基金组织，World Economic Outlook Database October 2016。

　　据统计，埃塞俄比亚国内生产总值已经连续 11 年保持增长，远高于撒哈拉以南非洲地区，并且积极争取国际援助，吸引投资促进出口，克服外汇短缺等经济发展瓶颈问题，总体经济运行良好。2015 年 GDP 增长率为 9.6%，人均 GDP 增长率 6.9%。[①]

　　坦桑尼亚是东非经济发展最快的国家之一，2005 年以来，经济增速保持在 7% 左右。2015 年以来，通货膨胀率维持在 6% 上下，人口增长快

---

　　①　资料来源：World Development Indicators，http://data.worldbank.org/products/wdi。

速，35 岁以下国民占比达到 70%，年轻人消费能力强，有效地拉动了坦桑尼亚的经济增长。2016 年坦桑尼亚经济保持稳定增速，GDP 增长率保持在 6.96%，人均 GDP 增长率为 3.71%，增长较快且较为平稳。① 预计 2017 年经济增速达 7.1%。②

肯尼亚是非洲东大门，是"一带一路"在非洲的重要节点。肯尼亚实行以私营经济为主体的"混合制经济"体制，私营经济在整体经济的份额超过 70%。2015 年肯尼亚 GDP 增长率为 5.6%，人均 GDP 增长率为 2.9%。③ 预计 2017 年经济增速达 6%。④

莫桑比克 2015 年由于连续降水导致北部遭受严重水灾，使得 2015 年国内生产总值受到严重影响。2015 年 GDP 增长率为 6.59%，人均 GDP 增长率为 3.56%，2016 年 GDP 增长率为 3.85%，人均 GDP 增长率为 0.9%。⑤

乌干达 2000 年以来经济保持较快增长，GDP 年均增速达 4%—7%。近年来，经济平稳发展。2015 年乌干达 GDP 增长率为 5.14%，人均 GDP 增长率为 1.78%。⑥

布隆迪是联合国公布的"重债贫穷国"之一。2014 年外债占国内生产总值的 38.6%。2014 年 GDP 增长率为 4.66%，人均 GDP 增长率为 1.27%。2015 年，布隆迪 GDP 增长率为 -3.9%，人均 GDP 增长率 -7.0%。⑦

厄立特里亚 2014 年实际 GDP 为 26.3 亿美元，GDP 增长率为 10%，人均 GDP 为 731 美元，外汇储备 2.2 亿美元，外债余额 10.30 亿美元。⑧ 近年，公共债务比重较高，占 GDP 的比重为 101.3%。

吉布提是世界上最不发达的国家之一。2014 年，吉布提国内生产总

① 资料来源：World Development Indicators，http://data.worldbank.org/products/wdi。
② 资料来源：2017 年东非国家经济增速预测，中非贸易研究中心，http://www.sohu.com/a/126499383_590014。
③ 资料来源：World Development Indicators，http://data.worldbank.org/products/wdi。
④ 资料来源：2017 年东非国家经济增速预测，中非贸易研究中心，http://www.sohu.com/a/126499383_590014。
⑤ 资料来源：World Development Indicators，http://data.worldbank.org/products/wdi。
⑥ 资料来源：World Development Indicators，http://data.worldbank.org/products/wdi。
⑦ 资料来源：World Development Indicators，http://data.worldbank.org/products/wdi。
⑧ 资料来源：中国投资指南—厄立特里亚，http://www.fdi.gov.cn/CorpSvc/Temp/T3/Product.aspx?idInfo=10000545&idCorp=1800000121&iproject=25&record=449。

值 15.81 亿美元，增幅 8.7%，人均 GDP 为 1761 美元。① 2015 年，吉布提 GDP 增长率为 6.5%，人均 GDP 为 5.1%。

索马里属于最不发达国家之一。经济以畜牧业为主，工业基础薄弱。2015 年主要经济数字如下：国内生产总值 59.25 亿美元，人均国内生产总值 426 美元，国内生产总值增长率为 3.7%。

卢旺达 2014 年国内生产总值 57.1 亿美元，人均国内生产总值 529 美元，国内生产总值增长率为 3.7%，2013 年的实际通货膨胀率为 2.5。②

（二）东非国家产业结构

东非国家产业结构具有一定的同质性，工业产值占 GDP 比重不高，第一产业和第三产业占比较高，成为经济的主要拉动力。

埃塞俄比亚为传统农业国，劳动力的 80% 从事农业，农产品占出口的 80%。农业、工业、服务业三大产业占 GDP 的比重分别为 40%、14% 和 46%。③

肯尼亚的农业在国民经济中占重要地位，全国 70% 以上的人口从事农牧业。2014 年农业占 GDP 比例为 27.3%，制造业 10%，交通运输业为 8.3%。农业是第一大创汇行业，旅游业是第二大创汇行业，侨汇是肯尼亚第三大外汇来源。

坦桑尼亚经济结构单一，以农牧业为主，农业占国民生产总值的 20% 左右，年均增长率为 4%，基本实现自给自足，丰年有余。旅游业近年发展较快，2014 年旅游业首次达到 20 亿美元，占坦桑尼亚服务业总收入的 12%。农业、工业和旅游业是坦桑尼亚的支柱产业。④

莫桑比克农业和采掘业贡献明显。莫桑比克的工业主要是加工工业，随着莫桑比克炼铝厂等大型合资企业的建成投产，工业产值占国内生产

---

① 资料来源：中国驻吉布提使馆经济商务参赞处。
② 资料来源：中国外交部网站，http://www.fmprc.gov.cn/web/gjhdq_676201/gj_676203/fz_677316/1206_678550/1206x0_678552/。
③ 资料来源：《对外投资合作国别指南 2015 版—埃塞俄比亚》，http://www.fdi.gov.cn/CorpSvc/Temp/T3/Product.aspx? idInfo = 10000545&idCorp = 1800000121&iproject = 25&record = 572。
④ 资料来源：《对外投资合作国别指南 2015 版—坦桑尼亚》，http://www.fdi.gov.cn/CorpSvc/Temp/T3/Product.aspx? idInfo = 10000545&idCorp = 1800000121&iproject = 25&record = 435。

总值的比重大幅上升。[①]

乌干达农业是主导产业，工业落后，服务业发展较快，三大产业对GDP的贡献率分别为：农业 23.4%，工业 24.9%，服务业 51.7%。农业是乌干达吸纳就业人数最多的行业，但是生产力落后，亟待引进先进的农业生产设备和技术，以提高产量和生产效率。[②]

布隆迪是农业国，国家收入的 70% 来自农业，但农业基础设施落后，抵御自然灾害能力低。布隆迪农业占国内生产总值的比重为 40.3%，工业产值占比为 17.2%，服务业产值占比 42.5%。[③]

厄立特里亚农业、工业、服务业占 GDP 的比重分别为 11.6%、28.1% 和 60.3%，[④] 服务业成为拉动经济发展的主要力量。

吉布提产业结构单一，经济总量小，港口物流为其支柱产业，95%以上的农产品和工业产品依靠进口。农业、工业、服务业的 GDP 占比分别为 3.8%、18.5%、77.7%。[⑤]

卢旺达农业占 GDP 的比重为 33%，工业占比为 14%，服务业占比为47%。2014 年，卢旺达农业增长 5%，贡献率 1.6%，工业增长 6%，贡献率 0.9%，服务业增长 9%，贡献率 4.3%。[⑥]

20 世纪 70 年代初，索马里由于国有化政策过激，加上自然灾害等因素，经济严重困难。近年来，部分地方政权辖区局势稳定，首都摩加迪沙安全形势较前好转，经济有所改善。

---

① 资料来源：《对外投资合作国别指南 2015 版—莫桑比克》，http://www.fdi.gov.cn/CorpSvc/Temp/T3/Product.aspx？idInfo = 10000493&idCorp = 1800000121&iproject = 25&record = 640。

② 资料来源：《对外投资合作国别指南 2015 版—乌干达》，http://www.fdi.gov.cn/Temp/T3/Product.aspx？idInfo = 10000545&idCorp = 1800000121&iproject = 25&record = 430。

③ 资料来源：《对外投资合作国别指南 2015 版—布隆迪》，http://www.fdi.gov.cn/CorpSvc/Temp/T3/Product.aspx？idInfo = 10000545&idCorp = 1800000121&iproject = 25&record = 592。

④ 资料来源：《对外投资合作国别指南 2015 版—厄立特里亚》，http://www.fdi.gov.cn/CorpSvc/Temp/T3/Product.aspx？idInfo = 10000545&idCorp = 1800000121&iproject = 25&record = 449。

⑤ 资料来源：《对外投资合作国别指南 2015 版—吉布提》，http://www.fdi.gov.cn/CorpSvc/Temp/T3/Product.aspx？idInfo = 10000545&idCorp = 1800000121&iproject = 25&record = 589。

⑥ 资料来源：《对外投资合作国别指南 2015 版—卢旺达》，http://www.fdi.gov.cn/CorpSvc/Temp/T3/Product.aspx？idInfo = 10000545&idCorp = 1800000121&iproject = 25&record = 585。

（三）投资占 GDP 的比重呈增长态势

一个国家和地区的经济活力主要体现在投资占 GDP 的比重上。近年，东非地区经济快速发展，成为非洲经济最具活力的地区，投资占比较为稳定，多数东非国家的投资占比呈逐年增长态势，如 2016 年吉布提、埃塞俄比亚、肯尼亚、莫桑比克、卢旺达、乌干达、坦桑尼亚的投资占比分别为 27.85%、39.74%、22.52%、38.55%、29.53%、25.63%、30.74%，具体如表 2 和图 3 所示。

表 2　东非国家投资占 GDP 的比重（2005—2016 年）

单位：%

国家 ＼ 年份	布隆迪	吉布提	厄立特里亚	埃塞俄比亚	肯尼亚	莫桑比克	卢旺达	坦桑尼亚	乌干达
2005	16.21	26.11	20.34	22.38	18.22	21.56	20.83	21.47	29.34
2006	15.31	36.92	13.68	23.91	18.63	20.42	16.69	26.04	27.94
2007	13.2	45.23	12.67	20.78	20.46	17.7	18.95	32.85	31.6
2008	11.22	47.77	12.71	21.24	19.61	16.26	24.17	32.08	28.15
2009	14.17	40.09	9.26	24.68	19.33	15.23	23.65	25.13	27.08
2010	15.09	21.21	9.3	25.52	20.74	18.73	23.2	27.3	26.73
2011	14.72	25.17	10	32.11	21.7	29.79	23.58	33.24	28.68
2012	14.29	28.12	9.54	37.1	21.54	59.64	25.92	28.5	29.73
2013	14.91	40.54	8.72	34.08	20.17	69.58	26.52	30.32	27.82
2014	15.48	44.12	7.89	37.99	22.49	67.67	26.1	30.89	26.38
2015	10.65	59.58	7.61	39.29	21.21	53.62	26.35	30.76	24.67
2016	4.19	27.85	7.38	39.74	22.52	38.55	29.53	30.74	25.63

资料来源：国际货币基金组织，World Economic Outlook Database，October 2016。

从图 3 可以清晰看出，吉布提、莫桑比克、埃塞俄比亚、坦桑尼亚四国投资占比呈现出较为明显的增长趋势。肯尼亚、乌干达、卢旺达投资占比逐年稳步增长。厄立特里亚与布隆迪投资在 GDP 的比重逐年下滑，表明经济持续增长的动力不足。

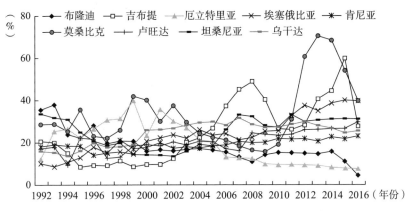

图 3　东非国家投资占 GDP 比重（1992—2016 年）

资料来源：国际货币基金组织，World Economic Outlook Database October 2016。

（四）东非国家国际收支、进出口贸易

东非国家凭借着优越的地理位置和资源优势，成为各国非常重要的贸易合作伙伴。

埃塞俄比亚主要的贸易伙伴有中国、德国、意大利、英国、法国、美国等。主要出口国为中国、索马里、吉布提等；主要进口来源地依次为中国、沙特、印度等。中国已经成为埃塞俄比亚最大的贸易合作伙伴。埃塞俄比亚主要出口商品为咖啡、油料作物、黄金、豆类等。2013—2014 财年，埃塞俄比亚出口额达 32.14 亿美元，进口总额 106.8 亿美元，贸易逆差为 74.66 亿美元。[①]

坦桑尼亚是世贸组织成员国，同时也是东非共同体和东南非共同市场成员国。2014 年，坦桑尼亚对外贸易总额为 224.357 亿美元，其中出口 88.125 亿美元，进口 136.232 亿美元。其中，货物出口 54.48 亿美元，进口 109.18 亿美元，贸易逆差 54.70 亿美元；服务出口 33.64 亿美元，进口 27.05 亿美元，贸易顺差 6.59 亿美元。[②]

中国是肯尼亚第二大贸易伙伴国，园艺作物、茶叶、咖啡和烟草是肯尼亚主要的出口商品，这些商品出口占 44.9%。石油产品、工业机械

---

① 资料来源：《对外投资合作国别指南 2015 版—埃塞俄比亚》，http://www.fdi.gov.cn/CorpSvc/Temp/T3/Product.aspx? idInfo = 10000545&idCorp = 1800000121&iproject = 25&record = 572。《对外投资合作国别指南 2015 版》更新的数据只到 2014 年，本文下同。

② 资料来源：坦桑尼亚中央银行。

和车辆占进口商品的 40.2%。货物贸易进出口规模逐步扩大，进口速度增长快于出口，贸易逆差逐步扩大。①

莫桑比克主要的贸易伙伴为南非、欧盟、中国和印度。烟草是最大宗的出口商品。据其央行发布的《经济状况和通胀展望》表明，2014 年出口总额约为 14.86 亿美元，同比下降 22.8%，进口总额为 65.49 亿美元，下降 1.2%。②

乌干达的出口市场是东非地区和欧洲地区，进口来源主要是东亚、东非和南亚、欧洲及中东地区。主要出口市场包括东南非共同市场、欧盟、阿联酋等。主要进口来源地包括印度、肯尼亚、欧盟、中国、阿联酋等。③ 出口主要以农产品为主，包括咖啡、棉花、茶叶、烟草、鱼、皮革、鲜花水果等传统经济作物。进口商品包括机械设备、高新技术产品、纺织品、化工产品、汽车、汽油、柴油等。

中国是布隆迪第一大进口来源国，第十位出口国。布隆迪进口的前十位商品分别矿物釉料、食品、药品、电气设备及配件、运输车辆及配件、钢铁、化肥、水泥、钢铁制品；出口前十位商品分别为咖啡、茶叶、肥皂、啤酒、面粉、生皮、香烟、矿产品、观赏鱼、棉花。

中国是厄立特里亚第一大进口来源国。主要进口商品依次为机械设备、医药用品、食品、电器和电子产品、建材、文具、家具；出口产品依次为原材料和初级产品、包括纺织品、皮革制品等。④

吉布提主要进口商品包括食品饮料、机械设备、电器产品、运输设备、石油产品、金属制品、纺织品等。主要进口商品包括食盐、牲畜等。吉布提本国进出口量只占港口全部进出口货物量的 13% 左右，其余均向埃塞俄比亚、索马里和地区转口。⑤

---

① 资料来源：肯尼亚国家统计局。

② 资料来源：《对外投资合作国别指南 2015 版—莫桑比克》，http://www.fdi.gov.cn/CorpS-vc/Temp/T3/Product.aspx？idInfo = 10000493&idCorp = 1800000121&iproject = 25&record = 640。

③ 资料来源：《对外投资合作国别指南 2015 版—乌干达》，http://www.fdi.gov.cn/CorpSvc/Temp/T3/Product.aspx？idInfo = 10000545&idCorp = 1800000121&iproject = 25&record = 430。

④ 资料来源：《对外投资合作国别指南 2015 版—厄立特里亚》，http://www.fdi.gov.cn/CorpSvc/Temp/T3/Product.aspx？idInfo = 10000545&idCorp = 1800000121&iproject = 25&record = 449。

⑤ 资料来源：《对外投资合作国别指南 2015 版—吉布提》，http://www.fdi.gov.cn/CorpSvc/Temp/T3/Product.aspx？idInfo = 10000545&idCorp = 1800000121&iproject = 25&record = 589。

（五）通货膨胀率与失业率

截至 2015 年 4 月，埃塞俄比亚通货膨胀率达到 9.3%，主要是由于食品和非食品价格上涨带动，失业率为 40%。2014 年布隆迪通货膨胀率为 5.4%，失业率为 13.3%。2014 年厄立特里亚通货膨胀率为 13%，失业率为 8.6%。2014 年吉布提通货膨胀率为 2.5%，失业率为 42.5%。2014 年肯尼亚通货膨胀率为 6.9%。2014 年坦桑尼亚通货膨胀率为 7.6%。2014 年卢旺达通货膨胀率为 2.1%，失业率官方数据为 3.2%。乌干达政府加大通货膨胀治理力度，确保国内粮食丰收，食品价格下降，同时大宗商品价格回落，乌干达汇率基本保持稳定。2014 年乌干达全年通货膨胀率为 4.3%，继续维持较低水平，失业率为 5.1%。莫桑比克 2014 年通货膨胀率较低，为 2.8%。可见该地区除厄立特里亚通货膨胀率为两位数外，其他国家均为一位数，但是失业率较高，说明资本形成不足，缺乏投资创造更多就业岗位，投资需求较大。

二 东非国家投资环境分析

东非地区有六个临海国家，分别是厄立特里亚、吉布提、索马里、肯尼亚、坦桑尼亚、莫桑比克。这些印度洋沿岸国家依傍印度洋，具有优越的地理位置，自然资源丰富，同时地处海上交通要道，是非洲的投资热土。该地区资源储藏品种各有不同，受制于经济发展水平，一般开发水平较低，为我国与该地区的合作提供了机遇，但由于该地区一些国家政局不稳，社会治安状况不佳等，也给投资合作带来风险和挑战。

（一）东非地区地理位置优越，是"一带一路"连接亚非欧的必经之地

厄立特里亚地处东非及非洲之角最北部，扼红海曼德海峡入口，连接苏伊士运河，地理位置优越，具有非常重要的战略地位。马萨瓦和阿萨布岗是境内的天然良港，从这里可直达北非、东非和南非，中东和海湾国家，欧洲和亚洲，可作为货物运输的中转港和集散地，减少运输成本。

吉布提地处非洲东北部亚丁湾西岸，扼红海入印度洋的要冲曼德海峡，与非洲、亚洲、欧洲三大洲交流和对接十分便利，地理位置优越，具有重要的地缘政治地位，吉布提政府意欲将其打造为东非的港口运输、物流和金融中心。该战略吸引了国际的广泛关注和投资，这必将为吉布提带来巨大的经济社会发展动力和影响，吉布提的地缘优势将进一步显现。

索马里位于非洲大陆最东部的索马里半岛，北临亚丁湾，东濒印度洋，西与肯尼亚、埃塞俄比亚接壤，西北与吉布提交界，索马里是各国货轮出入苏伊士运河的必经海路，是海上的运输战略要地。

肯尼亚东临印度洋，战略位置重要，为东非地区性大国，为东非共同体和东南非共同市场成员国，在地区性和全非事务中具有举足轻重的地位，具有话语权。肯尼亚是东非第一大经济体。蒙巴萨港是东中非最大的港口，运输业辐射到周边国家。

坦桑尼亚位于非洲东部、赤道以南，大陆东临印度洋，南连莫桑比克等国，西邻卢旺达、布隆迪等国，北接肯尼亚和乌干达。大陆海岸线长 840 公里。沿海有达累斯萨拉姆、姆特瓦拉、坦噶和桑给巴尔四大港口。达累斯萨拉姆为主要天然深水港，年设计吞吐量 1010 万吨。

莫桑比克位于非洲东南部，与坦桑尼亚、南非、斯威士兰、津巴布韦、赞比亚、马拉维六国接壤，是东南部非洲重要的出海口，拥有首都马普托、贝拉和纳卡拉三个大型港口、七个中型港口，以及一些重要的区域性交通走廊。

（二）自然资源丰富，资源利用率低，合作潜力大

东非国家或处于非洲中心，或扼红海要道，资源非常丰富，但开发程度低，资源利用和保护水平不高。

埃塞俄比亚地处东非高原，平均海拔近 3000 米，素有"非洲屋脊"之称。埃塞俄比亚具有丰富的矿产资源，包括黄金、煤、铁、纯碱、钾盐、大理石、石油、天然气等。同时埃塞俄比亚水资源丰富，素有"东非水塔"的美誉，但是水资源利用率只有 5%，渔业迄今为止未得到充分的商业开发。推进中国与埃塞俄比亚的资源开采合作、渔业领域合作具有很好的前景。

肯尼亚矿产资源和油气丰富，开发潜力巨大。矿藏主要有纯碱、盐、萤石、石灰石、重晶石、金、银、铜等。西部和东部地区探明大型金矿、

煤矿、稀土和钛矿等资源。肯尼亚地热、太阳能、风能等清洁能源储量丰富，大裂谷地带蕴藏的地热资源可发电7000兆瓦到10000兆瓦。肯尼亚是撒哈拉以南非洲经济基础较好的国家之一。

坦桑尼亚矿产资源丰富，现已探明的主要矿产包括黄金、金刚石、铁、镍、磷酸盐、煤以及各类宝石等，总量居非洲第五位。天然气探明储量45万亿立方英尺，预计总储量至少可达200万亿立方英尺，有望逐步形成天然气产业链，并为未来经济发展注入活力。坦桑尼亚拥有丰富的农业、矿业及旅游业资源。农林渔业方面，坦桑尼亚可耕地面积4400万公顷，森林和林地面积3350万公顷，拥有广阔海洋水域，海水和淡水捕捞的潜力巨大。①

莫桑比克资源禀赋优越，煤炭、天然气、森林、渔业、矿产等自然资源丰富，有望成为世界上第四或第五大天然气生产国。煤炭、石墨、重砂、钛铁、铝矾土、大理石、石灰石、金矿等储量丰富，其中，钽矿储量居世界之首，约750万吨，煤炭储量超过300亿吨②，境内水资源丰富，拥有丰富的海洋和水产资源，森林覆盖率近50%③，生物种类繁多。

厄立特里亚濒临红海，海岸线长1200公里。海洋资源丰富，红海领域拥有几乎已知的所有鱼种及丰富的珊瑚资源。拥有世界上最大的综合海水养殖场。矿产资源、石油和天然气资源储量可观，同时还具有丰富的地热资源，可广泛用于发电、医疗保健等方面。

吉布提虽然资源匮乏，但是拥有丰富的地热资源，政府对于该项资源的开发和利用给予极大重视，已经有中资企业与吉布提签署相关合作备忘录，进行地热勘探和开发。

乌干达矿产资源较丰富，已经探明矿产种类超过50种，石油、石灰

---

① 资料来源：《对外投资合作国别指南2015版—坦桑尼亚》，http://www.fdi.gov.cn/CorpSvc/Temp/T3/Product.aspx? idInfo = 10000545&idCorp = 1800000121&iproject = 25&record = 435。

② 资料来源：《对外投资合作国别指南2015版—莫桑比克》，http://www.fdi.gov.cn/CorpSvc/Temp/T3/Product.aspx? idInfo = 10000493&idCorp = 1800000121&iproject = 25&record = 640。

③ 资料来源：《对外投资合作国别指南2015版—莫桑比克》，http://www.fdi.gov.cn/CorpSvc/Temp/T3/Product.aspx? idInfo = 10000493&idCorp = 1800000121&iproject = 25&record = 640。

石、磷酸盐、铁矿石、铜、玻璃砂、盐、高岭土储量丰富。[①] 水资源丰富，维多利亚湖是世界最大的淡水鱼产地之一。乌干达水电资源丰富，但大部分未得到有效开发利用，全国电力供应水平较低。

（三）旅游资源丰富，合作潜力巨大

东非国家以热带草原气候为主，但垂直地带性明显，长夏无冬，干湿两季差异较大，这些国家旅游地气候宜人，有著名的乞力马扎罗山和东非大裂谷等壮观景致，吸引了很多游客来此。

埃塞俄比亚首都亚的斯亚贝巴常年平均气温 16 度，气候宜人，且有 3000 年的文明史，历史悠久，自然景观丰富，境内古迹及野生动物公园众多，旅游资源丰富，境内有很多古王国遗迹，地貌复杂多样，9 处遗迹被联合国教科文组织列入《世界遗产名录》，旅游业发展潜力巨大。

肯尼亚是非洲著名旅游国家，旅游资源丰富，肯尼亚山为非洲第二高峰，东非大裂谷纵贯肯尼亚全境，成为著名旅游景点。国民经济支柱产业以旅游业为主，年均收入在 3 亿美元左右，占国内生产总值的 20%[②]，是第二大创汇行业。

坦桑尼亚旅游资源丰富，拥有维多利亚湖、坦葛尼喀湖和马拉维湖，非洲第一高峰乞力马扎罗山和多个天然野生动物园。坦桑尼亚的著名自然景观包括恩戈罗戈罗火山口、东非大裂谷等，另外还有桑岛奴隶城、世界最古老的古人类遗址、阿拉伯商人遗址等历史人文景观。

厄立特里亚高原地区气候温和，年均气温 16 度。旅游业历史悠久，也是厄立特里亚唯一赚取外汇的服务业。厄立特里亚服务业在国内生产总值中所占份额高达 61.2%[③]，其中旅游业的贡献起重要作用。

乌干达 2014 年入选撒哈拉以南非洲十大新兴旅游目的地，西部伊丽

---

① 资料来源：《对外投资合作国别指南 2015 版—乌干达》，http://www.fdi.gov.cn/CorpSvc/Temp/T3/Product.aspx? idInfo = 10000545&idCorp = 1800000121&iproject = 25&record = 430。

② 资料来源：《对外投资合作国别指南 2015 版—肯尼亚》，http://www.fdi.gov.cn/CorpSvc/Temp/T3/Product.aspx? idInfo = 10000545&idCorp = 1800000121&iproject = 25&record = 421。

③ 资料来源：《对外投资合作国别指南 2015 版—厄立特里亚》，http://www.fdi.gov.cn/CorpSvc/Temp/T3/Product.aspx? idInfo = 10000545&idCorp = 1800000121&iproject = 25&record = 449。

莎白公园和北部默奇森瀑布国家公园成为重要的旅游胜地，肯尼亚、卢旺达和乌干达单一旅游签证等便利措施的实行和乌干达旅游设施的改善，将进一步促进乌干达旅游业的快速发展。

卢旺达拥有得天独厚的气候条件，宜人的气候和无污染吸引了很多游客。目前卢旺达旅游设施仍旧严重不足，全国 250 家酒店和旅馆仅有 7 家为高档酒店①，无法满足日益增加的外国游客需求。目前政府正在大力吸引外资投资旅游业，力图使旅游业发展多元化。

（四）投资政策较好，对外国直接投资富有吸引力

东非国家经济发展水平不高，国内基础建设有待发展，对外资需求较大，且逐步放开市场，放宽外资进入的领域，放松外资进入规模，营造了良好的外商投资环境，对外国直接投资富有吸引力，是我国与之合作的机遇。

埃塞俄比亚政局较为稳定，政府通过优惠政策鼓励外商投资，降低投资门槛、扩大投资领域、实行减免优惠等措施为外国投资者提供保护和服务。埃塞俄比亚农业、纺织、皮革等行业利用外资能力较强。2012年 6 月，非盟宣布埃塞俄比亚首都亚的斯亚贝巴是非洲对外国直接投资最富吸引力的城市之一，亚的斯亚贝巴市为吸引外资制定了特别优惠政策和战略规划。

肯尼亚是撒哈拉以南非洲较稳定和经济基础较好的国家之一。投资法规较为完善。政府通过取消进出口许可证、降低关税税率、取消出口关税和废除外汇管制、设立出口加工区等鼓励外国投资。

坦桑尼亚国内政局稳定，大力发展睦邻友好关系，是非洲国家少有的内政稳定的国家之一。政府欢迎外来投资合作，对外投资政策和法规不断完善。坦桑尼亚政府执行经济整改计划，推行私有化，致力于营造良好的投资环境，颁布了一些促进和保护投资的法律法规。如外资企业可享受 100% 的资本退还，外国股东所得股息和分红可自由汇出，在资本投资回收前免缴所得税，出口加工区免缴股息扣税等。在农业以及以农业为基础的工业、采矿业、石油天然气、旅游、基础建设、交通、航空、

---

① 资料来源：《对外投资合作国别指南 2015 版—卢旺达》，http://www.fdi.gov.cn/CorpSvc/Temp/T3/Product.aspx? idInfo = 10000545&idCorp = 1800000121&iproject = 25&record = 585。

通信、金融和保险服务等领域，坦桑尼亚实行最优惠的政策，资本货物免缴进口关税。

布隆迪政府高度重视吸引外资工作。为改善营商环境，吸引外国投资，政府推进法律制度建设。自 2008 年起，相继修订了投资法规、商业法规、环境法规、私营企业和公共参与法规、土地法规和矿山法规等，颁布了相关法律法规。政府还在投资便利化方面采取多项措施，包括为方便创建企业、财产转移、申请建筑许可和通电服务等设立单一窗口，减免税收等。

厄立特里亚基础设施建设发展较快，外资政策相对健全，在农业、采矿业、建筑及旅游业等领域有很多投资机遇。政治和社会稳定，治安良好，劳动力素质高，为吸引外资开展经贸合作提供了有利的条件。

吉布提是一个年轻的国家，政治稳定、社会治安良好，经济发展平稳。政府鼓励外国投资，在港口、铁路、公路建设和经营，以及饮水工程、地热资源、盐湖资源开发和经营等领域没有设限。且汇率稳定，外汇市场开放，保持了物价和通货膨胀率的相对稳定。外汇自由出入成为吸引外国投资者的重要优势。

卢旺达政局稳定，社会治安良好，经济发展平稳，政府制定了一系列鼓励外国投资的政策，并向外资开放了包括电信业在内的几乎所有行业。

乌干达经济自由化程度较高，对外国投资限制较少，实行务实稳妥的经济发展政策，积极进行结构调整，优先发展农业，整顿国营企业，扶植私人经济，推行自由贸易等措施，投资政策延续性良好，资本进出自由，货币可自由兑换。乌干达投资环境较好，政局稳定，经济保持快速增长，地理位置优越，投资及有关公司经营方面的法律法规较健全，宗教和工会实力对投资影响较小。

莫桑比克政府近年来大力调整经济结构，改善投资环境，引进外资，加大对农业和农村的投入，加快基础设施建设，倡导增收节支，对海关进行改革，降低关税水平，海关管理逐渐好转。

（五）　东非地区市场潜力大，辐射范围广

东非国家产业结构具有相似性，均面临工业基础薄弱的现状，生活用品严重依赖进口，市场潜力巨大。东非国家之间既可以相互辐射，也可以向外延伸。

东非地区市场活跃，东非共同体以及东南非共同市场均在此发起，市场辐射范围广。东非共同体现有 6 个成员国：坦桑尼亚、肯尼亚、乌干达、卢旺达、布隆迪和南苏丹。中国与东非共同体交往活跃。东部和南部非洲共同市场旨在废除成员国之间关税和非关税壁垒，实现商品和服务的自由流通，目前成员国有 19 个（截至 2016 年 7 月），布隆迪、吉布提、厄立特里亚、埃塞俄比亚、肯尼亚、卢旺达、乌干达等都是该组织的成员国，总面积约 1200 万平方公里，总人口超过 4 亿。中国驻赞比亚大使兼任驻东部和南部非洲共同市场（科迈萨）特别代表。中国与该地区的这两大组织关系密切，为中国与该地区的经贸合作营造了很好的投资环境。

埃塞俄比亚是非洲第二人口大国，劳动力资源丰富，国内市场潜力巨大；埃塞俄比亚是东南非共同市场、非洲、加勒比海与太平洋国家集团成员，市场辐射范围较大。

肯尼亚是东非贸易中转中心之一，港口对邻国的辐射能力相当强，埃塞俄比亚、索马里、苏丹、乌干达等许多商人都从肯尼亚境内采购商品。随着东非区域一体化推进，作为东非的交通枢纽和门户，在肯尼亚投资还可辐射东非内陆国家，有利于开拓整个东非市场。

坦桑尼亚地处非洲东海岸中部，地缘优势明显。作为东非共同体成员国之一，坦桑尼亚优越的地理位置是向周边市场辐射的良好条件。特别是坦桑尼亚已经与美国、欧盟等达成了开放市场的有关协定，因此，在坦桑尼亚投资所生产的产品，可以免关税，快捷地出口到美国、欧盟。

卢旺达较早加入世界贸易组织，是非洲共同体成员，同时也是东南非共同市场、中非经济共同体、东非共同体成员。作为世贸组织、多个地区性共同体市场成员，其辐射范围可以到达周边大多数国家，以及美国、欧洲和亚洲。

乌干达地处东非中心，是南苏丹、刚果（金）、卢旺达和布隆迪向东入海的交通要道，也是货物进入这些国家的集散地。作为东非共同体和东南非共同市场自贸区成员国，乌干达市场可向肯尼亚、坦桑尼亚和其他东南部非洲国家辐射。

（六）东非国家投资的风险

东非国家基础设施不完善，社会机制不健全，国内政局动荡，投资也存在一定的风险与安全隐患。

首先，社会不稳定，国内政局动荡。一些国家内战不断，恐怖袭击时有发生，社会治安面临问题，对中国与之的经贸合作构成了潜在威胁。布隆迪长期处于胡图族和图西族的政权争斗中。索马里是海盗盛行的国家，治安情况恶化，物价飞涨，生活必需品短缺，居民生活没有保障。肯尼亚受索马里、苏丹等周边邻国局势长期动荡影响，大批非法武器及难民流入该国，贫困率和失业率居高不下。该地区很多国家的国内安全形势、社会治安不佳，恐怖袭击造成较高的危险。

其次，社会服务配套设备不健全，办事效率低下。如肯尼亚税务、移民和海关等部门办事花费时间较长，权力寻租普遍，中央和地方之间分权不清，存在相互掣肘现象。布隆迪行政办事效率低下，市场缺乏透明度，基础设施落后，社会服务差。吉布提政府部门、有关机关等部门之间协作不密切，办事效率不高。坦桑尼亚天然气开发以及港口工业区等领域缺乏执行层面的具体操作指南，给中资企业到坦桑尼亚投资带来不确定性，增加了投资的商业风险。

最后，还贷能力较弱，投融资存在一定风险。东非国家经济总量不大，工业基础薄弱，出口创汇主要依赖农产品初级品，这些产品同质性强，差异化小，在国际市场不具备竞争力，出口创汇能力有限，多数国家的国际收支逆差形势较为严重，外汇储备有限，这些问题使得还贷能力不容乐观。

结　语

东非不同国家之间发展阶段、发展程度存在一定差异，但该地区整体经济形势良好，近几年经济发展较为快速，投资成为拉动该地区经济发展的中坚力量；东非国家产业结构具有同质性，农业与服务业快速发展，对 GDP 的贡献较大；工业产值平稳发展，逐渐向工业化迈进，与我国的产业结构具有一定的互补性，我国与该地区在产业链上具有很大的合作潜力。该地区市场辐射范围广，外贸市场逐渐放开，投资政策逐渐放宽，经贸合作及外资进入都具有较好的环境，我国也已逐渐成为该地区国家的重要贸易伙伴国，在商品贸易上具有很大的合作空间，我国技术密集型产品、成熟工业制成品在东非市场上具有较大的吸引力和竞争力，未来合作前景看好。另外，东非地区自然资源丰富，资源禀赋好，地理位置优越，对我国与该地区的能源利用、资源开采以及海上通道建设都具有深远意义。值得注意的是，该地区基础设施不健全，社会不稳定因素较多，外资进入所面临的政治动荡、经济还贷能力等风险较多，我国与该地区的合作还须防控风险，充分利用我国的优势，扬长避短，实现双赢。

（责任编辑：孙志娜）

非洲研究　2018 年第 1 卷（总第 12 卷）
第 120 – 133 页
SSAP © , 2018

工业发展的国内资源动员[*]

——以南部非洲发展共同体国家为例

〔津巴布韦〕伦纳德·奇通戈

【内容提要】南部非洲发展共同体（SDAC）的工业化战略已成为该地区发展议程的支柱。本文探讨国内资源动员（DRM）为该战略提供资金的作用。基于国内资源动员相关理论并依照发展中国家的国内资源动员经验和南共体自身经验，本文探索南共体国内资源动员的路径，并得出以下结论：南共体地区的中长期计划取决于工业部门在国家和地区两级的发展和现代化程度；有必要在国家和地区层面发展健全的融资机制，确保南共体国家和地区成功实现经济现代化——个人通过个人所得税和储蓄、企业通过企业所得税和其他相关税收、政府通过各种公共收入和债务管理策略，为发展资源做出贡献。

【关 键 词】南部非洲发展共同体；国内资源动员；工业化战略；南非

【作者简介】〔津巴布韦〕伦纳德·奇通戈，津巴布韦南部非洲研究与文献中心副研究员。

引　言

本文探讨了国内资源动员（Domestic Resource Mobilisation，DRM）在

---

* 本译文为节选——编者注。

为南部非洲发展共同体（以下简称"南共体"）工业化战略提供资金方面可以发挥的作用。此战略已经成为该地区发展议程的支柱。文章探讨了个人、企业和政府在国内资源动员中的作用，出发点如下：个人通过个人所得税和储蓄、企业通过企业所得税和其他相关税收、政府通过各种公共收入和债务管理策略，都能够为发展资源做出贡献。

南部非洲共同体的背景

南共体是一个政府间组织，由 15 个南部非洲国家组成，即安哥拉、博茨瓦纳、刚果（金）、莱索托、马达加斯加岛、马拉维、毛里求斯、莫桑比克、纳米比亚、塞舌尔、南非、斯威士兰、坦桑尼亚、赞比亚和津巴布韦。[①]

南共体的主要目标是"通过高效的生产体系、深入的合作与整合、良好治理和长治久安，促进 15 个南部非洲成员国可持续和公平的经济增长和社会经济的发展"。

南共体成员国已经决定将工业化置于本地区发展议程的前沿位置。2014 年 8 月，在津巴布韦维多利亚瀑布举行的南共体国家元首和政府首脑会议上，各国做出这一决定。首脑会议的主题是："**南部非洲发展共同体经济转型战略：通过矿产加工和提高附加增值来促进经济和社会可持续发展**"。[②] 该决定最终促成南共体"2015—2063 年工业化战略与蓝图"。

南共体地区工业化的主要原则

2015 年 4 月 29 日，南共体"2015—2063 年工业化战略与蓝图"在津巴布韦哈拉雷的国家元首和政府首脑会议上得到批准。战略序言部分谈到"**通过工业化、现代化、升级和加强区域一体化，以实现南共体地区结构性改革的必要性**"。战略重点是"**从依靠资源和低成本劳动力转向**

---

① 原文如此——译注。
② 原文为斜体，译文改为黑体，下同——译注。

依靠增加投资、提高劳动力和资本生产率"。南共体的工业化战略包含在各国发展战略、愿景和计划、南共体条约、区域性战略发展指导计划（RISDP）、南共体议定书，特别是工业发展政策框架（IDPF）之中。该战略也得到非洲联盟的加速非洲工业发展决议和《2063 年议程》的启发。这一战略和蓝图分为三个阶段，如图 1 所示。

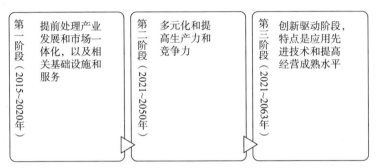

图 1 南共体工业化战略及其分步实施路线

南共体工业化战略设想，增长的基础是发展农业和矿产品加工和下游加工参与，在国家、区域和全价值链层面不断攀升。这些重点领域取决于开发该地区丰富的自然资源。考虑到南共体地区的储蓄和投资水平均低，如果要达到目标，该战略设定投资水平至少要达到国内生产总值（GDP）的 30%。

如此宏伟的计划的难题之一，就是缺乏适当的融资机制保障。表 1 显示南共体工业化战略和蓝图资金支持中动员国内资源的重点领域。

表 1 南共体工业化战略和蓝图中国内资源的动员的设想来源

国内资源	主要行动
内部财政体系	结构性改革将强调产业开发，包括改善中小企业的准入
金融部门	深入开发金融部门，特别注重为工业提供中长期融资，包括使用创新融资工具和机构性储蓄，例如养老基金
资本市场	通过宽松中型企业准入规则，扩大上市公司数量，扩大新的筹资业务。创建地区性证券交易所
私募股权基金	鼓励私人股本通过投资中小企业和农业企业等领域以扩大投资组合
公私合作	公私伙伴关系，包括促进重大基础设施和工业化项目实施的外资参与

续表

国内资源	主要行动
南共体发展基金	规划中的南共体发展基金亟待形成一个拥有吸引国际资金能力的区域开发银行
主权财富基金	资源富足的南共体国家应该运用主权财富基金，在制造业和服务业等领域促进经济多元化
汇款框架	通过明确的传导机制和激励机制，促进大规模海外储蓄动员，以发展侨汇框架

南共体蓝图设想，工业发展所需的国内资源可以借力于外部融资工具，包括技术援助等外国援助，和包括来自南共体成员国的外国直接投资（FDI）——南共体成员国之间的直接投资已经在跨国项目融资中发挥重要作用。在南共体地区有志于发展其工业化战略和蓝图的背景下，回顾国内资源动员的重要原则恰逢其时。

理解国内资源动员

国内资源动员涉及一个国家筹集发展资金而能够动员的所有资源。大多数国家的经验是，大部分国内资源来自税务收入，但也包括其他非税收入。世界银行的统计数据表明，大多数发展中国家的税收收入平均约为 GDP 的 17%，而经合组织国家平均为 35%。17% 和 35% 之间的差距表明，发展中国家有机会从本国获得更多资源，并将这些资源用于发展目标。这种差距的原因往往来自于"3C"问题：能力（Capacity）、（政府）控制（Capture）和腐败问题（Corruption）。

经济增长是国内资源形成的来源，因此，必须得到国家各层面有利环境的支持。创造有利环境必须遵循健全的社会、环境和经济政策，适当的财政空间，良治和符合人民需求的民主透明机制等基本原则。

可以采取一些重要措施，夯实基础以便建立完善的国内资源动员战略。这些措施包括以下几个方面。

● 通过现代化的累进税收制度、改善税收政策和提高税收功效，加强税收管理；

● 通过加强国家监管，加强国际合作和降低避税概率并在所有税收协定中增加反滥用条款，打击逃税和腐败，以减少非法资金流出；

● 鼓励向自然资源加工和提高附加值，以及产品多样化方面的投资；

● 推动高效的国家和地区开发银行在信贷市场中发挥更大的作用，为可持续发展融资；

● 支持城市和地方政府尽可能利用当地资源实施项目，以促进地方工业的发展。

发展中国家的国内资源动员经验

有必要指出，国内资源动员将有助于发展中国家减少对援助的依赖。欧洲联盟一份题为《结合融资和政策以实施变革性 2015 年后发展议程》的发展报告提出，随着收入的增加，私人融资日趋重要。报告还指出，国内私人融资（即私营部门的固定资产总额减去外国直接投资）随着收入的增加而增加，并在人均收入为 1000 至 2000 美元时，超过官方发展援助额。人均收入在 2000 至 3000 美元之间时，侨汇和外国直接投资也超过官方发展援助，尽管这两项占国内生产总值的份额比国内私人投资的份额要低一些。

国内资源动员战略在民众与国家之间相互信任的情况下能更有效地发挥作用，例如主动纳税——表明民众支持国家有所收益，国家则负责任地使用资源。国内资源动员也有助于构建良好的社会内部关系，保持社会活力。实证研究显示，在税收收入多的国家，经济资源分布更均匀，从而形成更大的社会凝聚力[1]。

大多数发展中国家依靠一、两种资源获得收入——自然资源或关税收入。由于技术和统计能力薄弱以及大量非正规和农业部门的存在，对于大多数国家而言，很难扩大税基。国际货币基金组织的数据表明，一些发展中国家财政总收入大多来自不可再生的自然资源，如刚果（金）的 78%，安哥拉的 76%，尼日利亚的 68%，苏丹的 55%（IMF，2012）。据世界银行数据，南苏丹 2011 年的财政收入 98% 来自石油。

大多数发展中国家面临的另一个问题是公民个人纳税意愿低。有些人，甚至有些公司，认为政府缺乏合法性，因而不愿纳税。2010 年经合

---

① Deutsches Institut für Entwicklungspolitik , *Taxation*, *Social Cohesion and Fiscal Decentralization in Latin America*, Christian von Haldenwang, 2008.

组织的一份研究报告显示，缺乏纳税意愿与认为政府官员可能腐败、政府一贯滥用公共资金，（财政）开支模式可能并不反映民众意愿等看法有关。这项研究以刚果（金）为例，称有证据表明，政府高官从与跨国公司秘密签订采矿合同中侵吞大量资金。

发展中国家需要采取措施夯实国内资源动员的基础，以确保从内部资源为发展提供资金。这些措施可以包括：侧重直接征税以扩大税基；建立管理自然资源收入的机制和善于同跨国企业交往。在税收激励管理、转让定价机制方面提高透明度，通过加强税收征管和开支管理之间的联系来提升公民纳税意识。例如，安哥拉的责任机制规定以收益率为基础的石油产品利润分享机制；在马拉维，税收立法规定，当累计现金流量超过 20% 的内部收益率时，对采矿业征收 10% 的资源租金税。

南共体的经验

非洲发展新伙伴计划规划与协调机构和联合国非洲经济委员会在 2014 年 1 月联名发表的一篇名为《**非洲着眼内部：动员国内财政资源以推行非洲发展新伙伴计划的国家、地区规划与项目**》的文章，认为官方发展援助（ODA）不会带来非洲的经济增长和发展，并极力主张非洲有支持发展和运用国内金融工具的资源基础。

非洲发展新伙伴计划援引以下主要指标，说明非洲的潜在资源丰富。

每年，非洲国家国内生产总值超过 5200 亿美元，从矿物和矿物燃料中收入 1680 多亿美元，并且各国中央银行的国际储备总和超过 4000 亿美元。海外侨汇在 2012 年上升到 400 亿美元，并有可能因金融资产证券化，每年增长 100 亿美元。非洲股市市值从 1996 年的 3 亿美元，上涨至 2007 年的 1.2 万亿美元。据估算，银行准备金为 600 亿美元，而银行业流动性高。大约 10 个非洲国家建立了主权财富基金和稳定基金，非洲的私募股权投资市场估价为 300 亿美元。

非法资金流动在 1970—2008 年达到 8540 亿美元。如果能有减少，将有助于在非洲大陆为发展项目融资。

南部非洲发展共同体的 GDP 总和稳定增长到时价 7000 亿美元。如图 2 南共体统计署数据所示。

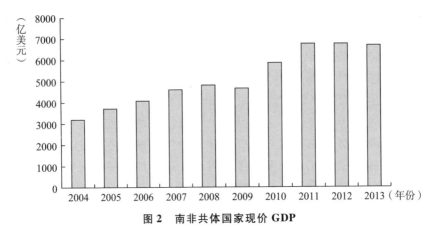

图 2 南非共体国家现价 GDP

资料来源：SADC Statistics Cammittee Pretaria, SA。

南共体国家的国际储备也在稳步增加，如图 3 所示。该地区已经在讨论如何利用这些储备以投资基础设施建设。

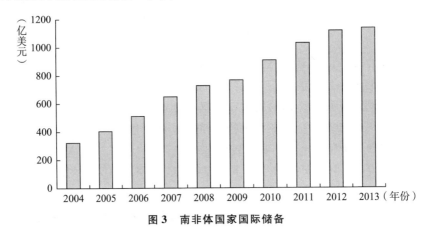

图 3 南非体国家国际储备

资料来源：SADC Statistics Cammittee Pretaria, SA。

南共体产业开发框架政策认识到发展融资机构（Development Finance Institutions, DFIs）在支持产业开发中的作用，但也注意到这种支持作用并不到位。该地区的发展融资机构大多资助国内或地方项目，并不支持地区级的项目。因此，南共体产业开发框架政策强调建立侧重促进跨境产业联系并满足中小企业需求的产业融资机制。该政策文件还指出，本地区得到的大多数官方发展援助都针对社会部门。

2003 年，南共体成立发展金融资源中心（Development Finance Resource Centre，DFRC），协助成员国加强发展融资机构，增强其履行职责、致力于地区发展的能力。其中业务预算由南共体发展融资机构网络成员出资，并通过合作伙伴资助提供研究和咨询服务，促进中小企业、基础设施建设、政府和社会资本合作和能力建设。

南共体发展融资机构网络目前由来自南共体 13 个国家的 32 名成员组成。对南共体发展金融资源中心工作的重点领域为以下几个：

- 金融部门改革与强化和发展资本市场；
- 包括能力建设的机构支持；
- 支持中小企业发展；
- 基础设施建设、政府和社会资本合作。

南共体成员国同意建立发展金融资源中心主办的共同体发展基金。该发展基金的资源来自成员国、私营部门和合作伙伴的资金。其主要目标是为发展融资机构创建长期融资储备，主要用于支持基础设施项目建设。

南共体负责财政事务的是财政官员委员会，负责成员国货币政策的是央行行长委员会。央行行长委员会负责开发金融机构和市场，推动国际和地区金融关系、货币、投资和外汇政策的合作。这些对利用金融资源为地区工业发展融资都极其重要。央行行长委员会由秘书处东道国南非负责协调。

资本市场是南共体为基础设施和工业发展提供融资的组成部分。《南共体财政和投资议定书》于 2006 年签署。该议定书旨在帮助扩大资本市场和管理地区股票交易所。在约翰内斯堡证券交易所的支持下，南共体证券交易委员会（CoSSE）于 1997 年成立。保险、证券和非银行金融机构委员会也于 1998 年成立，旨在运行一个协调的、基于风险评估的资本市场监管框架，同时降低风险、保护投资者权益。

政府通过直接投资于准政府机构而为工业融资。该地区的大多数国家政府已经将国有企业私有化，更多关注提供有利的财政环境——鼓励对工业项目的投资，支持风险资本投资。资金不足是限制私营部门在工业方面的新增投资的主要原因。

在南部非洲，大多数国家的银行业资本金不充足削弱了他们支持工业化的能力。大多数国家的资本市场深度也有限，需要采取政策开发侧重工业债券和商业票据的资本市场。保险和养老基金等非金融机构也可以成为推动此类金融市场的重要工具。

该地区工业项目的资金主要来源是发展融资机构。这些机构提供的主要产品包括：

- 3 至 12 年期的中长期贷款；
- 贸易融资；
- 股权投资；
- 租赁融资；
- 房地产开发资金。

南非在地区金融市场的地位

南非是非洲金融市场的主导者。该国拥有世界一流的金融业——强健的资本、技术、基础设施和良好的监管环境。世界经济论坛《2013/2014 全球竞争力报告》148 个国家排名中，南非金融市场发展位列第三。许多外国银行都在南非建立了分支机构或代表处，有些则购进当地银行的股份。

南非也是非洲外国直接投资市场的主要参与者。南非财政部长在 2014 年的财政预算案中表示，计划对投资非洲其他地区的公司进一步放宽税收和外汇交易限制。南非财政部估计，南非在非洲的投资超过 360 亿兰特，是非洲大陆投资最多的两个发展中国家之一。《外国直接投资情报》2013 年的一份报告指出，南非公司在非洲大陆跨境投资增加了 500％ 以上。大部分项目集中于在金融（标准银行）、零售（Shoprite 连锁超市集团）和电信（MTN 多国移动通信集团）等行业。

一些项目与消费品部门有关，如饮料、食品和烟草，少数项目涉及与资源相关的部门。这些项目的分布表明，南非公司在非洲的大多数投资旨在扩大市场。这种对外直接投资应该更多地投入有助于本地区工业化的领域。

南非国家经济发展与劳动委员会（Nedlac）所属产业开发、增长与资产研究基金（FRIDGE）[1] 委托的一份报告指出，南部非洲关税同盟国家

---

[1] Bobby Berkowitz, Yash Ramkolowan, Matthew Stern, Fouchè Venter and Melissa Webb, The Role of South African Business in Africa：South African Outward Investment，Nedlac 南非国家经济发展与劳动委员会网站，2014。

是南非公司最集中的地区，其次是南共体国家，主要市场在东非和西非，对北非的投资有限。尼日利亚、加纳、纳米比亚、赞比亚、安哥拉、肯尼亚和莫桑比克是南非公司在非洲大陆最主要的对外直接投资目的地。这些市场由于其高增长、高机会、相对成熟的区位重要性和资源丰富等因素而受到青睐。

南非工业发展公司是个发展融资机构，业务成熟并向境外发展。其业务概况如表2所示。

表2　南非工业发展公司业务概况

业务类别	服务对象	业务周期	涉及领域	融资产品	涉及地区
提供发展融资	企业政府	概念形成	农业附加	普通债务	南非
项目开发	其他发展融资机构	前期可行性研究	勘探和选矿	准股权和股权融资	南非之外的非洲
研究和政策咨询		可行性研究	制造业绿色产业	进出口贷款短期贸易贷款	
资金管理		立项	工业基础设施	融资	从全球各地进口至南非的设备
非融资性业务支持		产品商业化拓展	旅游业信息与通信产业媒体与电影	过渡性融资担保风险投资	
能力建设		成熟	医疗保健	通过中介机构提供批发融资	

资料来源：南非工业发展公司。

南非工业发展公司为南非和整个非洲大陆的工业发展提供资金，还支持在该地区的其他发展融资机构，并通过与当地合作伙伴的合作实施地区项目。

南部非洲开发银行（DBSA）是南非政府全资拥有的另一家发展融资机构，为国内和地区项目提供资金。其融资平台包括以下几个方面。

● 南共体项目预备和开发计划（PPDF），旨在帮助南共体实施地区基础设施发展总体规划，侧重能源、运输、水资源以及信息和通信技术产业项目。

● 泛非能力建设项目（PACBP），由南非工业发展公司（IDC）和法国开发署（Agence Francaise de Developpement）合作实施，侧重通过撒哈拉以南的地区性发展融资机构、政府部门、半政府机构和其他发展利益相关者，培养基础设施建设的能力。

　　● 南非基础设施投资计划（IIPSA）和绿色基金这两个国内项目。

　　南非第六个年度产业政策行动计划（IPAP 2014/15 – 2016/17）强调区域经济一体化的重要性，指出投资于地区基础设施建设和提升区域价值链相关项目，对实现该区域的可持续增长至关重要。

南共体国内资源动员的路径

　　可以利用现有的融资机制支持南共体地区的工业发展，也可以开发利用成员国和地区经济潜力的新机制。下文归纳了利用公共和私人融资为南共体国家工业发展提供资金的各种路径。

国内公共融资

　　a）改革国内税收，确保税收制度公平、高效和透明。

　　b）通过国际合作来处理逃税和非法资金流出。

　　c）制定完善的财务管理框架，涵盖预算过程和政府采购的所有要素。

　　d）增强债务管理的能力。

　　e）在没有国家开发银行的国家设立国家开发银行。

　　f）建立对话平台以交流经验。

国内私募融资

　　a）促进包容性融资和为家庭、中小企业融资，并开发资本市场。

　　b）发展创新型中小企业的融资机制，包括集资和证券化。

　　c）政府加强营造鼓励私人投资的国内政策、法律、监管和制度环境。

　　d）制度和政策应平衡信贷和金融服务，管理风险，促进金融市场稳定。

地区倡议

　　a）南共体发展基金

　　南共体发展基金将是该地区工业发展和相关基础设施项目的主要资

金来源。因此迫切需要确立基金的运作模式。目前的共识是：南共体成员国政府将拥有51%的基金，私营部门拥有37%，合作伙伴拥有12%。基金启动需要12亿美元的种子资金。这一数额与该地区在基础设施融资缺口相比微不足道。这就要求建立其他筹资机制，确保基金资本化达到一定程度，以实现其预期目标。

b) 加强南南合作

自2009年在肯尼亚内罗毕举行南南合作联合国高层会议以来，各国政府、地区实体和联合国机构对实施南南合作和三方合作的支持力度不断加强。联合国工业发展组织（UNIDO）作为南南合作的全球召集人，一直支持南南技术合作项目、推动南南合作建立各种平台、网络和伙伴关系。工发组织支持的南南合作倡议包括：旨在促进产业发展知识和专业技术交流的产业知识库（Industrial Knowledge Bank，IKB）／（Banco de Conocimiento Industrial，BCI）、构建全球私营部门管理系统的繁荣网络（Networks for Prosperity，N4P）、推动非洲可持续减贫和减少饥饿的农业和农工产业开发倡议（African Agribusiness and Agro-industry Development Initiative，3ADI）。

南共体成员国需要利用增加南南贸易、外国直接投资、技术转让、咨询和专家交流等举措，以确保它们在地区工业发展战略、必要的金融机制中充分发挥优势。

中国是大力进入非洲的南方国家之一，投入大量资金开发基础设施和开采自然资源。中非合作论坛第五届部长级会议于2012年在北京举行，主题是"继往开来，开创中非新型战略伙伴关系新局面"。它开启了更多的可能性——中国对非洲的兴趣扩展到迄今涉及领域以外的工业发展领域，南共体地区要接受挑战，探索更多吸引中国工业发展投资的途径。

价值链融资的方法

世界银行和其他发展伙伴开发了综合管理完整的采掘业（EI）价值链的方法：授予合同和颁发执照、监控经营、监管环境保护和减轻社会风险要求、征税、合理分配收益和实施可持续发展政策及项目。这一办法为该区域实施价值链管理以资助工业发展提供了学习体验的途径。

南共体地区矿产和农业资源丰富。该地区宜抓住所有机遇，利用这些资源开发从自然资源开采、农产品加工，到制成品的生产和销售的价值链。价值链开发有不同的模式，它可以由初级生产者、买方（加工者、出口商或贸易商）、推动方（如非政府组织或政府机构）共同驱动，也可以是跨国公司领导的综合模式。价值链融资可以分为两种形式。（1）在价值链中进行的内部价值链融资。例如，供应商向农民提供信贷，或者牵头企业在农业价值链中向市场中介机构提供资金。（2）价值链关系和机制组成的外部价值链融资。例如，银行根据与可信任买方签订的合同或认可的仓储设施的仓单向农民发放贷款。

也可以从价值链的角度来看待其他部门的产业发展——如何运用价值链中的各个连接点实现整个链条的利益。通过从第三方向价值链中的客户提供中间资金来实现这一点。在某些情况下，身处价值链内的事实可能足以让连锁行业从金融机构获得资金。

中小微企业融资

大多数银行不愿为中小微企供资，因为这被视为高风险投资。这导致微型金融机构激增，并正在填补中介真空。小额信贷信息交流中心（MIX）估计，世界上有超过 1.2 亿个家庭是小额信贷的受益者。

对工业化具有重要意义的中小微企业是中小企业（SMIs）。有些中小企业专门从事矿业和制造业等高附加值产业。国际金融公司（IFC）估计，发展中国家的中小型工业企业创造了 45% 的制造业就业和 29% 的国内制造业生产总值，而发达国家分别为 67% 和 49%。中小企业可用的小额信贷并不适合中小型工业企业，因为小额信贷侧重满足流动资金需求的短期贷款，而中小型工业企业需要对厂房和机器的投资。

有必要通过以下方式，改变目前在南共体地区的中小微企业的筹资安排。

● 创建更多了解中小微企业需求的专业金融机构；
● 为中小微企业融资创造混合资本机制；
● 开发更适合中小微企业需求的替代性股票市场；
● 开发集群融资模式，在向金融机构提供集体担保的基础上，增强贷方和中小微企业之间的信任；
● 为中小微企业提供专门的信贷额度。

结　论

南共体地区的中长期计划取决于工业部门在国家和地区两级的发展和现代化程度。本地区"2015—2063 年工业化战略与蓝图"已经绘制出前行之路。需要指出，关于工业融资交易的信息，特别是私人参与者的信息并不总是公开的。有必要在国家和地区层面发展健全的融资机制，确保南共体国家和地区成功实现经济现代化。本研究报告探讨的一些想法，以及包括其他国家经验教训在内的许多出版物中所探讨的一些想法，必须进一步探讨，确保它们经过本土化以符合南共体的情况。

（黄爱丹、姜璐　译，姜璐　译校；责任编辑：舒展）

非洲研究　2018 年第 1 卷（总第 12 卷）

第 134 - 150 页

SSAP ©，2018

非洲气象指数保险发展综述[*]

——农户生产行为与风险分散机制

张跃华　张　琦

【内容提要】 气象指数保险作为一种新兴保险，由于削弱了道德风险和逆向选择的影响，克服了市场失灵，正日渐成为非洲农业风险管理的重要手段。本文从非洲农户种植行为、农户风险分散机制、作物产量以及农民参保意愿四个维度衡量了气象指数保险的影响与作用，并对气象指数保险的主要研究方法，尤其是计量方法和研究局限性进行了探讨。

【关 键 词】 气象指数保险；农业保险；非洲

【作者简介】 张跃华，浙江大学公共管理学院教授；张琦，浙江大学公共管理学院本科生。

一　前言

农业保险是农业发展的扶持政策之一，由于符合 WTO 条款需要，逐渐被越来越多的国家和地区采用。目前非洲已经普遍利用农业保险作为

* 本研究受到浙江省 2011 计划非洲研究与中非合作协同创新中心 2016 年非洲研究专项课题（16FZZX01YB）、国家自然科学基金（71373228）以及中央高校基本科研业务费专项资金资助。

分散生产风险、预防因灾返贫的激励性管制政策，对农户遭遇灾害时恢复生产起到了重要作用。在品种众多的农业保险中，气象指数保险因为管理成本低，不存在道德风险与逆向选择的特点，渐渐被世界各国接受和推广。本研究拟从非洲农业保险综述的角度，着重介绍气象指数保险，并分析其对非洲防止因灾返贫的作用。

截至 2013 年，以每天收入 1.9 美元划分的最新国际贫困线为标准，世界贫困人口总数为 7.66 亿，占全世界总人口的 10.7%，其中有 3.88 亿贫困人口生活在撒哈拉以南地区。[①] 非洲从事农业生产的人口收入大多处于很低的水平，部分原因在于从事农业生产有较高的可能性遭受自然灾害风险。总体而言，非洲大部分地区由于环境恶劣、自然灾害频发，缺少先进生产设施等克服风险的手段等原因，农民不愿在土地上增加投资，进而影响农户提高收入。下面本文将对缓解农业风险的难点和已有的进展进行探讨。

（一）非洲缓解农业困境的难点

非洲农业生产的高风险很难缓解，主要是因为存在以下难点。

首先，非洲环境恶劣，自然灾害频发。非洲是高原大陆，全洲平均海拔 750 米，海拔 500—1000 米的高原占全洲面积的 60% 以上。从气候上来说，非洲有"热带大陆"之称，赤道横贯其间，其气候特点是高温、少雨、干燥。全洲年平均气温在 20℃ 以上的地带约占全洲面积的 95%。复杂的地理与气候环境，使得非洲的生态环境非常脆弱，灾害频发。例如，2011 年，非洲吉布提、埃塞俄比亚等多个国家遭受 60 年一遇的大旱，降雨量仅为往年平均值的 5% 到 50%，致使数百万人为饥饿所困。[②]在这样的情况下，非洲农业较为脆弱，贫困因而产生。

其次，非洲人口过多，人口出生率高、增长率高，但整体劳动力素质低下。非洲缺少对生育的管控，平均每个妇女要生 6.9 个孩子，肯尼亚妇女更是人均生育 8 个。[③] 然而高生育率并没有使非洲享受到人口红利，

① Banco Mundial, "Poverty and Shared Prosperity 2016: Taking on Inequality", Washington D. C.: Banco Mundial doi, October 2016, p. 3.

② Gemma Wright, and M. Noble, "Recent Social Policy Developments in Africa", *Global Social Policy*, October 2010, p. 111.

③ Zachary C. Tyler, and S. Gopal, "Sub-Saharan Africa at a Crossroads: A Quantitative Analysis of Regional Development", *Pardee Papers*, 2010.

却使得减贫工作难以进行，这主要由教育普及率低导致。据统计，目前撒哈拉以南非洲地区扫盲率超过 50% 的国家仅有 12 个。整个非洲大陆有近 4 亿文盲，占全世界文盲总数的 40%。在这样的情况下，劳动力素质自然低下。

此外，非洲的政治不稳定，使得反贫困政策难以实施。虽然非洲国家多已独立，但仍然受被殖民历史的影响。"阿拉伯之春""南苏丹内战"等等，都使得非洲长期处于不稳定状态，各项减贫政策无法连续的实施。以突尼斯为例，据世界银行统计，在"阿拉伯之春"发生后，失业率由 13.05% 涨至 18.33%。[1] 这不仅使突尼斯社会秩序更加混乱，大量难民的迁徙也给邻国造成了沉重的经济和政治负担。

除此之外，低收入的非洲农户抗风险能力差，缺少必要的社会保障，因此很难抵御旱灾等意外灾害的发生，容易返贫。

（二）非洲农业方面的减贫政策

为了缓解非洲农业人口的贫困问题，非洲部分国家和地区实施了多种农业援助、农业保险等相关政策，并取得了显著效果。分别总结如下。

农业援助。农业增长可以促进其他产业特别是非贸易产品和服务的投资、创业和就业，有助于建立一个包容性更强、持续减轻贫困的经济增长环境。[2] 非洲大多数地区目前仍处于一种较为原始的状态，水资源匮乏，基础设施薄弱的问题尤为严重。目前农业援助包括推广高产高效作物品种，进行技术合作，以及设施援建等等。

小额信贷。小额信贷（Microfinance）指向低收入群体（日均收入低于 2 美元）提供"微型"金融服务，特别是金额在 10 万美元以下，1000 美元以上贷款。小额信贷往往被认为是最有效的扶贫开发工具，可以有效提高低收入群体福利。小额信贷政策在诸如埃塞俄比亚、加纳、肯尼亚等非洲多国均有进行，有多个学者对政策效果进行了评估。Rooyen[3] 在

---

① 世界银行：《世界银行数据》，https://data.worldbank.org.cn/indicator/SL.UEM.TOTL.ZS?% 20locations = % 20TN&view = chart，访问时间：2017 年 7 月 15 日。

② 王晨燕：《对非洲农业援助新形式的探索》，《国际经济合作》2008 年第 4 期，第 35 页。

③ Carina Van Rooyen, Ruth Stewart, and Thea De Wet, "The Impact of Microfinance in Sub-Saharan Africa: A Systematic Review of The Evidence", *World Development* 40, November 2012, p. 2249.

文献研究基础上发现，撒哈拉以南非洲地区的小额信贷对低收入群体的收入同时存在正反两方面影响，但研究仅局限于相关关系研究，缺乏因果关系识别。因此，在大范围政策推广前仍需要对小额信贷政策根据实际情况进行详细的评估和审查。

社会救助。社会保障在非洲的发展仍然十分落后，只有南非等少数几个国家建立了社会救助制度。Gutura 等[1]对南非东开普省社会补助金是否达到预期作用进行了研究。研究发现：通过向南非最穷的地区提供补助金，受益者本人和家庭福利都得到了改善。研究证实，尽管贫困问题仍困扰着该地区，但社会补助在改善儿童教育状况以及家庭进行投资方面，起到显著的正向作用。

农业保险。农业是社会发展的基础产业，也是多数发展中国家重要的经济来源，这一点在非洲体现尤为明显。农业易受自然灾害影响，使农民因灾返贫。农业保险的主要功能之一是提供社会化的风险分散机制，协助农户应对自然灾害。在撒哈拉以南非洲，约有1.4亿人生活在持续的干旱或洪涝灾害中，较高的风险导致该地区的农民不敢做出高风险高回报的投资。农业保险在一定程度上可以缓解这种现象。例如尼日利亚1987年的农业保险计划（NAIS），在灾害发生时依据损失给农户适当保险赔偿，使遭受损失的农民能够维持基本生活，起到保护农户生产积极性的作用。[2]

二　非洲农业保险设计

（一）非洲农业保险的种类

非洲农业发展较为落后。农业保险作为一种有效的风险管理工具，目的是减少农作物（牲畜）由于自然灾害引起产量波动而造成的财务损失。

农业保险有不同的分类方式。按产品分类，农业保险的主要标的有

---

[1]　Priscilla Gutura, and Pius Tangwe Tanga, "The Intended Consequences of the Social Assistance Grants in South Africa", *Mediterranean Journal of Social Sciences*, February 2014, p. 659.

[2]　F. N. Nnadi, et al, "Agricultural Insurance: A Strategic Tool for Climate Change Adaptation in The Agricultural Sector", *Net Journal of Agricultural Science*, 2013, p. 1.

农作物和牲畜，以及渔业和林业。在非洲主要包括玉米、小麦、棉花、烟草、可可等。按类型分，可以分为多重风险保险（Multiple peril crop insurance，MPCI）和指数保险[1]。其中，MPCI 是主要以产量为基础的作物保险，保险保障的产量以当地历史平均产量百分比（通常 50% 到 70%）确定。保险赔偿根据实际产量与保障产量的差额确定。

指数保险使用第三方的客观数据（指数）度量损失，指数与实际作物损失高度相关。目前主要的指数保险有两种：区域产量指数保险与天气指数保险。前者赔付根据当地以县（乡镇）等区域为单位的历史平均产量确定，在实际产量低于保险约定产量时给予赔付。后者则根据当地气象站测定的具体气象指标确定，具体的细节将在下文进行详细的介绍。

（二）非洲气象指数保险的设计

极端的天气（环境）是导致非洲贫困的原因之一。热带、亚热带的小农户，特别容易受到自然灾害影响，而且无力应对[2]。当自然灾害发生后，小农户通常采取出售生产资料的方式平滑消费。因此，灾难性气候冲击可能导致小农户陷入贫困。农业保险尽管在分散自然灾害方面对农户有帮助，但由于较高的交易成本（高昂的查勘定损费用），道德风险和逆向选择问题造成的高赔付率，使得农业保险在实际中并没有得到广泛应用。[3] 气象指数保险（Weather Index Insurance，WII）作为一种新的金融风险转移工具应运而生，可以协助保险公司克服 MPCI 等传统农业保险面临的困境。

气象指数保险不是根据投保人的实际损失支付赔偿金，而是根据与损失高度相关的天气指数来确定。[4] 气象指数保险通过采集气象台天气变量（降雨、温度、风速等等），在保险契约中规定一个阈值或者门槛气象

---

① Jerry R. Skees, and Barry J. Barnett, "Challenges in Government Facilitated Crop Insurance", *Rural Finance and Credit Infrastructure in China*, 2004, p. 172.

② Sonja J. Vermeulen, B. M. Campbell, and J. S. I. Ingram, "Climate Change and Food Systems", *Social Science Electronic Publishing* 37, 2012, p. 195.

③ P. B. R. Hazell, and U. Hess, "Drought Insurance For Agricultural Development and Food Security in Dryland Areas", *Food Security* 4, April 2010, p. 395.

④ Barry J. Barnett, and O. Mahul, "Weather Index Insurance for Agriculture and Rural Areas in Lower-Income Countries", *American Journal of Agricultural Economics* 89, May 2010, p. 1241.

值，以此为根据确定赔偿金水平。若实际气象指标超过阈值（例如极少的降雨或高温），保险公司将按规定支付赔偿金，并根据指标偏离程度给予不同赔偿额度，直到保额（最大赔付标准）。与传统农业保险相比，气象指数保险的管理成本较低，不需要现场查勘定损，使得保险运行效率较高，农民能够及时收到用于再生产的保险赔付款。[1] 而且农民和保险公司都不能够操纵指数数据，同时指数数据非常可靠且容易获取，极大缓解了信息不对称问题。[2]

　　气象指数保险的有效实施并不容易，需要大量的准备工作，尤其是指数的确定。基础指数应该由受信任的政府或第三方机构的公共天气数据衡量。保险公司必须有足够长度的历史基础天气变量数据（例如日数据）估计费率。指数保险所需的历史数据长度取决于风险出现的频率。例如，20 年的数据可能足以为相对频繁的天气事件设定初始保险费率，而 30—40 年的数据并不足以测度潜在的灾难性天气事件概率。如果没有足够基础数据计算保险费率，保险公司会放弃提供指数保险，或者设置高费率以应对可能的风险不确定性。[3]

　　降雨量是最常见的气象指数指标。有些研究认为，降雨量作为指标有一定局限性，因为雨水很容易在降雨过程中蒸发或渗入到深层泥土，对作物并没有直接帮助。[4] 此外，降雨较少时雨量容易蒸发，而过量的降雨又因为不能完全被植物吸收利用而导致降雨量对作物的影响不准确[5]。目前有一些方法可以用来替代降雨，例如，相对蒸腾指数可以准确测量作物用水量，2010 年，在非洲布基纳法索和马里启动的玉米保险试点就以相对蒸腾指数作为指标。[6]

---

[1] Kolli N. Rao, "Index Based Crop Insurance", *Agriculture And Agricultural Science Procedia* 1, 2010, p. 193.

[2] P. B. R. Hazell, and U. Hess, "Drought Insurance for Agricultural Development and Food Security in Dryland Areas", *Food Security* 4, April 2010, p. 395.

[3] Barry J. Barnett, and O. Mahul, "Weather Index Insurance for Agriculture and Rural Areas in Lower-Income Countries", *American Journal of Agricultural Economics* 89, May 2010, p. 1241.

[4] A. Rosema, et al, "FESA Micro-Insurance: Methodology, Validation, Contract Design", Delft, NL: EARS Earth Environment Monitoring, 2010.

[5] A. Leblois, and P. Quirion, "Agricultural Insurances Based on Meteorological Indices: Realizations, Methods and Research Agenda", *Meteorological Applications* 20, January 2013, p. 1.

[6] A. Rosema, et al., "FESA Micro-Insurance: Methodology, Validation, Contract Design", Delft, NL: EARS Earth Environment Monitoring, 2010.

使用卫星图像的标准植被差异指数（Normalized Difference Vegetation Index，NDVI）是气象指数保险的另一进展。NVDI 能够以各种分辨率和时间间隔报告植被指数。[1] 但存在的问题是，NVDI 很难对牧场和耕地进行区分，而且指标的使用容易受到云层影响。[2]

（三）非洲气象指数保险的发展

非洲目前实施了多项气象指数保险计划。Skees 和 Barnett 等[3]对已有气象指数保险进行了总结，本研究在此基础上进行了一定补充（见表 1）。

表 1 非洲农业指数保险情况

国家	保障风险	合同主体	衡量指数	目标人群	概况
埃塞俄比亚	干旱	指数保险	降雨	世界粮食署	2008 年保障 700 万人
	干旱	指数保险	降雨	小农户	2006 年实施，目前因为销量停止
	干旱	指数保险	降雨	小农户	2014 年实行（HARITA）
肯尼亚	干旱	指数保险	降雨	小农户（玉米与小麦）	2009 年实行（ACRE）
	牲畜死亡	指数保险	NDVI	小农户	2010 年实行
马里	干旱	天气衍生品	卫星与天气数据	NGO	2007 年实行
马拉维	干旱	与贷款挂钩的指数保险	降雨	花生农（NASFAM 成员）	2005 年实行，2006 年卖出 2500 单
卢旺达	干旱	指数保险	降雨	小农户	2009 年实行（ACRE）

---

[1] R. Laajaj and M. Carter, "Using Satellite Imagery as The Basis for Index Insurance Contracts in West Africa", https：//basis. ucdavis. edu/sites/g/files/dgvnsk466/files/2017 – 10/laajaj – using – satellite – imagery. pdf, 2009.

[2] A. Leblois, and P. Quirion, "Agricultural Insurances Based on Meteorological Indices：Realizations, Methods And Research Agenda", *Meteorological Applications* 20，January 2013，p. 1.

[3] Jerry R. Skees, Barry J. Barnett, and Benjamin Collier, "Agricultural Insurance Background and Context for Climate Adaptation Discussions", Prepared for the OECD Expert Workshop on "Economic Aspects of Adaptation", 2008，p. 3.

续表

国家	保障风险	合同主体	衡量指数	目标人群	概况
摩洛哥	干旱	指数保险	降雨	小农户	由于降雨减少没有受到市场欢迎
塞内加尔	干旱	指数保险	降雨	小农户	2014 年实行（HARITA）
坦桑尼亚	干旱	与贷款挂钩的指数保险	降雨	小农户（玉米）	2009 年实行（ACRE）

资料来源：Jerry R. Skees, Barry J. Barnett, and Benjamin Collier, "*Agricultural Insurance Background and Context for Climate Adaptation Discussions*", Prepared for the OECD Expert Workshop on "Economic Aspects of Adaptation", 2008, p. 3。

气象指数保险在非洲的广泛应用主要得益于国际组织以及各国政府提供的有力支持，但推广情况各有优劣，部分险种甚至已经因为参保率太低而被停止。气象指数保险的发展也面临一些困境，主要包括气象数据收集问题（气象站数量不足），被保险人分散在偏远农村，缺乏有效的销售渠道，以及后文将要讨论的参保意识不足等问题。能否将这些问题克服，是非洲气象指数保险未来发展的关键。

三　非洲农业保险如何影响农户的生产行为和作物产量

对于前文所论述的气象指数保险的优势与问题，以及气象指数保险对农业生产的影响，学界对此都进行了系统研究。本文从以下四方面介绍已有的研究进展。

（一）农户的种植行为是否发生变化

有关气象指数保险在发展中国家效果的证据并不多见，部分原因在于气象指数保险是相对较新的产品，采用率不高[①]。在保险如何对农户种植行为产生影响方面，学术界普遍认为保险使农民更倾向于投资高风险高利润的农业生产活动。

Nicola 利用动态随机优化模型评估气象指数保险对发展中国家农户的

---

① S. Cole, et al, "Barriers to Household Risk Management: Evidence from India", *American Economic Journal Applied Economics* 5, January 2013, p. 104.

消费、投资与福利的影响。① 作者使用来自 Giné 和 Yang② 在马拉维的数据发现，气象保险导致农户更多投资于风险较高的技术，并激励农民采用更高风险但产量更高的改良种子，使农户同时增加农场收入和消费支出。

此外，Olubiyo 等发现，购买保险的农民倾向于采用风险更高的农业技术提高生产率。③ 作者调查了尼日利亚于 1987 年开始的以提高农业生产技术为目的的农业保险。通过对 182 名参保与未参保农民的调查发现，参保农民改进利润导向技术的比例更高。同时，参保农民愿意冒更高的风险从事农业活动，并出售更大比例的农产品。但作者同时发现未参保农民在资源利用方面更有效率。

类似文献有，Karlan 等人研究发现，加纳购买降雨指数保险的农民会倾向于增加农业投资④。Elabed 和 Carter 在马里的研究显示：区域收入指数保险使得布基纳亚州农民棉花种植面积增加了 15%，并增长了 14% 的种子支出。⑤

Miura 和 Sakurai 更为系统地研究了气象指数保险对农民种植行为的影响，作者采取随机实验方法向赞比亚农村的小农户提供免费保险。⑥ 该保险使得农民更早种植玉米，这是一种已知的风险更高但增加玉米产量的做法。同时，作者发现参保农户增加了玉米种植量，使用更多化肥并且显著增加了劳动投入，这表明提供保险使农民更愿意做出高风险决策。

但保险对农户生产行为的影响也存在道德风险。Müller 等研究了降雨

---

① Francesca De Nicola, "The Impact of Weather Insurance on Consumption, Investment, And Welfare", *Social Science Electronic Publishing* 6, March 2015, p. 637.

② Xavier Giné, and Dean Yang, "Insurance, Credit, And Technology Adoption: Field Experimental Evidence from Malawi", *Journal of development Economics* 89, January 2009, p. 1.

③ S. O. Olubiyo, G. P. Hill, and J. P. G. Webster, "Econometric Analysis of The Impact of Agricultural Insurance Of Farming Systems in the Middle Belt, Nigeria", *African Journal of Food, Agriculture, Nutrition and Development* 6, June 2009, p. 1.

④ Dean Karlan, et al, "Agricultural Decisions after Relaxing Credit and Risk Constraints", *The Quarterly Journal of Economics* 129, February 2014, p. 597.

⑤ Ghada Elabed, and Michael R. Carter, "Basis Risk And Compound-Risk Aversion: Evidence from a Wtp Experiment In Mali", 2013 Annual Meeting, August 2013, Washington D. C., No. 150353, Agricultural and Applied Econorics Association.

⑥ Ken Miura, and Takeshi Sakurai, "The Impact of Formal Insurance Provision on Farmer Behavior: Evidence from Rural Zambia", *PRIMCED Discussion Paper Series*, No. 67, 2015.

指数保险如何影响纳米比亚地区牧场管理的可持续性[①]。研究发现，常见的放牧管理制度中，农民在梅雨季休牧虽然没有收入，但存在两个好处。休牧一方面维持了牧场持久的生产力，可以视为存在短期成本的投资；另一方面减少了收入随时间的变化，进而减少了收入风险。这可以视为一种天然保险。引入降雨指数保险尽管提高了农民收入，但模拟结果显示，保险使得农民减少了休牧决策。虽然降雨指数保险作为休牧的替代品存在，但长远而言对牧场有不利的影响。

由此可知，气象保险一方面使农民进行高风险高回报的决策，即扩大投资，增加劳动力投入量，另一方面可能间接对农场可持续发展造成影响。总体而言，气象保险对农户种植行为的影响是正面的。

（二）农户的作物产量是否有显著的变化

如前文所述，保险对农户生产行为产生了正面影响，但在气象指数保险是否对作物产量（牲畜存栏量）的影响上，学术界并没有达成一致。

部分学者发现指数保险可以提高农户福利以及降低牲畜死亡率。Chantarat 等调查了肯尼亚北部 NDVI 指数的家畜保险（IBLI）[②]。研究使用该地区农户面板数据，以及模拟的家庭牲畜死亡率数据进行分析，结果显示：IBLI 在 25% ~ 40% 程度上消除了影响牲畜死亡的风险。Nicola 对马拉维的研究发现，气象指数保险可以提供相当于消费增长 16.9% 的福利，尤其适用于非常贫困的家庭。作者假设气象指数保险不存在基差风险并且精算公平，发现保险使农民完全可以承受天气灾害冲击，并通过理想的保险产品获得福利增加。[③]

Hill 和 Viceisza[④] 通过实验经济学分析保险对农业风险投资的影响。结果发现，被保险的农户额外购买化肥的可能性增加了 29%，收入增加了 21.8%。作者同时发现，表现出更多风险厌恶或者对合同理解更深入

---

① Birgit Müller, et al., "Pitfalls And Potential Of Institutional Change: Rain-Index Insurance And The Sustainability of Rangeland Management", *Ecological Economics*, November 2011, 70, p. 2137.

② Sommarat Chantarat, et al, "Designing Index - Based Livestock Insurance for Managing Asset Risk in Northern Kenya", *Journal of Risk & Insurance* 80, January 2013, p. 205.

③ Francesca De Nicola, "The Impact of Weather Insurance on Consumption, Investment, and Welfare," *Social Science Electronic Publishing* 6, March 2015, p. 637.

④ Ruth Vargas Hill, and A. Viceisza, "A Field Experiment on the Impact of Weather Shocks and Insurance on Risky Investment", *Experimental Economics February* 15, 2012, p. 341.

的农民更容易受到保险影响。

　　然而，也有学者认为指数保险对产量的作用并非一定是正面的。Giné
和 Yang 随机调查了马拉维中部787名投保与未投保指数保险的农民，观
察他们是否会申请更多的贷款用于投资农业技术（例如种植高产量的玉
米和花生）。① 然而，结果和预期相反，与单独提供贷款的农民相比，同
时参保指数保险的农民购买改善种子的贷款下降了13%，接受贷款并种
植改良品种的农民收益率相比使用原有种子的农民要高12% – 37%。这
表明向贷款合同中加入指数保险对产量带来的影响是负面的。对此，作
者认为，贷款的有限责任合同（即作物歉收情况下免除部分债务）为农
民提供了部分的风险分散功能，但要求农户购买保险意味着贷款的利率
增高。

　　总的来说，保险通过改变农户的生产行为，即有动机进行更高风险
更高回报的投资来改变产量。虽然文献并没有对此达成一致，但保险对
于农民的收入是有着正面的影响。Giné 和 Yang 指出，保险和其他金融手
段同时实施时可能存在的负面影响，但单独看保险实施，特别是在金融
产品缺乏的非洲，保险的作用是正面的。②

（三）农户的非正式风险分散机制是否发生变化

　　保险不仅影响了农户的种植行为与收入，还影响了农户降低种植风
险的方式。

　　已有研究表明，为应对风险，缺乏金融手段的贫困家庭可能通过出
售资产，增加劳动力投入来平滑消费，或者减少消费来维持投资（资产
平滑）。③ 在没有保险的情况下，事前风险管理主要有以下几种方法④：
第一，将资源分配给低风险的生产，但回报通常较低；第二，预防性储

---

① Xavier Giné, and Dean Yang, "Insurance, Credit, and Technology Adoption: Field Experimen-
tal Evidence from Malawi", *Journal of Development Economics* 89, January 2009, p. 1.

② Xavier Giné, and Dean Yang, "Insurance, Credit, and Technology Adoption: Field Experimen-
tal Evidence from Malawi", *Journal of Development Economics* 89, January 2009, p. 1.

③ Sarah A. Janzen, and Michael R. Carter, "After the Drought: The Impact of Microinsurance on
Consumption Smoothing and Asset Protection", No. W19702, National Bureau of Economic Re-
seard. 2013; Harold Alderman, and C. H. Paxson, "Do the Poor Insure? A Synthesis of the
Literature on Risk and Consumption in Developing Countries", *Economics in a Changing World*,
Palgrave Macmillan UK, 1994.

④ Stefan Dercon, et al., "Literature Review on Microinsurance", *ILO*, 2009.

蓄，诸如蓄养牲畜[1]，但这是以减少当下投资或消费为代价的；第三，差异化种植与分散田地。

以上三种策略的代价相对保险而言较高。保险一方面作为安全网，使风险出现后农户能得到补偿，另一方面也使得农民敢于做出高风险决策[2]，可以一定程度上降低成本。

Carriquiry 和 Osgood 为上述发现提供了理论支持，并通过模型构建，以及对函数分析发现：如果设计得当，保险促使农民将概率预测应用到更确定性的生产行为中，即农民可能进行一些不采取风险保护的生产选择。[3]

Miura 和 Sakurai 的研究则首次尝试解释常规自我保险机制与正式保险之间的关系。作者认为，非正规自我保险是正规指数保险的补充还是替代，取决于相对成本和两种机制之间的收益。资本约束通常不如预期的紧张。[4]

此外，有学者研究了非洲正在实施的保险，发现不同富裕程度的农民对保险做出的反应并不相同。Janzen 和 Cater 研究了 IBLI（指数牲畜保险），测试了保险对家庭应对风险策略的平均影响，发现保险使得参保家庭大幅度降低了对可能损害未来生产力、成本高昂的风险应对策略的依赖。[5] 结果显示：（1）较富裕的家庭主要通过出售资产来应对，而保险使得其在受到冲击后出售资产的可能性降低了96%；（2）较贫穷的家庭主要通过削减食品消费来解决，保险使得这一可能性降低了49%。但两个结果只有前者的估计是显著的。

总体来说，根据目前的研究发现，正式保险作为农户的非正式风险

---

[1] Mardel Fafchamps, Christopher Udry, and Katherine Czukas, "Drought and Saving in West Africa: Are Livestock a Buffer Stock?", *Journal of Development Economics*, Vol. 55, No. 2, April 1998, pp. 273 – 305.

[2] Ken Miura, and T. Sakurai, "The Impact of Formal Insurance Provision on Farmer Behavior: Evidence from Rural Zambia", *2015 Working Paper*.

[3] Miguel A. Carriquiry, and D. E. Osgood, "Index Insurance, Probabilistic Climate Forecasts, and Production", *Journal of Risk & Insurance* 79, January 2012, p. 287.

[4] Ken Miura, and T. Sakurai, "The Impact of Formal Insurance Provision on Farmer Behavior: Evidence from Rural Zambia", *2015 Working Paper*.

[5] Sarah A. Janzen, and Michael R. Carter, "After the Drought: The Impact of Microinsurance on Consumption Smoothing and Asset Protection", No. w19702, National Burean of Economic Research, 2013.

分散手段的替代品，保险使得农民更倾向于进行高风险投资，或者降低自我保护的生产选择。正式保险减少了农民的非正式风险分散手段的使用，不同富裕程度的农民减少的具体方式有所不同。

（四）影响农户保险参与意识的因素

气象指数保险作为一种新型保险，尽管被作为发展中国家的风险管理工具进行推广，但指数保险的参保率却非常低。[①] 目前文献中对参保率的研究主要集中在以下几个方面。

农民缺少购买保险的兴趣或能力。农民会受到资金流动性约束的限制，在没有信贷市场的情况下，农民们根本买不起保险。[②] 对保险的了解是另一主要原因，许多农民不了解气象指数保险的功能以及赔偿的触发机制，从而降低了农民对保险的需求。[③] 因此，培训和沟通，或是简单易懂的降雨量和阈值介绍也可以增加农民对气象指数保险的支付意愿。

也有研究讨论了家庭与个人特质对参保意愿的影响。Falola 等考察了 120 户种植可可的农民在尼日利亚参与农业保险的意愿。[④] 结果显示，77.5% 的农民知道有农业保险，但只有 50% 的人愿意购买农业保险。影响农民参保意愿的主要因素是家庭户主的受教育程度、工作经验以及收入等。George 等人评估了加纳农民作物保险参保意愿，Logit 模型结果显示，农场规模、家庭规模和家畜多样化都是影响农民参与作物保险意愿的因素。[⑤]

---

① Xavier Giné, and Dean Yang, "Insurance, Credit, and Technology Adoption: Field Experimental Evidence From Malawi", *Journal of Development Economics* 89, January 2009, p. 1.

② Michael R. Carter, L. Cheng, and A. Sarris, "Where and How Index Insurance Can Boost the Adoption of Improved Agricultural Technologies", *Journal of Development Economics* 116, 2016, p. 59; Karlan, Dean, et al., "Agricultural Decisions after Relaxing Credit and Risk Constraints", *The Quarterly Journal of Economics*, February 2014, 129, p. 597.

③ Kenneth W. Sibiko, Prakashan C. Veettic and Matin Qaim, "Small Farmers' Preferences for Weather Index Insurance: Insights from Kenya", Global Food Discussion Papers, No. 93, 2017.

④ A. Falola Ayinde, and B. O. Agboola, "Willingness to Take Agricultural Insurance by Cocoa Farmers in Nigeria", *International Journal of Food & Agricultural Economics* 1, January 2013, p. 1.

⑤ T. M. George et al, "Food Crop Farmers' Willingness to Participate in Market-Based Crop Insurance Scheme: Evidence from Ghana", *Research in Applied Economics* 55, January 2013, p. 5.

保险费率。Qaim 等对农民参保气象指数保险意愿进行了调查。他在肯尼亚调查了 152 名参保农民与随机选出的 234 名未参保农民。[1] 作者开发离散选择实验（DCE）来评估农民对保险合同的主观偏好。结果显示，农民愿意支付的保费比保险公司收取的平均保费低 25% 左右。较低的费率有助于增加参保意愿。有趣的是，Miura 和 Sakurai[2] 研究却表明，适合市场需要的高费率低保费的保险产品在赞比亚非常也受欢迎。

基差风险。基差风险被广泛认为是指数保险需求较低的主要原因[3]。基差风险意味着气象指数不能够准确衡量农户的作物损失。例如，气象站记录的气象数据与个别农户实际受到的气候影响存在差异，由于采用气象站数据进行保险理赔，导致农民的损失与赔付失衡。这在气候多变的地区尤为突出[4]。但很少有研究实证测量出基差风险对保险需求的影响。[5]

灾害频率。Leblois 等对农民参保指数保险低参保率做出了新解释。在分析了干旱频率对农民参保意愿的影响后，作者指出灾害频率会影响农户对保险的需求，也和基差风险是否严重有关。[6] 作者通过 Doherty 和 Schlesinger[7] 的概念模型建立一个保险离散选择模型，以得出灾害频率对

[1] Kennth W. Sibiko, Prakashan C. Veettil and Meein Qaim, "Small Farmers' Preferences for Weather Index Insurance: Insights from Kenya," No. 93, *Global Food Discussion Papers*, 2017.

[2] Ken Miura, and T. Sakurai, "The Impact of Formal Insurance Provision on Farmer Behavior: Evidence from Rural Zambia", *2015 Working Paper*.

[3] Million A. Tadesse, B. A. Shiferaw, and O. Erenstein, "Weather Index Insurance for Managing Drought Risk in Smallholder Agriculture: Lessons and Policy Implications for Sub-Saharan Africa", *Agricultural & Food Economics* 5, January 2015, p. 26; Stefan Dercon, et al., "Offering Rainfall Insurance to Informal Insurance Groups: Evidence From a Field Experiment in Ethiopia", *Journal of Development Economics* 106, C 2014, p. 132.

[4] Million A. Tadesse, B. A. Shiferaw, and O. Erenstein, "Weather Index Insurance for Managing Drought Risk in Smallholder Agriculture: Lessons and Policy Implications for Sub-Saharan Africa", Agricultural & Food Economics 5, January 2015, p. 26.

[5] Nathaniel D. Jensen, Christopher B. Barrett, and Andrew G. Mude, "Index Insurance Quality and Basis Risk: Evidence from Northern Kenya", *American Journal of Agricultural Economics* 89, May 2016, p. 1450.

[6] A. Leblois, T. Le Cotty, and E. Maitre d'Hotel, "Do Farmers Prefer To Insure against Catastrophic Risks or Frequent Risks in Presence of Basis Risk?", http://iriaf. univ – poitiers. fr/images/medias/fichier/j2 – s1 – 3_14648766 93778 – pdf. 2016.

[7] Neil A. Doherty, and H. Schlesinger, "Rational Insurance Purchasing: Consideration of Contract Nonperformance," *Quarterly Journal of Economics* 105, January 1990, p. 243.

保险需求的影响。结果表明：（1）保险需求是灾害频率的倒 U 形函数，表明存在一个投保的最佳的频率；（2）随着基差风险增加，高频风险将超出农户可承受风险的能力范围。

最后，有研究指出向农民群体而不是个体推销保险参保率会更高。农民群体可以通过几个途径影响对气象指数保险的需求。第一，群体可以帮助降低承保的交易成本。第二，群体可以更快传播有关保险技术和产品的信息。第三，与前一点相关，群体可能会提供一个学习平台，增加农民对不熟悉保险产品的信心。然而，关于如何推销保险对农民采用气象指数保险意愿影响的经验证据很少。

总的来说，影响农民参保意愿的因素是多维度的。除去个人与家庭人口学变量，个人兴趣与能力、保险自身属性、基差风险、灾害事件频率、不同的参与对象都可能影响保险需求。

四　研究方法

（一）实验经济学方法

实验经济学方法有以下几种。部分研究采用向农民出售、赠送农业保险，或者进行模拟保险游戏来研究保险对农业生产的影响。

Giné 和 Yang 在马拉维中部推广了指数保险与贷款，在对 787 名投保与未投保指数保险的农民研究中发现，与单独提供贷款的农民相比，同时参保指数保险的农民购买改善种子的贷款下降了 13%。[①] Hill 和 Viceisza 进行实验性游戏来识别保险对农业风险投资的影响，通过对参保与未参保农民购买化肥决策来识别农民的收入水平。分析发现，被保险的农户额外购买化肥的可能性增加了 29%，收入增加了 21.8%。[②]

---

① Xavier Giné, and Dean Yang, "Insurance, Credit, and Technology Adoption: Field Experimental Evidence from Malawi", *Journal of Development Economics* 89, January 2009, p. 1.

② Ruth Vargas Hill, and Angelino Viceisza, "An Experiment on the Impact of Weather Shocks and Insurance on Risky Investment", International Food Policy Research Institute (IFPRI) No. 974, 2010.

Elabed 和 Carter[①] 使用 Klibano 等[②]开发的模糊性厌恶模型来研究农户指数保险需求。研究发现，相比风险态度中立，风险厌恶的风险态度会降低农户对指数保险需求。在马里，区域产量指数保险合同条件下，布基纳亚州农民增加了 15% 的棉花种植面积和 14% 的种子支出。Carriquiry 和 Osgood 基于不确定性选择模型发现，如果保险设计得当，将使得农民更倾向进行高风险高回报的投资决策。[③]

Nicola 开发了一个动态随机优化模型，[④] 并使用来自马拉维的 Giné 和 Yang[⑤] 的数据，通过校准和结构估计的组合将动态模型中的参数固定，来推导气象指数保险对农民行为与收入的影响。作者发现，提供气象保险会导致农户更多地投资于风险较高的技术，并使农户同时增加消费和农场收入。

（二）面板数据与传统计量分析方法

Leblois 等在利用面板数据进行多元回归研究投保决策后指出，多个横截面与时间序列的数据有助于处理结果间不可观察的异质性，但因为被解释变量（投保决策）是虚拟变量，使得固定效应存在潜在的偏差。[⑥]对此，作者首先使用 probit 随机效应面板回归进行估计，并引入自举标准误差（Bootstrapped Standard Errors），在误差项与随机效应无相关性时，该模型的极大似然估计（MLE）是无偏的。在经过豪斯曼检验发现随机和固定效应的回归差异显著不同，即存在不可观测的固定个人效应后，作者使用固定效应模型进行估计。

[①] Ghada Elabed, and Michael R. Carter, "Basis Risk and Compound-risk Aversion: Evidence from a WTP Experiment in Mali", 2013 Annual Meeting, August 2013, Washing D. C. , No. 150353, Agricultural and Applied Econcmics Associatin.

[②] Peter Klibanoff, M. Marinacci and S. Mukerji, "A Smooth Model of Decision Making under Ambiguity", *Econometrica* 73, June 2005, p. 1849.

[③] Miguel A. Carriquiry, and Daniel E. Osgood, "Index Insurance, Probabilistic Climate Forecasts, and Production", *Journal of Risk and Insurance* 79, January 2012, p. 287.

[④] Francesca Nicola, "The Impact of Weather Insurance on Consumption, Investment, And Welfare", *Quantitative Economics* 6, March 2015, p. 637.

[⑤] Xavier Giné, and Dean Yang, "Insurance, Credit, and Technology Adoption: Field Experimental Evidence from Malawi", *Journal of Development Economics* 89, January 2009, p. 1.

[⑥] A. Leblois, T. Le Cotty and E. Maitre d'Hotel, "Do Farmers Prefer to Insure against Catastrophic Risks or Frequent Risks in Presence of Basis Risk?", http://iriaf. univ – poitiers. fr/ images/medias/fichier/j2 – s1 – 3_14648766 93778 – pdf. 2016.

（三）现有研究的局限性

天气风险直接影响到农民生计，在缺乏有效风险分散手段的情况下，会造成严重的生产危机。而既有对非洲气象指数保险的研究表明，气象指数保险是一种新兴的，对非洲农业管理风险有巨大帮助的保险。但不可否认的是，现有关于气象指数保险的研究仍然有很多问题没有得到解答。

保险项目的具体效果研究不足。现有研究对已有保险项目的实施效果，优点与不足缺少评估。此外，现有的研究多从模拟实验入手，或是亲自发行小规模保险。这使得已有研究很少对现有气象指数保险的具体量化效果进行测量，这一点对保险的改良是不利的。因此，仍然需要进一步的研究来确定数据测量的准确性、一致性，或者次优投资决策对农民收入的影响等等，以进一步对保险进行改进。

缺少足够好的数据。现有研究者所用的数据多是对己发行小型保险再进行调查，缺少国家层面的大型数据。气象保险作为新兴保险，缺少历史数据。

在研究方向上，现有研究对于基差风险没有足够的研究。基差风险是气象指数保险难以消除的问题，但现有研究在这一方面并不深入。既有研究大多指出了基差风险影响了农民参与保险意愿，但基差风险在多大程度上降低了指数保险的需求，以及具体的减少基差风险的手段的评估，目前的文献却没有进行明确的测量。

（责任编辑：张志娜）

非洲研究　2018 年第 1 卷（总第 12 卷）
第 151～159 页
SSAP ©，2018

国家安全与政局稳定对"一带一路"落地非洲的意义

——以坦桑尼亚为例

〔布隆迪〕阿尔弗雷德·布里玛索

【内容提要】 在"一带一路"倡议背景下，为了吸引中国的投资，东非国家必须满足国家安全与政局稳定这两个基本要求。但是，除坦桑尼亚外，该地区多数国家处于安全没有保障与周期性政局动荡中。坦桑尼亚前领导人朱利叶斯·尼雷尔制定并实施了重要政策与政治措施，成功维护了国家安全与政局稳定。本文主要选取"包容性"与"政治领导权承继机制"探讨坦桑尼亚政局稳定的核心要素。这些政策是坦桑尼亚成为政局稳定典范的基础，可以启发东非其他国家实现政局稳定，以借"一带一路"倡议吸引中国投资。

【关　键　词】 安全与稳定；一带一路；非洲；投资

【作者简介】 〔布隆迪〕阿尔弗雷德·布里玛索，华中师范大学政治与国际关系学院博士研究生。

引　言

国家安全与政局稳定是投资安全的基本要求。投资者通常首选，同时也最安心且有保障地将资产置于稳定的环境中。如果安全与风险评估显示资产可能受到威胁，则没有哪个投资者愿意投资。很多东非共同体成员国与非洲之角国家都面临安全方面的挑战和周期性政局动荡，大选期间尤其如此，卢旺达、布隆迪、肯尼亚、索马里及厄立特里亚等国就是例证。尽管东非存在政局动荡和安全挑战，但有一个国家却是例外：坦桑尼亚。虽然拥有 120 多个族群，这个东非国家却保持了和平、安全、统一与友善。作为"和平之岛"（an island of peace），坦桑尼亚几乎收容了南部、东部及中部非洲每个国家的难民与寻求庇护者。

因此，有人自然会问坦桑尼亚何以能维持有利于投资的和平与安全可靠的环境？该国制定与实施了何种政策与政治措施，当启发其他国家并成为他们为实现社会政治稳定而效仿的榜样？在"一带一路"倡议背景下，坦桑尼亚目前在稳定东非地区和促进国际合作中可扮演何种角色？

本文分四个部分回答这些问题：第一部分根据坦桑尼亚朱利叶斯·坎巴拉吉·尼雷尔的做法，探讨政治领导人在国家建设中的作用。该部分进一步强调这位政治家、领导人所实施的关键政策及政治措施是坦桑尼亚稳定的核心要素，主要是"包容性"政策与"政治领导权承继机制"（Political Leadership Succession mechanism）。第二部分着眼于坦桑尼亚的地区领导作用，及对地区安全与政治事务的影响，由此有助于推断该国在东非地区稳定中可发挥的作用。第三部分指出了坦桑尼亚地缘战略位置的重要性，认为坦桑尼亚不仅能够影响东非地区的稳定、政治与安全，其印度洋沿岸的地缘战略位置使其还能够借助"一带一路"倡议切实促进国际合作。第四部分总结前述几部分所列各要点，并指出在东非共同体国家中，只有坦桑尼亚与中国保持了长期而坚定的友好合作关系，双方实行社会主义政策的历史增强了坦桑尼亚成为中国"一带一路"倡议关键伙伴的信心。本文认为，坦桑尼亚可对东非地区起到启发作用，该国在政治与安全领域具有相当的影响力，位于印度洋沿岸的战略位置、与中国保持了长期而坚定的合作关系，使坦桑尼亚在"一带一路"倡议背景下可以对国际合作产生重大影响，并将成为其中的重要伙伴。

一　政治领导人在国家建设中的作用

政治领导人在国家建设中至关重要。没有坚定、无私、富有远见的领导人，国家建设就无法取得重大成果。这是因为领导人确定国家的政治愿景，指引和领导，率先垂范。他们是开创者，是社会发展的舵手。他们有能力设计国家愿景，并谆谆教诲追随者，形成国民共同的愿景。

一些东非国家缺乏这样的政治领导人，这是该地区经历周期性暴乱与政局动荡的原因所在。很多领导人失败了，而尼雷尔却获得了成功，他是如何做到的？他采取了何种战略？这位政治家取得杰出成就的主要原因是什么？尼雷尔得以成功解决坦桑尼亚的族群与宗教多样性问题有四大原因。首先源于他的清廉、无私、不贪恋金钱等物质，这与非洲大陆其他领导人大不相同，简言之，他具有高尚的道德情操；其次在于他的"融合理论"（Incorporation Theory），借此团结所有人，尤其是那些不满现状的社会群体；再次，本文认为在于坦桑尼亚不存在支配性族群，即寻求并实际控制其他族群的超级族群；最后也是很重要的一点，全国使用同一种语言——斯瓦希里语。①

（一）尼雷尔的高尚道德情操

与很多东非国家领导人高度腐败及对国家工程资金中饱私囊的行径相反，尼雷尔将所有资源用于为国家谋利，他在这方面非同寻常，从不利用公职谋取私利。《阿鲁沙宣言》坚决禁止政党及政府官员追求成为超级富有的个人。该宣言规定：（1）坦噶尼喀非洲民族联盟（以下简称"坦盟"）及政府的领导人都必须是工人或农民，绝不应该参与资本主义或封建活动；（2）坦盟及政府的领导人均不得在任何公司中拥有股份；（3）坦盟及政府的领导人不得在任何私营企业中担任董事；（4）坦盟及政府的领导人不得拥有出租房产。②

尼雷尔具备高风亮节，因而取得如此成绩，并作为领导人赢得拥戴及合法性为人们所接受。姆玛利（Mmari）借用姆万萨苏（Mwansasu）的话阐明了这一点。他指出，"……尼雷尔作为领导人之所以为人所接受，在于他的坚定、方向感、使命感，以及做出个人牺牲的意愿及将人民利益置于其个人利益之上"。他进一步指出，"关于导师（此处指尼雷尔）这一方面的书籍、文章、学术论文、学位论文很多，有些是积极评价，

---

①　C. K. Omari, "The Management of Tribal and Religious Diversity", in Legum, Colin and Mmari Geoffrey, *The Influence of Nyerere*, Trenton: Britain – Tanzania Society, Africa World Press, 1995.

②　Nyerere Julius Kambarage, *Freedom and Socialism: A Selection from Writings and Speeches*, London: Oxford University Press, 1968, p. 249.

有些并不积极，甚至有所嘲讽"。①

批评者对尼雷尔痛加批判，甚至嘲讽，但是他并没有放弃建设平等社会的努力，这说明他作为一位领导如此非凡，同时也说明他逆水行舟之如此不易。他的想法与行动常为人们所不解，与其他领导人的中饱私囊、歌功颂德、独裁专制等不民主做法形成鲜明对照。这些批评者中甚至不乏贪污腐败的政府官员。尽管尼雷尔坚决反腐，但他并不排斥而是包容批评者。

（二）融合战略

尼雷尔的创造力在很多方面均有体现，尤其是在处理坦桑尼亚的多样性方面。他运用融合战略团结坦桑尼亚人民。奥马里将这种战略描述为"通过让社会不同阶层参与同一群体的决策过程，从而实现治理社会的理论与实践"。②

尼雷尔十分善于利用各种机会吸收所有派系参与决策。如今，坦桑尼亚革命党（Chama Cha Mapinduzi，CCM）可以自豪地说，这份遗产在多党政治发展时期也为人们所承认与认可。尽管坦桑尼亚革命党可以自恃有功，但是灵感创意却来自坦噶尼喀非洲民族联盟及其后身坦桑尼亚革命党主席的尼雷尔。没有尼雷尔的技术与创造力，这个单一执政党很难保持内部的相对团结。尼雷尔对党内乃至全国形成派系十分敏感，一旦发现苗头，他的一个办法就是尽可能收编满腹牢骚的社会群体，成为他消化异见的方式。由此，包容军方参与政治，吸纳政治家参与军方。这就是人们所知的"公务员军事化、军队科层化"，有助于化解冲突和阻止军事政变。征兵看学历和忠诚，一改之前以族群划线的方法。

融合手段的一个先决条件是，开明领导人愿意并善于以讨论的方式解决分歧。尼雷尔不仅长于倾听，而且擅长辩论和演说。他能与任何群体对话，安抚其怨。例如，他曾赴 1971 年即出任校长的达累斯萨拉姆大学，上午与教师对话，下午和农民交流。他拥有与不同背景的人交流的

---

① Mmari Geoffrey, "The Legacy of Nyerere", in Legum, Colin and Mmari Geoffrey, *The Influence of Nyerere*, Trenton：Britain – Tanzania Society, Africa World Press, 1995, p. 178.

② C. K. Omari, "The Management of Tribal & Religious Diversity", in Colin Legum, and Mmari Geoffrey, *The Influence of Nyerere*, Trenton：Britain – Tanzania Society, Africa World Press, 1995, p. 29.

罕见天赋，因而成为所有坦桑尼亚人民的领袖。①

　　作为一位领导人，尼雷尔没有贪权恋栈，而是制定了一套保证总统权力和平交接的制度。

（三）继任制度与权力和平交接

　　在东非很多国家，权力交接是一个颇具争议的问题，经常引发暴力与动荡，但尼雷尔却毅然主动离职，交权予继任者。这一传统在坦桑尼亚十分牢固，领导人和平接承，与东非其他国家截然不同。尼雷尔于1964年成为坦桑尼亚共和国总统。1985年，尼雷尔自愿离开总统宝座。他认为，领导人应该在头脑清醒、体力尚好的时候辞去职务，将权力交给继任者阿里·哈桑·姆维尼（Ali Hassan Mwinyi）。②

　　尼雷尔承诺辞职并将权力交给继任者，拒绝在坦桑尼亚建立"新世袭制"（neopatrimonial rule）。"新世袭制"意指"基于公私利益界限不明的个人忠诚与人际依附的任人唯亲，而非根据理念或依法选举"。③ 这一制度包含"三个基本相关要素"。

　　　　其一，滥用公权，作为政治精英获得地位、威望与回报的首要资源；

　　　　其二，发展以原始个人忠诚为基础的关系导致政治与地区的分化；

　　　　其三，利用私人武装、民兵及雇佣兵为主要统治工具。④

　　这种政治制度具有排除异己的性质，因被排斥群体也要为自身利益而寻求夺取与控制国家机器，故经常引发暴力冲突。肯尼亚（2007年、2017年）、布隆迪（1976年、1987年、1993年、1996年、2015年）、卢

---

① C. K. Omari, "The Management of Tribal & Religious Diversity", in Colin Legum, and Mmari Geoffrey, *The Influence of Nyerere*, Trenton: Britain – Tanzania Society, Africa World Press, 1995.

② Kosukhin Nicolai, "Julius Nyerere: Statesman, Thinker, Humanist", in Dar es Salaam, *The Russian Tanzanian Cultural Centre*, Mkuki Na Nyota Publishers, 2005, p. 6.

③ Bond Patrick, *Looting Africa*, Pietermaritzburg : University of KwaZulu – Natal Press, 2006, p. 3.

④ Willame Jean Claude, *Patrimonialism and Political Change in the Congo*, Stanford: Stanford U-niversity Press, 1972, p. 2.

旺达 (1978 年、1990 年、1994 年)、乌干达 (1979 年、1986 年)、南苏丹 (当前的内战) 等国遭到排斥的派系或族群为了夺取国家机器并服务于自身利益,导致多次政局动荡、军事政变及与选举有关的暴力冲突。如能像尼雷尔在坦桑尼亚实施的政策即融合战略,用这种良好的继任制度实现和平交接权力,即可根除排他性的新世袭制度。

上文谈及的要素反映尼雷尔擅长有效领导和团结全民的人格特质,但下面一些因素并非直接源自他本人。例如,主要靠阿拉伯商人和德国殖民者形成的斯瓦希里语,对于当今坦桑尼亚的全国统一发挥了重要的支持作用。坦桑尼亚没有支配性族群,也是尼雷尔政府遇到有利的国内环境的另一决定性因素。

(四) 斯瓦希里语:统一全国的一大要素

斯瓦希里语是助力坦桑尼亚形成的民族统一国家的另一要素。尽管每个族群都有各自的语言,多数属于班图语族,虽然斯瓦希里语主要由班图语词构成,但它并不属于任何族群,全国通用。学校用斯瓦希里语教学,行政与商业领域以其交流。简言之,斯瓦希里语是官方语言和国语。人民自然而流利地讲斯瓦希里语,尽管存在不同的方言,但确实是通用语言。由于斯瓦希里语不属于任何族群,因此各族群都不能用它支配他人。[①]

斯瓦希里语从沿海地区向内陆传播已达数百年之久。奴隶与象牙贸易商用斯瓦希里语交易。19 世纪,德国殖民者出于自身目的帮助推广斯瓦希里语的,德国传教士将《圣经》等宗教著作翻译成斯瓦希里语,以有助于向内陆传播。因此,尼雷尔进入政坛之时,斯瓦希里语已经变成了事实上的国语,便于他向全国大部分地区传递信息给。使用斯瓦希里语在政治上培育了人民对国家的归属感。这个语言因素在坦桑尼亚发挥了类似英语在印度的作用。此外,由于坦桑尼亚几乎人人会讲斯瓦希里语,公务员可以从原籍转至其他地区任职,不会遇到语言障碍。因此,斯瓦希里语是一个统一全国的重要因素。

---

① C. K. Omari, "The Management of Tribal & Religious Diversity", in Colin Legum, and Mmari Geoffrey, *The Influence of Nyerere*, Trenton: Britain – Tanzania Society, Africa World Press, 1995, p. 28.

（五）不存在支配性部族

与中部非洲曾存在的一些王国不同，坦桑尼亚从来不是一个由一个足够强大且组织良好的部族统治其他部族的等级社会。可以说，由于没有任何族群发展成超级族群，从而制造对抗以及（或）支配近邻，因此愿意团结在有远见卓识的新领导人周围。① 在卢旺达与布隆迪，超级族群有着支配其他种族的强烈愿望，这种要取得与维持支配地位的欲望，是这些国家多次爆发冲突的一大原因。尼雷尔来自一个小部族——扎纳基部族，使他与一些大部族瓜葛很少，因此不存在本能地反对他的大集团。最高领导人平易近人、善于"推销"自己及其思想，这是个优势。② 因此，除人品与才能外，本文还发现，尼雷尔的民族主义抱负还得到了有利的国内环境的支持。权变理论（Contingency Theories of Leadership）的支持者可以借此阐释尼雷尔的成功。

上述因素对坦桑尼亚的稳定有着重大的贡献。坦桑尼亚的和平与稳定则有助于东非地区的稳定。

二　坦桑尼亚对东非地区的贡献与影响

尼雷尔的领导能力并不仅限于坦桑尼亚国内。如果不谈尼雷尔在国际关系中的贡献，则对其领导能力的研究就不完整。他坚定致力于泛非主义和非洲统一，以及整个非洲尤其是南部非洲的解放斗争事业。值得一提的是他影响了一系列政策与行动。易卜拉欣·穆萨巴哈指出了尼雷尔支持非洲大陆解放斗争的原因。

尼雷尔认为，"非洲的解放斗争必不可少，因为殖民主义与种族主义不仅是对人类尊严、平等、民族自决等最基本原则的挑战，同时也对坦桑尼亚构成了严重而直接的军事威胁"。③ 尼雷尔出于对非洲解放本质的

---

① Mmari Geoffrey, "The Legacy of Nyerere", in Colin Legum, and Mmari Geoffrey, *The Influence of Nyerere*, Trenton: Britain – Tanzania Society, Africa World Press, 1995, p. 27.

② Smith William Edgett, *Nyerere of Tanzania*, Harare: Zimbabwe Publishing House, 1973, p. 54.

③ Ibrahim Msabaha, "Contribution to International Relations", in Colin Legum and Geoffrey Mmari. ed., *Mwalimu: The Influence of Nyerere*, Trenton, NJ: Africa World Press, 1995, p. 164.

认识，将坦桑尼亚打造成一个避难港，并为南非非洲人国民大会（ANC）、南非泛非主义者大会（PAC）、莫桑比克解放阵线（FRELIMO）、安哥拉人民解放运动（MPLA）、津巴布韦非洲民族联盟（ZANU）、津巴布韦非洲人民联盟（ZAPU）、纳米比亚西南非洲人民组织（SWAPO）等民族解放力量提供基地。肯尼亚、赞比亚、马拉维、塞舌尔及科摩罗的独立也得到了坦桑尼亚的支持。[1]

坦桑尼亚除对本地区多国做出上述诸多贡献外，在政治与安全领域也仍旧施加相当的影响。尽管各国的经济模式不尽相同，但本文认为，鉴于历史上的联系，其他国家可以接受坦桑尼亚的政局稳定模式。

三 坦桑尼亚的战略性地理位置及与中国长期的牢固联系

坦桑尼亚地处印度洋沿岸，战略位置显要。这使得坦桑尼亚位于"海上丝绸之路"的重要节点，达累斯萨拉姆港在"一带一路"倡议中可以发挥重要作用。

此外，坦桑尼亚与中国拥有长期牢固的关系。两国的历史纽带可以追溯到20世纪70年代中国建设坦赞铁路之时。由于实施相似的社会主义政策，两国保持了密切的友好关系。这表明，坦桑尼亚除以国家安宁、政治稳定著称外，还有很多因素使其可以成为"一带一路"倡议的重要参与者。

四 结语

本文明确指出，坦桑尼亚建立稳定政局的模式可为东非及非洲更多国家带来启示。该模式显示了如何实现政局稳定和安全的投资环境，在"一带一路"倡议背景下，吸引更多投资。

本文证明了该模式以包容或融合战略、明确的承继机制、明确而坚

---

[1] Ibrahim Msabaha, "Contribution to International Relations", in Colin Legum and Geoffrey Mmari. ed., *Mwalimu: The Influence of Nyerere*, Trenton, NJ: Africa World Press, 1995, p. 164.

定地反腐及反新世袭制的立场、强化公共建制,而非依赖人治(避免政权的个人化、自我陶醉及中饱私囊)等重要因素为基础。

这些政策、战略及制度安排不仅需要东非官员的大力提倡,同时也需要中国伙伴的推动,从而保证建立安全而稳定的投资环境。

本文还认为,鉴于坦桑尼亚模式有利于本地区其他国家的建设,加之坦桑尼亚在该地区的政治与安全问题上仍有影响,如果认真推广这种模式,相关国家有望接受。坦桑尼亚的影响在于,政局稳定与安全环境使其成为本地区所有寻求庇护者的避风港。此外,坦桑尼亚曾支持过本地区多个国家的解放组织,因此与这些国家保持了密切而牢固的关系。

本文还强调,坦桑尼亚地处印度洋沿岸的战略位置,与中国有着长期牢固的关系,因而是"一带一路"倡议的重要伙伴。

(李雪冬译,舒展校译;责任编辑:舒展)

非洲研究 2018 年第 1 卷（总第 12 卷）
第 160－177 页
SSAP ©，2018

非洲税收政策现状及投资非洲的税务风险防范[*]

金水英 彭 慧 陈 烨

【内容提要】非洲税法结构具有规范性，但税收法规尚未健全。虽然每个国家的税制不同，但大部分非洲国家实行政府分级税收管理体制。当前，非洲多数国家处于经济改革阶段，各国出台的税收法律往往不成熟，缺乏足够的稳定性。很多在非投资企业常常意外违规，遭遇巨额罚款等税务问题。我国在非投资企业需要及时跟踪了解非洲各国税法动态、通过合理税收筹划降低税务成本，我国政府部门需要加强与非洲国家的税务合作，以为更多在非投资企业提供税收服务。

【关 键 词】税收政策；投资；非洲；风险防范

【作者简介】金水英，管理学博士，工商管理博士后，浙江师范大学经济与管理学院副教授；彭慧，浙江师范大学经济与管理学院研究生；陈烨，浙江师范大学经济与管理学院研究生。

在"一带一路"倡议和中非合作论坛的推动下，近年来，中非产能合作快速增长。至 2015 年底，中国对非洲直接投资存量达到 346.9 亿美元，占中国对外投资存量的 3.2%。有超过 3000 家中国企业在非洲地区的 51 个国家开展了投资，投资覆盖率为 85%。[1]在中非经贸合作过程中，

---

* 本文是浙江省哲学社会科学重点研究基地（浙江师范大学非洲研究中心）课题成果（中非经贸合作背景下中非会计、税收制度比较研究，编号 16JDGH137）。

① 商务部：《中国对外投资合作发展报告 2016》，http://fec.mofcom.gov.cn/article/tzhzcj/tzhz/upload/zgdwtzhzfzbg2016.pdf，访问时间：2017 年 11 月 9 日。

一个比较难以解决的就是税务问题。目前在非洲投资的中国公司的一个普遍现状就是属地化程度不足，由于不了解相关税收法规及其发展动态，中国在非企业频繁遭遇恶意征税、巨额罚款等税收问题，影响企业在非洲的长期发展。本文通过对非洲国家税收及税制改革情况进行分析，为在非洲进行投资贸易活动的中国企业提供一定的借鉴和参考。

一　非洲税收政策现状

（一）非洲国家税法的特征

虽然非洲各国税收的具体立法、政策各有不同，但是也有共性，具体表现在以下几个方面。

1. 税法结构具有规范性

非洲各个国家的税法具体内容虽然千差万别，但各国税法一般都有固定的基本要素，如：税收主体、征税对象、税目、税率等。税收要素的固定性能够从一定程度上保证税收固定性的实现，便于非洲国家税收法律制度的顺利实施。此外，非洲很多国家一般实行"一法一税"，即按单个税种立法，作为征收税费时具体的、具有可操作性的法律依据。

2. 税法规范的技术性

一方面，非洲国家税法力求与司法秩序保持协调，另一方面，又要确保税收征收征管的实效，因此在具体的税收法律制度设计中就表现出税法的技术性。税法的技术性主要表现在两个方面。一是在非洲国家的税收实体法中，在具体税目的选择、税率的确定、特别是优惠税率的确定等方面，都表现了税法规范的技术性。二是在非洲国家的税收程序法中，在税务登记制度、发票制度和管辖制度等方面，都体现了税法规范的技术性。

3. 税法规范的可操作性、预见性不强

目前，非洲很多国家的税收制度、税收法规尚不健全，非洲各国政府时常需要对各类税收政策进行调整，以适应经济快速发展的需要。由于非洲国家的税收调整政策缺乏连贯性和清晰的解释，在执行过程中往往出现脱节现象，从而导致人们对税收法律的权利义务关系难以预见。这种多变的税收政策令众多国内外企业无所适从。

（二）非洲国家税法中的主要税种

目前非洲很多国家的税收主要分为直接税和间接税。例如：肯尼亚税收中直接税包括公司及个人所得税，间接税包括增值税、关税和国内消费税；坦桑尼亚税收中直接税指收入所得税和财产税，间接税指消费税和国际贸易税；佛得角税收中直接税包括职业税、附加税、商业税、房地产税、遗产税、不动产交易税，间接税包括印花税、消费税、旅游税、进口税、石油产品税。非洲国家税法中涉及的税种繁多，普遍征收的税种主要有以下几种。

1. 增值税

增值税是以生产、销售货物或者提供劳务过程中实现的增值额为征税对象的一种间接税，它已经成为非洲国家中央政府财政收入最重要的来源。但是非洲各国由于经济发展水平不同，增值税税率的确定也存在一定的差异性。除摩洛哥实行收入型增值税、塞内加尔实行生产型增值税外，非洲其他国家都实行消费型增值税或正在进行消费型增值税改革。

2. 消费税

消费税是以特定消费品或者消费行为为征税对象，以销售额或销售数量为计税依据征收的一种间接税。出于限制消费、节约资源、增加财政收入等方面的考虑，非洲国家普遍开征消费税，其在各国的财政收入中占有重要地位。

目前，非洲国家主要是采用有限型消费税模式，其消费税征税范围不是很广，税类和税目通常在 20—30 种，主要集中在奢侈品、高能耗消费品、限制消费品、不可再生资源和一些有特定财政意义的普通消费品上。

3. 个人所得税

个人所得税是对个人（自然人）取得的各项应税所得征收的一种税，是非洲国家现行税收体系中的主要税种之一。个人所得税制大体上可以分为三类：即分类所得税制、综合所得税制和分类综合（混合）所得税制。非洲国家大多采用分类所得税制，将个人所得划分为若干类，分别规定不同的费用减除标准、不同的税率和不同的计税方法。非洲国家在税率上主要采用累进税率、比例税率。由于非洲国家经济的发展水平不同，个人所得税的起征点也存在一定的差异性。

4. 企业所得税

企业所得税是国家参与企业利润分配，正确处理国家和企业分配关系的一个重要税种，是非洲国家税收收入的重要组成部分。由于非洲各国经济的发展水平不一，其企业所得税的立法也存在差异，其中在企业所得税率的确定方面表现得尤为明显。

目前，非洲各国企业所得税综合税率表现出明显的下降趋势，结果将会使非洲各国企业所得税税率在一个较低的水平上达到基本趋同。降低税率与拓宽税基往往是同步进行的，非洲国家在吸引外资的过程中也在拓宽税基。同时，为了消除经济发展中的一些不利因素，非洲国家纷纷借鉴国际经验，努力建立科学、公平和富有竞争力的企业所得税制，为各类企业创造公平的市场竞争环境。

5. 关税

关税是指由海关以进出关境或国境的货物或物品的流动额为课税对象征收的一种税。非洲许多国家采取贸易保护政策，也有少数国家采取较为自由的贸易政策。为了维护本国的经济利益，加强经济贸易方面的合作与交流，目前非洲很多国家实行差别税制，其基本原则是基本所需物品低关税，奢侈品高关税；中间产品和资本物品低关税，消费品高关税；本国不能生产的产品低关税，本国能生产的产品高关税。对非洲国家来说，关税不但是各国的经济调节工具，也是国际经济合作与交流的一个重要手段。

（三）非洲国家的税收征管

1. 税收征管机构

加强税收征管可使税收实体法的内容从纸面落实到实际，从而保证税收法律的贯彻。为了防止监控不力，造成税源失控，很多非洲国家把间接税的征管纳入同一个税务管理专业机构。坦桑尼亚、尼日利亚、乌干达、赞比亚、肯尼亚等国家的税务机关都设立了增值税的专门化征收机构。一些国家加强了税收机构的管理和改革，以促进税收征管工作的顺利进行。例如：西部非洲的塞拉利昂主要设立了隶属于财政部的境内财政收入局，负责征收进口关税、消费税和销售税、所得税。东部非洲的赞比亚设立了税务局，负责管理和征收各类税收，税务局的执事机构是董事会，下设所得税委员会、关税和消费税委员会、增值税和直接税委员会。肯尼亚设立了包括所得税部门、增值税部门以及关税和国内消费税部门的税务局，主要负责估税、征收中央税和执行税法。南部非洲的莱索托成立了职能税务署，专门负责莱索托的税收管理与改革等。

2. 税收管理体制

大部分非洲国家实行政府分级税收管理体制。例如，尼日利亚制定了比较完整规范的税法，并且在全国实行比较系统的税收征管体系，为了与其三级政府管理制度相对应，尼日利亚的税收管理部门也是实行联邦政府、州政府和地方政府三级管理。南非实行中央、省和地方三级课税体制，在南非税收立法权和征收权都主要集中在中央，税款也主要由中央征收。肯尼亚也是实行分税制，其中中央政府征收直接税和间接税，肯尼亚地方政府主要征收房地产税、贸易许可费和服务性收费。另外，坦桑尼亚、苏丹、埃塞俄比亚等国家都已经建立了分税制。实行分税制有利于调动非洲国家地方政府开辟税源、增加收入的积极性，也便于中央政府宏观调控政策的贯彻实施。

3. 税率减免和税收竞争

随着经济的全球化，非洲国家之间的税收竞争日益激烈。为发展经济寻求外资，很多非洲国家不惜以牺牲税收收入为代价，大幅度降低税率，推行零关税。这些措施的确使国家经济有了较快发展，但它是一把双刃剑，在取得发展的同时也带来了负面影响。一是使外来资金聚积在高利润行业；二是外国投资者卷走了大部分的利润，损害了国家的税收，使民族产业发展艰难；三是这种国家间的税收竞争愈演愈烈，使得经济规模小的非洲国家明知减税不是最好的选择，仍不得已而为之。

适度的税收竞争有利于国家降低税负，吸引外来的资金、技术，促进国际经济发展及税收中性原则的贯彻。而过度的国际税收竞争是有害的、恶性的。无论是促进和引导良性税收竞争，还是抑制和禁止恶性税收竞争，均需加强国际税收协调能力。为应对激烈的国际竞争，非洲国家开始重新研讨税收优惠政策，纷纷加强区域合作，对税法进行修订和完善，以避免国际税收竞争带来的不利影响。

二　非洲国家税收收入总体状况

2005—2012 年，非洲各国的国内总收入稳步上升，2012 年达到峰值 5615 亿美元。然而，由于大宗商品价格下跌（尤其是油价下跌），2013 年之后，收入的增长速度有所放缓，从 2012 年到 2015 年，非洲各国的国内总收入下降了 22.2%。收入下降主要原因是同期资源收入大幅下滑了

43.7%。而非洲各国的税收收入水平则较平稳，2005—2012 年，税收收入占国内总收入比重基本保持在 50% 左右，2012—2015 年，税收占国内总收入的比重则不断提升，2015 年，达到了 63%。如图 1 所示。

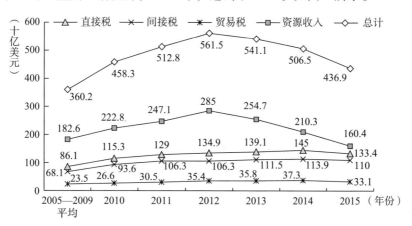

图 1　2005—2015 年非洲各国国内总收入

资料来源：根据《非洲经济展望 2017》（http://www.africaneconomicoutlook.org/）研究整理。

经济合作与发展组织（OECD）以 16 个主要的非洲国家（佛得角、喀麦隆、科特迪瓦、刚果民主共和国、加纳、肯尼亚、毛里求斯、摩洛哥、尼日尔、卢旺达、塞内加尔、南非、斯威士兰、多哥、突尼斯和乌干达）为对象，分析了这些国家的税收收入和非税收入状况。①研究结果表明，2015 年，16 个非洲国家的平均税收占 GDP 的比重达到了 19.1%。税收占 GDP 的比重范围，从刚果民主共和国的 10.8%，到突尼斯的 30.3%。除了摩洛哥、南非和突尼斯外，其余 13 个非洲国家的税收占 GDP 比重均低于拉丁美洲和加勒比地区（the Latin American and the Caribbean，LAC）的平均数 22.8%，该年度 OECD 国家的平均水平为 34.3%，见图 2。

2015 年，尽管全球大宗商品价格大幅下跌，以及由于发达国家从金融危机中复苏缓慢，全球需求疲软，但非洲的 GDP 增长依然强劲。从 2014 年到 2015 年，非洲 16 国的平均税收占 GDP 的比重增加了 0.37 个百分点，低于 LAC 平均水平（0.63 个百分点），高于 OECD 的平均水平（0.09 个百分点）。除了肯尼亚、突尼斯和摩洛哥，其余所有国家在这段

---

①　经济合作与发展组织（OECD）：《非洲收入统计 2017》，http://search.oecd.org/tax/reve-nue-statistics-in-africa-2017 – 9789264280854 – en-fr.htm，访问时间：2017 年 11 月 10 日。

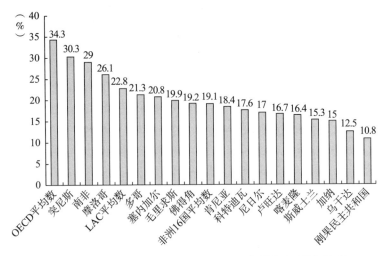

图 2 2015 年非洲 16 国、OECD、LAC 总税收占 GDP 比重

资料来源：根据 OECD 税收统计数据库 （http://dx. doi. org/10. 1787/be755711 – en)研究整理。

时间内的税收占 GDP 之比都有所上升。佛得角在 2014 年至 2015 年间增长最快，增长率为 1.80%，紧接其后的是南非和乌干达，增长率为 1.14% 和 1.09%。佛得角的增长是由税收改革和税收管理现代化推动的。在南非，税收改革之后，个人所得税收入的增加推动了这一增长。在乌干达，这一增长主要来自于主要的税种，见图 3。

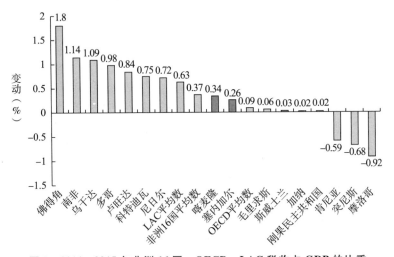

图 3 2014—2015 年非洲 16 国、OECD、LAC 税收占 GDP 的比重

资料来源：根据 OECD 税收统计数据库 （http://dx. doi. org/10. 1787/be755711 – en) 研究整理。

自 2000 年以来，非洲 16 国的平均税收占 GDP 的比重增加了 4. 97 个百分点，接近于 LAC 地区平均水平 4. 88 个百分点。相比之下，OECD 的平均增长速度要慢得多（0. 31 个百分点，见图 4）。2015 年，所有非洲国家的税收占 GDP 的比重都高于 2000 年。税收占 GDP 之比增长的主要驱动力来自于商品和服务的税收收入，特别是增值税占总税收的 31. 5%，所得税占总税收的 32. 4%。然而，社会保障缴纳、财产税和其他消费税的增长则要慢得多。不包括社会保障金的贡献，非洲 16 国的税收结构与 LAC 很相似，但 LAC 社会保障金占 GDP 比重的平均水平是非洲平均水平的两倍多。

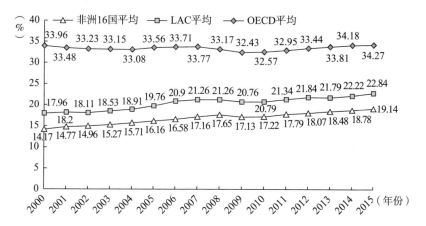

图 4　2000—2015 年非洲 16 国、OECD、LAC 总税收占 GDP 比重

资料来源：根据 OECD 税收统计数据库（http://dx. doi. org/10. 1787/be755711 - en）研究整理。

非洲各国的税收结构各不相同。肯尼亚、南非和斯威士兰从所得税征缴中获得了大约一半的税收收入，而所得税收入在多哥的比例为 18. 6%，卢旺达为 37. 6%。摩洛哥和突尼斯的社会保障金比例最高（分别为 29. 5% 和 17. 0%），而非洲其他国家的社会保障金份额仍然很小，在佛得角、加纳、肯尼亚、南非等国的比例还不到 1. 5%。[①]

---

① 经济合作与发展组织（OECD）：《非洲收入统计 2017》，http://search. oecd. org/tax/revenue-statistics-in-africa - 2017 - 9789264280854 - en-fr. htm，访问时间：2017 年 11 月 10 日。

三　2015—2016 年非洲税制改革动态

在经济全球化的时代背景下，非洲国家为了改善投资环境、吸引外资、融入国际市场，需要不断完善和健全相应的税制。非洲各国税制改革的主要趋势是：简化税制、拓宽税基、加强稽征管理、提高效率。2015－2016 年，非洲各地区主要国家的税制改革动态如下。

（一）东部非洲

1. 肯尼亚

为更有效地驱逐市场上的走私品，肯尼亚自 2015 年 4 月起扩大了消费税征收范围，消费税货物管理系统使用范围也从超市和连锁酒店类的消费者扩大到生产商、进口商、分销商及零售商。

为保证增值税（Value Added Tax，VAT）收取，肯尼亚税务局发表新预扣税指南，业主将收取 6% 预扣税，供货商将主动上交剩余的 10%。然而为了支持发展新能源，肯尼亚对进口太阳能电站设备免征增值税。

为了保护矿产和石油等资源，2015 年 1 月 1 日，肯尼亚开始对矿产和石油业征收资本利得税，外国投资者将被征收处置该行业固定资产所得收益的 37.5%，本国投资者税率为 30%。根据税收指南，该所得收益指交易价格超出经调整后成本的部分。该税率几乎为其他资产（包括土地、建筑等）的资本利得税（5%）的 8 倍。

2015 年 1 月，肯尼亚颁发《旅游税收法令 2015》以取代之前的《餐饮培训及旅游发展税收法令》，规定所有旅游部门统一收取 2% 的税以减轻酒店业投资者负担。9 月，肯尼亚通过经济特区法案（其中蒙巴萨、拉穆和基苏木被作为经济特区试点区域），确定了经济特区内企业享有的优惠政策，包括免除增值税、20 年内减免公司所得税等，并计划在已有出口加工区实施经济特区优惠政策以增强出口加工区活力。

为了防止纳税人逃税漏税，2016 年 2 月，肯尼亚将蒙巴萨港转运货物从此前的货物运抵最终目的地后的收税程序提前至转运前以避免货物运输商的逃税行为。3 月，肯尼亚颁布《税收程序法案 2015》，给予其税务局审查、调查及处罚企业以逃税为目的的特殊权力（对违反者可处以 2 万美元与逃税金额两倍孰高的罚款，或不超过 5 年的监禁，或两项处罚同时实施）以制止偷税逃税。

为了理性利用外商投资，肯尼亚计划对外国公司的减免税收政策进行调整，将终止一部分税收优惠政策。目前，肯尼亚给在本地投资的外国公司提供大量优惠政策，包括10年所得税优惠，10年返还红利、预提税的优惠等。

2. 埃塞俄比亚

为鼓励外国投资，埃塞俄比亚政府推出了一系列优惠措施，主要体现在以下几个方面。（1）降低投资限额，最低投资限额从50万美元降至10万美元，与当地人合资最低投资限额从30万美元降至6万美元，外商从事咨询行业的最低投资限额从10万美元降至2.5万美元。（2）扩大减免税优惠范围。外国投资者用于投资项目的资本货物，如机械设备、建筑材料等，以及相当于资本货物价值15%的零配件可免征进口关税，并可免税转让给同等资格的投资者。（3）为外国投资者提供保护。外国投资者可按当日银行比价将利润和红利，偿付外部贷款的本金与利息，外国投资者将企业出售、清盘或向当地投资者转让股份或所有权所得等可以兑成外汇，并自由、免税汇出境外。

2016年4月，为鼓励本土企业增加出口，埃塞俄比亚出台了新关税政策，规定本土企业在增加咖啡、蜂蜜和油菜籽等产品深加工附加值、并实现出口创汇条件下，可以免关税进口机械产品，而此前该政策仅面向外国投资者。

此外，为了加强税收征管，规制企业逃税漏税，埃塞俄比亚于2016年2月引进先进的电子税务处理系统以提高税收征管效率。

3. 乌干达

2015年9月，乌干达宣布将完善并推出双重征税协定（DTT）以规制企业漏税逃税现象（跨国公司多利用DTT未覆盖国家逃避税收）。

为扭转出口市场恢复和增长缓慢的颓势，乌干达于2015年7月出台新的国家出口发展战略，对出口导向型的企业降低公司税，免收向贸易顺差大国（如印度、南非等）出口企业的公司税，并于2015/2016财年至2019/2020财年实施。

2015年5月，乌干达废除了石油、天然气和采矿业增值税和投资阶段所得税税收。8月，撤销了限制矿产原材料出口的政策。

4. 卢旺达

与东非国家多趋向于减税不同，2015年5月，卢旺达政府出台新的投资法，大幅度削减投资减免税优惠措施，规定投资者不再享有豁免增值税的待遇，也不会因雇用员工数量众多而享有收入税减免，只有国家战略性领域投资和大型投资的免税期和零关税等优惠措施还将保留。

2016 年 1 月起，卢旺达将二手皮革制品（如鞋包和皮带）的进口税从 35% 提高至 70%，而 7 月份后又提高至 100%，以减少皮革产品的进口、促进本地皮革产业的发展。

2016 年 1 月，卢旺达政府表示将降低皮革制品原材料进口税，同时将二手皮革制品的进口税从以往的 35% 提高到 70%，而 7 月份后更是提高到 100%。

5. 其他国家

2015 年 8 月，坦桑尼亚发布了新的营业执照法案，规定任何人或组织申请或更新营业执照都必须提供由其税务部门出具的完税证明。

2015 年 11 月，布隆迪将手工淘金者开采税费由以往的 2 万美元下调到 0.5 万美元（但环保税费不变）。

（二）南部非洲

1. 南非

2015 年以来，南非为海外投资企业总部提供了一些特别的税收优惠政策。2015 年 3 月，南非税务局发布公告，规定企业总部不受南非所得税法中受控外国公司规则的管辖，转让定价规则也相对宽松，并为企业总部提供了特别的税收减免：企业总部取得的外国股息免交企业所得税，同时可以忽略处置外国公司股权的资本损益，外籍人士从企业总部收到的利息或特许权使用费在特定情况下免征预提税。

为了加强税收征管，南非政府在其 2015/2016 财年预算中宣布严格税收合规性审查，并加大力度打击逃税。2015 年 11 月，南非税务局发布了对 2015 年税收征管法修正案的解释性备忘录，要求南非金融机构基于国际税收标准对外国居民纳税人持有或控制的账户进行报告。基于 2017 年实现国际税务信息交换的考虑，南非 2016 年预算案进一步明确，未实行信息自动交换的纳税人自愿披露其海外资产和收入的（自愿信息披露特别计划从 2016 年 10 月 1 日到 2017 年 3 月 31 日）可获得额外的税收减免。

面对国家财政难题，南非宣布加税。南非财政部长在 2015/2016 财年预算案中提出，在南非经济增长缓慢及存在收益差额情境下，增加个人收入税等将是政府进行财政稳固的主要措施。2015年，南非个人所得税最高阶为43%，现已提高至45%。

2015年9月，南非贸工部上调钢铁产品（包括镀锌钢材、镀铝锌钢材，以及彩钢）关税，从免关税上调至10%进口从价税，同时规定了数项苛刻条件（如要求生产商不许提高产品价格、并降低部分产品价格等）。

2. 津巴布韦

由于近年来黄金等大宗商品市场价格下滑，当地金矿企业经营困难，津巴布韦已经表示将考虑小幅下调金矿业税收以刺激黄金产量，提振当地经济，不过考虑到矿产收入是许多矿产国主要的财政收入来源，预计下调幅度不会太大。

为了刺激钻石生产和吸引投资商，津巴布韦政府计划减免钻石商15%的钻石增值税，并取消钻石切割和抛光的税收。

津巴布韦将于2015年1月对进口糖征收10%的进口税，以保护当地食糖行业。

3. 其他国家

在赞比亚，2014年10月出台的矿业税法规定露天采矿矿产税率从6%大幅提高至20%，引发了采矿业市场的焦虑（有大型矿业为此取消了15亿美元的扩建项目），后经多方权衡，2015年6月赞内阁会议批准通过矿业领域数个法案，确定露天采矿矿产税率为9%，地下采矿矿产税率为6%，矿业开采企业公司税率提高至30%，矿业加工企业公司所得税增至35%，同时引入利润税，最高不超过15%的税率。不过，考虑到资源矿产的不可再生性，加之非洲资源保护意识趋于增强，相关税收会趋于上升。

从2015年起，马达加斯加燃油将会采用新价格，海关总署署长宣布从2015年起暂停豁免石油进口关税，关税将接近40%。

（三）西部非洲

1. 尼日利亚

2015年4月，尼日利亚政府把增值税税率从5%上调为10%，并将游艇、香槟、红酒、烈酒等非必需品的进口税调增50%。

2015年以来尼日利亚采取稻米进口配额、高附加税以及禁止进口稻米、官方购汇等一系列政策以支持本地稻谷生产商和加工稻米供应。2015年8月，参议院成立专门委员会重新评估农产品关税政策，认为关税减免措施导致巨额的关税损失，也对国内农产品生产体系冲击巨大，结果要求政府停止发放大米及其他农产品进口免税批文，同时追回此前的进口关税损失。

2015 年尼日利亚对享受税收优惠的油气企业进行审查，出台限制措施并启动补税评估工作，同时寻求大幅提高企业的税务合规率。

提高税基方面，尼日利亚计划在 2016 年大幅提高企业纳税人和个人纳税人数量以提高非石油税收收入，但把相对较高的企业所得税税率从30% 降至 20% 左右以支持中小企业的发展。

2. 加纳

为加大对油气行业等的税收征管力度，2015 年 12 月加纳通过了《2015 能源领域征税法案》，重新调整了石油产品部分税项，对油气类产品征收 17.5% 的特别税。若以每桶油 48 美元计价，新法案将使汽油价格上涨 5.8%，液化气价格上涨 2.9%。

为了促进当地农业发展，2015 年 11 月加纳规定，新成立的加纳全资农产品企业若使用当地农产品作为生产原材料，即可享受五年的免税期，五年免税期过后，企业还可根据所在地区的不同，享受不同的公司税税率优惠等。例如，在阿克拉或特马注册的企业可享受 20% 的优惠，而除北部三个省份外的其他企业则可享受 10% 的优惠。

加纳财政部长表示，烟草的消费税税率预计 2015 年会提高 150% 至175%。相关的烟草消费者不得不因此承受高昂的烟草价格。

此外，从 2015 年 1 月起，加纳取消智能手机的进口关税，对房地产统一征收 5% 的增值税，将代扣所得税税率由 10% 提高至 20%，继续对特定企业征收 5% 的国家财政稳定税，继续征收 1%—2% 的特别进口税。

2016 年 3 月，加纳称将限制水泥进口量，并要求水泥进口商自 3 月31 日起至贸工部进行登记。

3. 其他国家

多哥政府计划对购置机动车辆和转运货物征收新税，以补足资金缺口。不过，尽管非洲国家有意提高税基以增加收入，但鉴于降低贫困水平的政策目标，大幅度提高税基的可能性并不大。

2015 年，毛里塔尼亚提高增值税税率，由原先的 14% 调高至 16%。大众消费品，如小麦、食用油、奶粉、燃气等免征增值税，但是稻米从2015 年起开征增值税，以保护本国稻米的生产销售。此外，烟草税税率也提高 7%，增加的收入用做抗癌基金。

（四）北部非洲

1. 埃及

为了吸引外资，2015 年 5 月 17 日起，埃及停止对外国投资者征收资本收益税。7 月，埃及颁布最新投资法修改方案，通过了一系列简化程序以及吸引外资的措施，其中涉及税收的有：减少机械设备进口税、根据相应法规免除自贸区内各项贸易项目税收。同时，为了弥补这些税收优惠带来的收入减少，埃及计划在 2016/2017 财年全面征收增值税。

为了减轻国民负担，2015 年 8 月，埃及修订个人所得税，将最高边际税率从 25% 降为 22.5%，还取消了税率为 5% 的富人（指年所得 100 万埃及镑以上）税。

2. 其他国家

为了加大税收征管力度，阿尔及利亚 2015 年 4 月成立了应急部际委员会，制定打击非法进口行动计划、加大缉私工作力度。阿尔及利亚政府在 2016/2017 财年大幅上调钢材进口关税以保护国内钢铁工业，来自非欧盟国家的钢材产品进口关税从 15% 提高到 30%。

2015 年 7 月，苏丹财政和经济规划部宣布，对包括种子在内的农业生产资料实施免关税待遇。

（五）中部非洲

1. 喀麦隆

喀麦隆政府根据在"喀麦隆商务论坛"（Cameroon Business Forum）上所做出的承诺，2015 年起减轻企业税负，主要措施包括：将公司税税率由 35% 下调至 30%，最低包干税率由 1% 提高到 2%，取消旅行社国际航班佣金增值税，不再退还现金交易产生的增值税抵扣，由航空公司收取机场印花税。

自 2016 年起，喀麦隆提出了 40 多项税收新政策，实施电子通信税、现金金融交易税和工业用天然气配送税三个新税种。其中对我国企业影响较大的政策包括：对移动电话运营商和网络服务运营商征收 2% 的通信特别税、对所有进口大米征收 5% 的进口税、对进口水泥征收 20% 的进口税等。

2. 刚果（金）

为改善营商环境及投资状况，刚果（金）自 2015 年起将公司税从

40% 降低至 35% 以吸引外资，同时设立了增值税以弥补企业所得税降低带来的收入减少。自 2015 年 4 月 1 日起，刚果（金）首都金沙萨开始对所有国内外货运征收航空货运税，其税率为货运成本的 1%。

3. 其他国家

2015 年 1 月 1 日起，赤道几内亚开始对所有进口货物收取海关进口关税。具体价格因货物品种而定。

安哥拉从 2015 年 1 月 1 日起，在安哥拉经营的公司企业税负降低 5%—30%，以促进安哥拉企业的竞争力。

四　投资非洲的税务风险防范

面对如此多而复杂的非洲税收政策环境，到非洲投资的中国企业应该如何应对呢？当务之急，我国政府和企业需要树立"税收先行"的理念，做好税务风险防范工作。

（一）及时跟踪了解非洲各国税法动态

当前，非洲多数国家处于经济改革阶段，各国出台的税收法律往往不成熟，缺乏足够的稳定性。例如，埃及政府于 2015 年 7 月决定向股市征收 10% 的资本收益税和 10% 的红利税，结果造成股市震荡，只好决定 2 年内暂停征收资本收益税。赞比亚 2014 年 10 月出台了新矿业税法，把露天矿产税率提高到 20%，在引发矿业企业的恐慌和坚决反对后，2015 年 6 月又修改为 9%。在此背景下，中国企业在对非洲国家投资过程中，由于对投资目标国的税制动态及实际监管情况缺乏深入的了解，很多企业常常意外违规，遭遇税务问题，面临"走得出去"却"走不下去"的尴尬局面。

因此，在非投资企业需要对投资目标国进行全面的税务政策调查，从而对目标国当前的主要税种、税务稽查情况、潜在的税务风险等有一个较为清晰的认识，并在日常经营活动中采取适当的措施，以避免企业在非投资经营的税务风险。然而，目前在非投资的中国企业大部分为中小企业，单凭一己之力来研究非洲各国最新税务政策，常常力不从心。建议相关税务部门和研究机构深入推进国别税收信息研究工作，做好非洲税收政策跟踪和更新，配合税务总局陆续发布非洲国别投资税收指南，进一步完善和丰富纳税人可获取的境外税收信息。此外，有条件的地区要加强 12366 国际税收服务专线或"走出去"服务专线建设，丰富网站、微信等税收咨询服务渠道，为在非投资企业提供最新的税务信息和专业咨询服务。

（二）通过合理税收筹划降低税务成本

1. 通过转让定价方式降低税务成本

如果所要投资的非洲目标国税率很高，则企业需要为其经营利润缴纳高昂的所得税款。此时，可以寻找一家低税赋的非洲国家企业作为核心企业，由这家核心企业承担尽可能多的职能和风险，而把目标国企业变成一家单纯的受托生产商，进行转移定价降低税收成本。

在此方式下，低税赋国家的核心企业负责寻找供货商和顾客、研发生产技术、购买机器设备提供给高税赋目标国企业使用，聘用管理和营销人员为目标国企业提供管理和指导，并且由核心企业承担市场价格波动风险和产品质量风险等。而高税赋目标国企业只管雇用工人组织生产，不管市场波动均"旱涝保收"。按照权责对等原则，低税赋国家的核心企业取得大部分利润，高税赋目标国企业取得较低的稳定加工利润。在此安排下，核心企业和目标国企业的整体税赋将大大低于税务筹划前目标国企业税赋，从而降低税务成本。

2. 通过资本弱化的方式降低税收成本

资本弱化（Thin Capitalization），是指企业在融资方式的选择上，降低股本比重、提高负债比重而造成企业负债与所有者权益的比率超过一定限额的现象。根据经济合作组织解释，企业权益资本与债务资本的比例应为 1:1，当权益资本小于债务资本时，即为资本弱化。

如果中国企业想将自有资金注入境外项目公司，有两种选择：一是以注册资本的形式注入，二是以股东贷款的形式注入。非洲各国税法通常规定，境外项目公司的利息支出可以在当地税前扣除，因此通过股东贷款形式注入资金，可以节省税务成本。但投资东道国通常会对公司的股权融资和债权融资比例进行限制，如南非税务机关就规定，股东贷款超过权益性资本的 3 倍，超额部分对应的利息便不允许税前扣除。因此，在非投资企业可在"资本弱化"允许的范围内，尽可能提高股东贷款的比例，以降低税务成本。

（三）加强与非洲国家的税务合作

1. 充分运用税收协定的相互协商机制

税收协定在协调处理跨境税收问题、为企业避免双重征税、保障中国"走出去"企业利益、解决涉税争议等方面，可以发挥积极作用。"一带一路"倡议发起以来，我国税收协定谈签进程"大提速"，协定网络已覆盖全球 106 个国家和地区，并与"一带一路"沿线国家中的 54 个国家签订了税收协定①，其中与南非、埃塞俄比亚、赞比亚、肯尼亚、摩洛哥、埃及、尼日利亚、苏丹等 15 个非洲国家签订了避免双重征税协定。

2017 年 4 月 24 日，国家税务总局印发《关于进一步做好税收服务"一带一路"建设工作的通知》，要求各级税务机关用足用好国际税收协定，跟踪我国对外投资企业经营情况，对于企业在当地遇到的涉税争议问题，积极运用税收协定项下的相互协商机制，与对方税务主管当局进行协商，保障中国"走出去"企业的合法税收权益。例如，广东东莞华坚集团在埃塞俄比亚投资女鞋制造厂，根据中埃税收协定，埃塞俄比亚政府应按 5% 的税率对其征收股息税。但埃塞俄比亚税务部门却拟按 10% 税率对其所得股息征收。东莞市国税局知悉情况后，立即协助华坚集团向埃塞俄比亚财政部门递交申诉信，经多番沟通，最终埃塞俄比亚财政部回函承认中埃协定的有效性，华坚集团减免税款 30 万美元。

后续，我国政府需要进一步推动与我国有产能合作的非洲国家开展税收协定谈签工作。以为更多在非投资企业提供税收服务。

2. 开展非洲国家税务培训帮扶工作

由于非洲国家税收征管能力弱、不规范，间接造成在非投资贸易企业常常遭遇税务问题。为此，我国政府和企业单位可运用国内先进的税收征管技术为非洲国家提供税务培训帮扶，帮助非洲国家加强税收征管能力建设。一方面，在我国"走出去"企业与这些国家税务主管当局之间架起一座沟通的桥梁，另一方面，帮助"走出去"企业防范税务风险，使"走出去"的步伐更加坚实。

为帮助发展中国家和低收入国家提高税收征管能力，税务总局可为更多非洲国家税务官员举办研修班，分享我国税收征管与纳税服务的经

---

① 《106 份双边税收协定助力中企投资"一带一路"沿线》，http://www.xm-l-tax.gov.cn/xmdscms/content/N12246.html，访问时间：2017 年 5 月 9 日。

验与做法。鼓励一些优秀的税收软件和互联网运营商，向非洲国家传授先进的互联网税收征管技术。比如，2016 年，浪潮集团与商务部国际商务官员研修学院合作举办了一期非洲国家税务信息化官员研修班，邀请到了包括埃塞俄比亚海关税务总局副局长在内的 26 位来自非洲 9 个国家的财税高级官员和专家，在浪潮进行了专业的课程及实践培训。浪潮把中国现在的互联网 + 税务模式、电子税务局模式介绍给非洲国家，在一定程度上解决了当地偷税漏税的问题，受到当地政府的热烈欢迎。

（责任编辑：孙志娜）

非洲社会文化与教育

非洲研究　2018 年第 1 卷（总第 12 卷）

第 181 - 193 页

SSAP © , 2018

库切研究综述与展望[*]

库切研究综述与展望[*]

王敬慧

【内容提要】库切作为一位来自南非，游历各国，并定居澳大利亚的具有双重国籍的作家，亦是诺贝尔文学奖与布克奖双料得主，其作品在国内外都受到广泛的研究。本文梳理了其流散经历和相关写作发展历程，并对其作品特别是非小说作品进行分析，旨在论证他不仅是一位值得做文本研究的作家，同时也是一位值得借鉴的后现代文学评论家。本文将对国内外相关库切研究进行分段分析，并进一步介绍库切研究在未来可以继续深入挖掘的四个方面。

【关 键 词】库切；南非；社群研究；世界主义

【作者简介】王敬慧，清华大学人文学院教授，研究方向为比较文学与跨文化研究。

约翰·麦克斯韦尔·库切（John Maxwell Coetzee, 1940 -　）出生于南非，但并不是某些人所猜测的那样，他不是一位黑人作家，他的先祖是 17 世纪从荷兰来到非洲最南端的欧洲白裔。当时，欧洲人为了航海贸易在非洲好望角建立了一个殖民点，导致许多欧洲人漂洋过海来到南非。其中一些人继续进行贸易活动，也有一些欧洲白人深入到南非内陆，开发土地，成为拥有土地的耕作者。库切的先祖就属于后者。关于库切，另一需要厘清的概念是，他不仅仅是一位小说家，他也是著名的文学评论家、翻译家和教育者。他曾在世界多个国家的多所大学任教或讲学，

* 本文为基金项目"后现代社群与库切文本研究"（编号 15BWW009）的阶段性成果。

目前他拥有南非与澳大利亚双重国籍。他两度获得英语文学重要奖项——布克奖，获奖作品分别是《迈克尔·K 的生命与时代》和《耻》。许多文学评论者和文学爱好者希望他能三度获得布克奖。目前，他的作品仍然不断进入布克奖提名的名单之中。库切同时也是 2003 年度诺贝尔文学奖得主。就诺奖而言，在非洲他是第五位获得此奖项者、在南非他是第三位、在澳大利亚他是第二位。

一　流散中的库切

尽管库切经历了漫长无望的美国绿卡申请之后，最终选择移民澳大利亚，但是他曾经的居住地并非仅限于南非、美国和澳大利亚。他在多个国家有过访学经历，包括墨西哥、德国、法国、以色列、吉布提、匈牙利、加拿大等国家。读者因为他曾写过关于西班牙一处住所的短篇小说而猜测他在那里有自己的房产，其实事实并非如此。他在西班牙没有房产，但是他和女儿在法国确实拥有房产。另外，他首次访问澳大利亚的时间远远晚于他首次访问美国的时间。他在 1965 年已经到美国得克萨斯州攻读博士学位，而他首次到达澳大利亚访问的时间则是 1991 年。不过，从心理上，他与澳大利亚的距离感并不大。首先，因为澳大利亚与南非同属南半球，又都曾经是英联邦国家，澳大利亚一直是南非白人的移民目的地国家。另一个重要原因是，他在南非开普敦大学最喜欢的文学老师就是一位来自澳大利亚的教授。作为高校教师、文学研究者与文本创作者，库切的世界各地流散游历由四种类型组成：求学、访学、参加国际会议和因为自己的文学作品获奖而参加的颁奖。

关于自己是流散者，还是流亡者的问题，库切认为前者可以使用，后者绝对不是他所能接受的身份。其实库切的流散经历和习惯从儿时就已经开始。幼儿期的库切与父母，特别是母亲被迫到处搬家，受尽白眼，主要原因是父亲酗酒和不善经营，导致家庭的经济经常陷入困顿。少年库切已经饱受匮乏之苦，这导致年轻时代的库切很在意财务自由。他到了大学时代、能够靠自己的能力谋生的时候，就开始非常努力地打工赚钱，并逐渐做到了完全不用家里的接济。除了少年老成的原因之外，青年库切能获得经济相对自由的主要原因是他天资聪明，能力较强。尽管他喜欢文学，但是他在开普敦大学的主修专业是数学，英语文学只是第二学位。但是不论是理科方向的数学，还是文科方向的文学，他都取得了优秀的成绩。在开普敦大学本科学习期间，他一直靠辅导校外学生数学知识和在大学校园里兼职助学岗位来赚钱养活自己。大学毕业之际，因为优异的成绩，他拿到一笔奖学金，得以到当时作为殖民地的南非的母国——英国求学。在英国他还凭借自己所获得的数学学士学位和善于考试的本领，轻松地在国际商用机器公司找到工作。但是与大多数文艺青年一样，衣食无忧的舒适生活并不能排解他精神上的迷茫与痛苦。对于他，艺术和哲学的吸引力远远高于科学。他在英国工作与学习期间逛遍二手书店，找他喜欢的文学作品，特别是诗歌作品，如饥似渴地阅读。他对文学艺术的痴迷还有一个例证，那就是，他选择从待遇丰厚的国际商用机器公司辞职。这让他的同事和公司领导惊讶万分，他们是无法明白一个文学爱好者的追求的，所以他们当时一直追问他辞职的原因是否与公司的管理有关。他实在想不出理由，就说是因为不善与同事相处。另外，因为这一时意气用事的辞职，他遇到了居留非法的问题。为了能够保持留在英国的身份，他不得不再找一份计算机公司的工作，而这个公司应该逊于之前的国际商用机器公司。库切在英国待到1965年，一直做着IT工作，他不想这样做下去，又不想回到南非。在与一位印度同事交流之后，他受其影响，申请了奖学金到美国得克萨斯大学奥斯丁分校攻读博士学位。对中国研究者而言，库切的一个经历值得我们注意，因为在离开英国去美国之前，他曾经申请来中国从事英语教学，但是最后申请没有成功。[①] 此事件在《J. M. 库切传》和《慢人》中都有提及。

美国的求学生涯给库切的机会，让他能够将妻子带到美国，并在美国生养了两个孩子——尼古拉斯和吉赛拉。但是，同样也是美国这个国家最后拒绝批准他的绿卡申请。令人觉得讽刺的是，库切被美国这个自由国家拒发绿卡的原因实际上与他对自由的追求密切相关。他在美国大学做助教期间，曾和其他教师一起集会支持学生反越战示威，并因此被美国警方关入监狱一天，在警察局留下了所谓的违法记录。当时，其他与他一样被关入监狱一天的教师都没有受到影响，但是库切作为他国公民、学者签证持有者，受到了意想不到的影响。最后因为签证的原因，

①　善良且乐于助人的约翰·库切对中国学生的英语学习仍旧比较关心。2015年，他接受笔者邀请，义务担任由清华大学、北京大学参与组织的全国英语创意写作大赛的名誉顾问，希望此举能鼓励中国学生用英语表达自己的情感。

尽管博士毕业后，他已经在美国的大学找到教职，并开始了教学工作，但是他还是没有拿到绿卡。与当时离开英国前的情况相似，他仍然不希望回到南非，所以他又向多所加拿大的大学和香港的大学投递简历，探询获得教职的可能。在这些信件中，他都提到自己在美国的居留签证将在 1969 年到期，但是本人不希望回到南非。尽管他得到了加拿大和香港多所学校的教职机会，但是因为申请美国签证似乎有了可能，他拒绝了美国以外高校的工作机会。到最后，因为美国签证申请未果，其他高校又不能马上再一次给他提供职位，1971 年，他不得不回到南非。应该说，库切与美国移民部门的关系一直不和谐。甚至到了 2009 年，库切已经获得诺贝尔奖，成为世界知名作家之后，他在通过美国海关时，曾经被带到海关的小黑屋——移民部门的办公室，被迫在那里等待近一个小时之后才被放行。①

尽管库切在南非的大学中担任教职长达 30 年之久，但是这期间，他仍然找各种机会离开南非，去其他国家游历或访学。如果将库切在南非的 30 年分段，可以分为两个阶段，第一个阶段是 1972 年到 1984 年这 12 年。在此期间，他全职在南非开普敦大学任教，教学的同时，写文学评论文章，并辛勤地进行文学创作。库切的创作节奏一般是三年写出一本小说，这一节奏至今仍是如此。他在此期间完成了四本小说，它们分别是：《幽暗之地》《内陆深处》《等待野蛮人》《福》。库切在南非的第二个阶段是从 1984 年到 2001 年这 17 年。在此阶段，尽管库切仍然在开普敦大学担任教职，但是，随着《等待野蛮人》的出版给他带来的巨大文学声望，以及在大学里资历的提高，他已经不用再继续全职授课，开始接受国外多家高校的邀请，有的学期就在国外讲学。

关于库切与南非的关系，这是一个很值得探讨的主题。他对自己的祖国南非有着一种矛盾的心理。一方面，他希望自己摆脱南非的出身，所以他想尽办法或者离开南非，或者申请其他国家的公民身份；而另一方面，他深知自己是无法摆脱南非这个国家的，所以他也希望更多地了解自己的祖国，以及来到这里谋生的先祖。这正是他《内陆深处》的创作灵感。他的很大一部分作品都是以南非为背景来创作的，包括那两部让他获得布克奖的《迈尔克·K 的生活与年代》以及《耻》。但是《耻》

---

① Paul Auster, and J. M. Coetzee, *Here and Now*, Letters 2008 – 2011, New York：Viking Penguin, 2013, p. 74.

在 1999 年获奖之后，南非出现的评价是矛盾的。有学者高度赞赏并认为这是库切写出的最佳小说，但也有评论者对其进行过度的政治化解读，认为库切只是靠揭露南非的丑陋来获得世界的关注。其心理与某些人在莫言获得诺贝尔奖之后做出的评论如出一辙。

2001 年，库切出席澳大利亚悉尼作家周。2002 年，他成功申请到澳大利亚的永久居留权，选择到阿德莱德定居。2006 年 3 月，库切宣誓成为澳大利亚公民。他的入籍宣誓演讲表达了他清晰的公民意识："要成为一名公民，就需要承担一定的义务和责任。这些义务和责任中，有一点是无形的，无论一个人出生或背景是什么，都要把这个新国家的历史当作自己的过去。"同时，因为澳大利亚和南非都承认双重国籍，他也保留了自己的南非国籍，并再次表达了自己对南非的深厚情感，"南非是我存有深厚情感的国家，我并不是离开南非来到澳大利亚。我来到澳大利亚，是因为从 1991 年第一次访问时起，我就被这里人们自由和宽厚的精神所吸引，被土地本身的美丽所吸引。当我第一次看到阿德莱德，我就被这个城市的优雅所吸引，现在我很荣幸地将这个城市称为我的家"。[1] 实际上，库切与南非的联系是必须保持的，因为在他移民澳大利亚之后，他的女儿吉赛拉仍然生活在南非，而且健康状况欠佳，一直受癫痫病的困扰。

二 库切作品分类

流散对于库切而言是一种不知不觉的习惯性选择。作家的创作与其生活经历必然有着密切的联系，不无例外地，库切在欧美长期的流散生活也对其思想和创作产生巨大影响。首先在思想方面，在世界各国的游历，对其他国度人民生活的了解与比较，让他更为清醒地认识并痛恨南非的种族隔离政策。其次，在写作技巧上，他的文学课程教学经历与文学研究也影响着他的文学创作。在教学中，他讲授欧美经典文学作品及其风格，同时他本人也深受欧美 20 世纪 60 年代后现代写作风格的影响。这样的经历也导致库切的文学创作与其他南非本土作家有明显的差异。

---

[1]　http://www.theage.com.au/articles/2004/03/02/1078191320576.html? from = storyrhs，最后点击查阅时间：2006 年 1 月 15 日。

综观库切的文字创作，基本可以分为三类：小说、论文与散文。其中小说类包括小说化自传（Fictionalized Memoirs）和小说化演讲集（Fictionalized Lectures）。因为库切的小说都已经在国内翻译出版，所以对于他的作家身份，大众比较了解和接受。但是他的另一个身份——文学评论家，还不为人所注意。其实，作为在大学工作的教师，几十年中，他写了数百篇文学评论文章。这些文章最初发表在南非的学术期刊上，然后逐渐扩展到世界范围。他在《纽约时报书评》（New York Times Book Review）以及《纽约书评》（New York Review of Books）中发表的书评展现了他的文本细读能力和对研究作家与作品的综合观照，这一直是他所有评论文章的特点。这些评论文章主要集结在他的 5 本论文集中。它们是：《白人写作：论南非的符号文化》（White Writing：On the Culture of Letters in South Africa）、《双重视角：散文和访谈集》（Doubling the Point：Essays and Interviews）、《冒犯：论文审查制度》（Giving Offense ：Essays on Censorship）、《陌生的海岸：1986—1999 文选》（Strange Shores：Literary Essays，1986 – 1999 ）和《内心活动：2000—2005 文选》（Inner Workings：Literary Essays，2000 – 2005 ）。这些文字中，有他对经典作家的关注，但更多的是一些并不为大众所知的边缘性作家，也包括一些当代年轻作家，比如澳大利亚希腊裔作家马尔库斯·齐奥斯卡等。

在近些年，库切更喜欢以对话体的形式与其他作家学者交流，其中比较典型的作品有：他与美国作家保罗·奥斯特（Paul Auster）一起出版了两人在 2008—2011 年的书信集《此时此地》（Here and Now）（2013）；与英国心理学家阿拉贝拉·科茨（Arabella Kurtz）一起出版了他们的交流记录《好故事》（The Good Story：Exchanges on Truth，Fiction and Psychotherapy）（2015）。这两本书以对话的形式展现了他的思想和兴趣点。它们也可以被看做另一种形式的传记，文本中包括有关各种生活琐事、社会现象、文化人物、与其他作家等直言不讳的观点交流，其中充满着对话所碰撞出的智慧的火花。

三　库切研究的国内外研究状况

与国外的库切研究态势比，国内的库切研究相对起步较晚，主要研究开始于 2003 年。此前，国内对他的评价并不多，如果有，也只是零星地出现在非洲文学类的介绍中。专门介绍他作品的学术论文只有为数很少的几篇。但是在库切获得诺贝尔文学奖之后，国内学界对他的介绍与研究迅猛发展。目前，几乎所有库切的小说和文论集都已经在中国出版或即将出版，目前的主要出版社是浙江文艺出版社。截至 2017 年底，国内各类期刊上发表的有关库切研究的学术文章已有 500 余篇，其中《当代外国文学》《外国文学研究》《外国文学》《名作欣赏》《外国文学评论》等核心期刊上刊发了 200 多篇评论性文章。研究库切作品的硕士学位论文有 100 多篇，博士学位论文近 30 篇，另外有 5 部专著。王敬慧的《永远的流散者：库切评传》，从流散的角度对库切的作品（包括文论）进行了全面的梳理和论述。高文惠的《后殖民文化语境中的库切》，将库切的创作放入后殖民文化语境中，从四个方面展开论述。段枫的《历史话语的挑战者——库切四部开放性和对话性的小说研究》，结合叙事理论和巴赫金的对话理论，从叙述时态、叙述人称、叙述视角、整体修辞结构等形式结构的层面对库切的四部小说展开分析。蔡圣勤的《孤岛意识：帝国流散群知识分子的书写状况：库切的创作与批评思想研究》，认为库切是帝国流散群知识分子的代表。石云龙的《库切小说"他者"多维度研究》，选取了库切的四部小说，研究库切作品中多维度下的"他者"形象。另外还有一部库切研究专著是钟再强的《关爱生命，悲天悯人——从后殖民生态批评视阈解读库切的生态观》。该书重点解读库切以"关爱生命，悲天悯人"为核心的后殖民生态伦理观。2010 年，武汉召开了国内第一个关于库切研究的大型国际研讨会，会后出版论文集《库切研究与后殖民文学》。2013 年，库切本人来到中国，参加由中国作协与澳方合作举办的诺奖得主对话，在中国掀起一阵库切研究热潮，但是因为他本人的内敛与文本的深邃，库切文本还待中国学界去更深入地挖掘与发现。

总体而言，西方学界对库切作品的研究主要可以分为三个阶段。第一阶段始于 20 世纪 80 年代。实际上，库切从 20 世纪 70 年代就已经开始发表文学作品，但是因为他最初主要是在南非发表自己的作品，后来才逐渐被南非以外的出版界所认识，所以对他作品的大规模研究滞后了十年左右。他在文学创作领域的声名鹊起主要归功于《等待野蛮人》（1980）的出版。在该小说中，库切完全摆脱了传统历史的束缚，将小说放在一个没有具体时间和地点，或者说没有历史背景的场景之中，主人公也是始终无姓名的，表述是寓言化的。在该书发表之后的 20 世纪八九十年代，主要有 6 部库切研究的重要专著：特里萨·杜威（Teresa Dovey）

的《库切小说研究》（*Novels of J. M. Coetzee*）（1988），迪克·潘纳（Dick Penner）的《思想的国度——库切小说》（*Countries of the Mind：The Fiction of J. M. Coetzee*）（1989），苏珊·戈拉尔（Susan V. Gallaher）的《南非的故事——语境中的库切小说》（*A Story of South Africa：J. M. Coetzee's Fiction in Context*）（1991），大卫·阿特维尔（David Attwell）的《库切——南非与写作策略》（*J. M. Coetzee：South Africa and the Politics of Writing*）（1993），苏·克修（Sue Kossew）的《库切评论集》（*Critical Essays on J. M. Coetzee*）（1998）以及多米尼克·海德（Dominic Head）的《库切》（*J. M. Coetzee*）（1998）。

第二阶段开始于 2003 年库切获得诺贝尔文学奖之后。随着他在世界文学界的知名度提升，又有多部关于其作品的论著出现。其中较重要的有：德里克·阿特里奇（Derek Attridge）的《库切及阅读伦理》（*J. M. Coetzee and the Ethics of Reading*）（2005），简·博伊纳（Jane Poyner）的《库切与公共知识分子理念》（*J. M. Coetzee and the Idea of the Public Intellectual*）（2006），劳拉·怀特（Laura Wright）的《一切营外的写作》（*Writing Out of All the Camps：J. M. Coetzee's Narratives of Displacement*）（2006），斯蒂芬·穆豪尔（Stephen Mulhall）的《受伤害的动物》（*The Wounded Animal：J. M. Coetzee and the Difficulty of Reality in Literature and Philosophy*）（2008），埃莉诺·达尔拜（Ellinor Bent Dalbye）的《受难者的沉默》（*The Silence of the Suffering Body：J. M. Coetzee and Pain as Counter-discourse*）（2008），比尔·麦克唐纳德（Bill McDonald）的《遭遇〈耻〉》（*Encountering Disgrace：Reading and Teaching Coetzee's Novel*）（2009）和多米尼克·海德（Dominic Head）的《剑桥版库切介绍》（*The Cambridge Introduction to J. M. Coetzee*）（2012）。这些专著从不同方面与角度更加深入地研究了库切作品，与库切研究的第一阶段相比较，在此期间的库切作品研究的深度与广度都有很大的提高。

第三阶段起始于 2011 年。随着库切研究的深入，越来越多的评论者开始注意到库切文本中的世界主义视角。罗伯特·斯宾塞（Robert Spencer）在《世界主义批评与后殖民文学》（*Cosmopolitan Criticism and Postcolonial Literature*）（2011）中，将库切作品与拉什迪等其他作家的作品放在一起，运用世界主义批评视角对库切的《等待野蛮人》进行了进一步阐释，认为该作品对正义主题的关注远远超越了老行政长官的殖民视角，取而代之的是一种良性的价值观念。它展现了个体在各种不可抗拒力量的影响之下，所能找到的可能的解决方案是通过文学素养的培养、通过切身经历他者的角度并想象他者感受痛苦的能力。凯瑟琳·海里米尔（Katherine Hallemeier）的《库切以及世界主义的局限性》（*J. M. Coetzee and the Limits of Cosmopolitanism*）（2013）以情感为切入点，分析了库切八部小说中的世界主义问题。她将"同情"与"耻辱感"这两大主题贯穿于库切八个文本分析之中。她认为库切的作品吸引读者在阅读之中进行"世界主义的再想象"①。无独有偶，在中国，也有学者注意到库切作品中的世界主义视角，比如《文学理论前沿》中《作为文学批评家的世界主义者库切》一文，有创见地提出库切的自传体小说三部曲"从标题到内容合力展现的一个来自外省的男孩如何成为一个世界主义者"的过程②。由此可以看出，中外学者在库切文本研究方面开始逐渐走向对话。目前，中国的库切研究已经逐渐与世界水准对接。仅 2017 年，中国出版了两本库切传记的汉译本：《J. M. 库切传》（*J. M. Coetzee*）（2012）和《用人生写作的 J. M. 库切：与时间面对面》（*J. M. Coetzee and the Life of Writing: Face to Face with Time*）（2015），加之 2010 年的《库切评传》，国内读者有了 3 本关于库切的传记可读。这三本传记为库切研究者提供了翔实的资料和丰富的内容，让我国的库切研究者重新辨清库切作品中许多扑朔迷离的事件，加深对库切和南非的理解，也标志着我国的库切研究已经登上了新的台阶。

四　库切研究重点方向展望

库切是一位享有世界声誉的小说家，同时，他也是一位值得研究的文学批评家。因此，未来的库切研究应该是将库切的文学创作与文本批评相结合的比较研究。库切的文学作品耐人寻味之处在于其中所蕴含的思想与哲学高度。关于他的文学思想与研究重点可以从下面四个方面进一步扩展。

1. 对语言的精通与反思

因为殖民地的成长环境，他从小就生活在双语的夹缝中。在接受学

---

①　Katherine Hallemeier, *J. M. Coetzee and the Limits of Cosmopolitanism*, Palgrave: Macmillan, 2013, p. 3.

②　王宁主编《文学理论前沿》，清华大学出版社，2014，第 176 页。

校教育过程中，他又有机会学习拉丁语、西班牙语、法语、俄语、德语以及古英语与中古英语。他的语言天赋很强，能够很快地掌握一门语言的关键，同时也能敏锐地感觉到语言的排他性与殖民性。他从自身经历出发，感慨："作为一个学习英语这门世界上最广泛语言的学生，……我发现自己甚至开始怀疑语言究竟能否让人充分表达。"① 在库切看来，音乐是抵抗语言殖民性的重要武器。他本身也学习过钢琴演奏，同时是古典音乐的发烧友。在《多重视角》中，库切严肃地提出了一个问题，为什么没有诺贝尔音乐奖，因为"音乐是更具有普适性，而文学要局限于某一种特定的语言"。②

库切不仅是一个语言专家，也是一位严谨的译者。他翻译过多部作品，涉及不同语种的转换，比如荷兰语到英语：马塞卢斯·易曼特（Marcellus Emants）的小说《死后的忏悔》（*A Posthumous Confession*）和荷兰诗选《划船人的风景》（*Landscape with Rowers：Poetry from the Netherlands*）；南非荷兰语到英语：维尔玛·斯托肯斯托姆（Wilma Stockenstrom）的《猴面包树之旅》（*The Expedition to the Baobab Tree*）。库切本人谦逊地认为翻译这些著作是为了提高他的外语语言能力，但这些著作类型与内容的选择也与库切的文学爱好和生活经历密切相关。比如《死后的忏悔》中，主人公的窘境与年轻时代库切的经历有许多相似之处——家庭婚姻的压力，作为作者不被出版商和读者所接受的孤独与茫然。

2. 对经典的反拨与重写

库切的文论展现了他对经典文学的思考，而库切的文学作品中很多是与世界经典文学作品的互文，比如《等待野蛮人》《福》《彼得堡的大师》。1991 年，库切在奥地利格拉茨做的关于"什么是经典"的演讲具有超越时代的意义。在该讲座中，他用批评的态度分析了 T. S. 艾略特关于"何为经典"的问题，并以巴赫音乐成为经典的过程为例，质疑经典不可动摇的地位。该演讲标志着库切后殖民主义思想的成熟。库切认为经典的雅与当世的俗之间并非一成不变的敌对关系，它们可以是相辅相成的。他认为对经典的质疑不仅不可回避，而且还应该被欢迎。"因为，

① J. M. Coetzee, *Doubling the Point：Essays and Interviews*, ed. by David Attwell, Cambridge：Harvard UP, 1992, p. 53.

② http：//www. dn. se/DNet/jsp/polopoly. jsp? d = 1058&a = 212382.

只要经典在遭受到攻击时还需要人们为之辩护，那它就不会停止证明自己是否真的是经典的努力。人们甚至可以大胆地说，批评的功能是由批评经典来界定的：批评必须担当起考量、质疑经典的责任。"① 就库切而言，除了文论创作以外，他也通过翻译和创作来进行着对经典的反思与重写。

3. 对强权的质疑与批判

库切质疑强权的思想在他的首部小说《幽暗之地》中就已经显露。尽管现在这部小说被奉为经典进行研究，但是在当时，库切将这本书的手稿发给美国、英国和南非等多家出版社的编辑时，曾多次被拒。当时大多数人并没有看到这部小说中古代与当代两个不同背景的故事所包含的共性的视角——人们眼中的他者在不同的时代却有着类似的逻辑：处于强势者总是将自己的价值观念强加于所谓的低等人身上，认为自我总是文明的，他者总是野蛮落后的。

库切深知政府的强势地位与无所不能的手段，但是他对政府的存在持怀疑态度。他在《凶年纪事》中曾这样说："倘若非要给我的政治思想插上标签，我想称之为悲观的无政府主义的遁世主义，或是无政府主义的遁世的悲观主义，或是悲观的遁世的无政府主义。"② 库切深知人性的弱点导致自身永远无法摆脱国家的统治，但是他仍在不遗余力地批判国家整体可能的弊端。比如《等待野蛮人》就描绘了国家制度助纣为虐的问题。来自第三帝国的上校就是一个制度作恶的代表。老行政长官因为质疑帝国法律的正确性，结果被划入帝国的敌人一方，然后受到非人的折磨。这个故事寓意着公民被迫将自己放入体制之内，不能有丝毫的质疑和脱离。库切关注国家强权的虚伪和暴力本质，关于这一点，他在《凶年纪事》中有详细阐述。其中关于统治者的选择，他的表述非常犀利："我们不会通过投硬币的方式来选出我们的统治者——投硬币让人联想到老百姓的赌博活动——可是，谁又敢说如果统治者从最初就是以投硬币的方式选出来的话，我们的世界会变得更坏呢?"③

---

① J. M. Coetzee, *Strange Shores Essays, 1986 - 1999*, London: Vintage, 2002, p. 10.

② J. M. Coetzee, *Diary of A Bad Year*, Melbourne, Australia: The Text Publishing Company, 2007, p. 6.

③ J. M. Coetzee, *Diary of A Bad Year*, Melbourne, Australia: The Text Publishing Company, 2007, p. 14.

4. 对差异的包容

库切，一个流散者，注定是一个无家可归者。正如《慢人》主人公对自己的定义："天生就是异乡人，一辈子都在做异乡客。"[①]他的创作体现了世界主义公民的视角，关注所有被缘化的弱者，比如旧时殖民地的居住者、当代的移民、监狱中的犯人，处于弱势的老人、妇女和儿童，甚至也包括动物。正是通过这样异乡客的视角，库切用他的作品告诉我们，人类进步的障碍是差异。库切作品中的大多数人物都处于精神困境中，他们陷入困境的根源就是国家、种族、文化背景和意识形态的差异。差异是必然存在的，而库切给出的"医治人类疾病"的药方，首先是坦然地面对差异，承认并尊重差异性，这是合作的前提。在接受差异性之后，人类才能够有能力运用共情的手段，形成爱的社群。关于这一点，《等待野蛮人》的情节发展清晰地展现了其发展路径。库切在他的文学作品中，是以老行政长官那样的"同理心"态度来创作的。这种"同理心"是一种能力——能够理解他人感情的行为或能力。正是带着这样的能力，库切能够先见地呼吁人类对自然界与动物多一些尊重。库切的后殖民主义思想中有明显的生态主义批评的倾向。在他看来，善待动物与自然不仅仅是利他的，更是利人类自己的。因为只有通过善待动物，理解与接受差异，人类才可能学会善待人类，才有可能消除任何其他形式的、与平等相对立的霸权、暴力和战争。

总结库切从南非走出，游走于世界各地的过程，在其文本展现的后现代、后殖民主义思想中，审视他如何带着他者的宿命感和疏离的审视，深入研究与解构欧美文学经典，我们看到了世界主义者库切如何建构自己的思想体系。如果我们将库切思想发展的脉络分三段来看，在南非与英国期间是库切后殖民主义理论形成的前传：他已经朦胧地意识到自己应该走出历史与国体的羁绊。到美国之后，库切开始了他后现代思想理论的系统建构。第三阶段是库切移民澳大利亚的这十几年，这一阶段是他后现代世界公民理论思想体系的完善期：他的后殖民主义思想体系也更加多元化。他更自如地怀疑既定的标准和所谓的真理，思考人类的进步与教育的真谛，比如，通过 2013 年和 2016 年出版的《耶稣的儿童时代》与《耶稣的小学时代》，他超越了先前自传体小说《少年》《青春》

---

① J. M. Coetzee, *Diary of A Bad Year*, Melbourne, Australia: The Text Publishing Company, 2007, p. 231.

《夏日时光》中那种对自我的关注与反思，更多地从哲学的层面思考人类世界，重新探寻全球化时代——怎样才是更合理、更人道的世界化的人类生存状态。库切的创作与思想发展过程，表面上是对自我的否定、质疑与颠覆，实质是为了更高范畴上人类生存问题的理性建构。总之，他用文学作品与文艺批评文章提供了一个充满生机的后现代、后殖民主义研究方向，终极目标是构建一种人类爱的共同体——一个更加多元、更加自由的新型后现代社群。

（责任编辑：杨　惠）

非洲研究　2018 年第 1 卷（总第 12 卷）
第 194－203 页
SSAP ©，2018

文化人类学视野下的非洲民居探析[*]

孟志广

【内容提要】 传统民居是地域文化的物质载体，受到其所处场地、文化和生活习俗的文脉的影响。研究民居不能局限于传统建筑学的理论与方法，而且应当运用文化人类学的视角与方法，结合亲身的环境体验和田野调查，将民居放在地域文化中进行考察，与生活方式、社会结构、传统习俗、宗教仪式、文化象征等进行相互联系，在相关性中探究其民居形式背后互动关联的社会文化。文化人类学对民居的解读提供了一种新的途径，也为重新审视非洲民居开辟了一个全新的视野。本文对文化人类学理论进行了简要介绍，试图从中梳理出能够应用于民居研究的文化方法。通过对传统习俗、宗教神话、装饰图腾、仪式象征等文化因素与民居的相互影响和作用的分析，探讨了研究非洲民居的新视角和切入点。

【关 键 词】 非洲地区；文化人类学；文化空间；民居

【作者简介】 孟志广，浙江师范大学地理与环境科学学院城乡规划系讲师，研究方向为居住建筑设计及住区规划。

一　文化人类学与非洲研究

"文化人类学的含义就是对与人类有关的所有活动进行研究，然后寻

---

* 本文系浙江师范大学 2014 年度校级科研项目非洲研究专项青年项目（编号：14FZZX08QN）的研究成果。

找出各种文化内部存在的显著或隐性的差异，牵扯范围较广，而且难以将其与人类学、文化学和社会学等人文学科区分开来。"① 所以文化人类学是一门从文化角度来研究人类社会一定地域的人的行为的学科，研究的目的在于理解文化的变迁过程、地域文化差异的来龙去脉以及探寻其演化规律。

文化人类学最主要的研究方法是田野工作法，即在一个具体环境中进行持续的直接观察与体验，强调研究者的主动性与参与性，通过直接而深入的调查来取得第一手资料，这也是文化人类学最基本的研究方法。

西方对非洲的人类学研究早期基本被英法人类学家主导，相关研究活动始于大约 20 世纪 30 年代的英法两国对非洲殖民统治的需要，主要为通过田野调查对非洲当地人的行为与文化的描述。非洲独立后，非洲本土的人类学者开始重新发现和定义自身，强调人类学更加注重解决实际问题的实践作用，以应对和解决现代化带来的新问题。

由于受到中国发展阶段的客观条件制约，中国对非洲的研究起步较晚。而且中国对于非洲的研究并不全面，这一方面是因为在各个方面的研究资源分布不够均衡，导致在很多情况下不能得出相对权威的结论；另一方面则是由于我国与非洲距离较远，在进行研究时不易进行实地考察，在搜集研究资料时又一般以较为权威的欧美文献为主，从而难免受到发达国家对于非洲存在偏见的影响。就目前的情况来看，我国对于非洲人类学的研究几乎处于空白状态。但随着中非之间的文化交流日益增多，这种空白会被逐渐填补，会有越来越多的学者展开对非洲人类学的研究。目前国内一些高校和研究机构已经开始重视和加强这方面的投入与建设②。

二　文化人类学与民居研究

民居研究自 19 世纪起在西方建筑界一直都是非主流，直至 20 世纪

---

① 刘宝俊：《民族语言学论纲》，《中南民族学院学报（哲社版）》1994 年第 5 期，第 109 - 114 页。

② 比如浙江师范大学的非洲研究已经成为浙江省的特色学科，并且国内首个非洲人类学研究中心于 2017 年 10 月 21 日在浙江师范大学成立，该中心的成立必将对进一步整合国内非洲人类学研究的学术力量，推动对非洲文化人类学的研究发展产生积极的作用。

80 年代西方和日本的学者才开始对民居进行研究。国内和国外的民居研究具有明显的区别：国内相关领域学者大多为建筑师，研究角度多为建筑的造型和功能等物质空间方面。国外学者大多为地理学家和人类学家，研究角度也多聚焦民居建造的人文社会背景和使用者。

人类学与建筑学之间的差别显而易见，一个是研究人本身与人的活动的学科，而另一个则是研究人类居住地选址、建造材料、功能布局和外观造型的学科。①

建筑学通常用空间来组织和解释建筑，而人类学则把建筑空间作为不同社会制度的形态，受到习俗的影响。建筑学把建筑作为建成环境，而人类学则把建筑作为场景，包含场所的精神层面。建筑学通常用视觉来感知建筑，而人类学则通过触觉等亲身参与体验来感知建筑。运用文化人类学理论与方法对人类社会性活动以及习俗等文化方面进行讨论，可以更深入挖掘民居建筑形式形成与变化机制的原因，以及建筑与环境的文化意义，并且可以对仅从传统建筑学视角对民居文化解读不足进行有效补充。近年来很多人对于该观点有了新的认识，随之而来的就是越来越多的学者在研究建筑学时开始运用人类学的相关知识，结果大大推动了建筑学的研究。

通过对文化人类学与建筑学的对比研究，我们可以得出以下结论：不同地区民居形式各具特色的深层原因是文化差异的存在。文化自身的形成与演化受到各种因素的影响，如自然环境、历史环境、生活习俗、社会结构、民族信仰等，② 并由此衍生出多样的民居文化。近年来，国内外学术界在研究民居时努力把建筑学与文化人类学综合起来，以更深入地探寻民居形式背后的深层文化影响因素。

民居文化研究学者在研究民居文化的过程中不仅要做好实地考察工作，还要对民居的总体发展特征进行研究，这样才能够使他们在探索民居的过程中以更加精准的视角面对社会文化的改变，而且能够更容易地理解不同文化背景下衍生出形态迥异的建筑的原因，从而以更加敬畏的心情开展各个地区建筑民居考察工作，取得更大的成就。③

---

① 瓦茨拉夫·胡宾格尔：《人类学与现代性》，北京大学出版社，1996，第 136 页。

② 怀特（Leslie A. White）：《文化的科学——人类和文明的研究》，山东人民出版社，1988，第 87 页。

③ 王健、徐怡芳：《文化人类学视野中的粤中民居研究》，《华南理工大学学报》（社会科学版）2001 年第 3 卷第 2 期，第 75 页。

三　文化人类学与非洲民居研究

一方水土养一方人，一方文化塑一方建筑。美国的"人类学之父"泰勒（1832—1917）在其著作中提出"文化是一个复杂程度极高的总体，其中包括知识、行为方式、道德、法律、风俗和人类经过一段时间的文化积累后形成的文化情感和习惯"。它包括物质文化、制度文化、精神文化三个子系统。作为与文化母体同构对应的建筑文化，也是由以上三个层面构成的。而建筑文化之深层的精神文化，是建筑之魂。① 换言之，精神文化对建筑特征的形成产生重要影响。假设在同样的制度文化背景下，则不同人群应具有不同的精神文化内涵，其精神文化之生活方式、价值观念、思维方式和心理状态都将以不同的物质文化特征表现出来。因此，要研究非洲传统民居建筑特征，我们首先要弄清楚是什么样的人，在怎样的历史背景下，在一个怎样的地理环境，营造出怎样的人文环境，进而造就出什么特征的建筑空间。否则，我们就不可能完整地认识非洲传统民居真正的内涵和整体特征。

非洲是世界传统民居保留最为集中、最为完整的地区之一，因其独特的社会条件和自然环境，造就了一个独立的、特征明显的建筑文化圈，它在世界传统建筑文化的宝库中占据着独特的地位，闪耀着灿烂的光芒。但是由于非洲民居一直在西方建筑学界被视为非主流，而且非洲本土的文化人类学研究起步较晚，所以目前对非洲民居的研究成果主要是对民居形式的展示与物质空间的阐述，从文化人类学角度对非洲民居进行解读的研究基本还是空白。本文不对建筑形式及材料本身进行描述或分类，而运用文化人类学原理和方法，通过对"传统习俗""宗教神话""装饰图腾""仪式象征"等因素进行解读，解释更多的建筑内涵和精神意义。

（一）传统习俗与民居

非洲是世界上面积第二大和人口第二大的洲，地域辽阔，种族复杂，民居类型也较为多样，但均就地取材，民居形式与当地传统习俗密切

---

① 吴庆洲：《建筑哲理、意匠与文化》，中国建筑工业出版社，2005，第108页。

相关。

在非洲，人们认为拥有财富的数量是通过牛羊的多少而非住宅的精美来展现，所以常见的圆形茅草棚屋成为典型的传统民居形式。

在民居形状方面，古埃及人传统习俗中的概念为方形，所以埃及人不论采用任何材料建造民居均一直采用方形的民居形式。尽管埃及人很早就掌握了穹顶的建筑方法，以及圆形屋顶比方形屋顶建造起来更容易，但埃及人极少采用穹顶作为民居屋顶，即使在必须采用的时候也尽量在外观上隐藏起来。

在民居内部空间方面，由于传统非洲社会是一夫多妻的家庭生活模式，男性在各妻妾房间轮宿。这种生活模式直接影响了民居的空间形式。比如喀麦隆地区，民居为四周妻妾房间围绕围场中央的环形空间布局（图 1）。而同是一夫多妻家庭结构的芒丹人（Moundang）和马萨伊人（Masai），则由于传统习俗中对谷仓和牲畜的重视程度不同，形成民居空间中央分别为谷仓和畜栏的不同空间布局（图 2、图 3）。家庭结构是一夫一妻还是一夫多妻决定了民居空间内部形式的不同，而内部空间布局则与家庭和社会的组织方式密切相关（图 4）。除去一夫多妻的家庭模式外的其他民居空间，同样受到传统生活习俗的影响。比如埃及人由于遵循男女分处的习俗，反映在民居空间中则是男女空间的分割非常明显，一般男女分别拥有单独的房间，即使条件不允许的贫困家庭，也会采用同一房间内部进行男女空间划分的做法。民居空间形式与空间布局生动地反映了不同的生活模式。

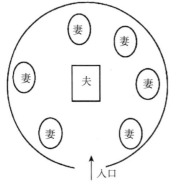

图 1　喀麦隆一夫多妻模式民居*

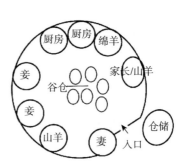

图 2　喀麦隆芒丹民居

---

* 　文中图均为作者自绘——编者注。

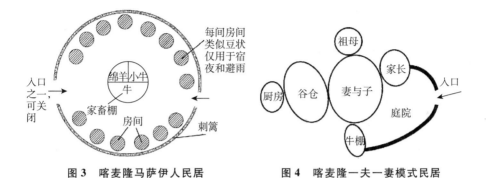

图 3 喀麦隆马萨伊人民居　　　　图 4 喀麦隆一夫一妻模式民居

在民居的外部空间方面，同样受到传统生活习俗的影响。非洲人传统里注重户外活动空间，喜欢把工作、劳动、社交与文化都在封闭的空间之外举行。比如，卡比利亚人（Kabylia）仅把住宅作为保护免受有害天气和自然暴力威胁的临时的避难所。民居只是私密空间的一个局部，公共活动的庭院广场以及举行仪式的房间远比民居本身更重要。例如，在西非的约鲁巴（Yoryba），民居组合群的布局形式为按照血缘关系居住的四间以上民居环簇中央庭院，形成作为公共活动空间的方形围场，仅留一个出入口来满足领域划分和防御功能（图 5）。

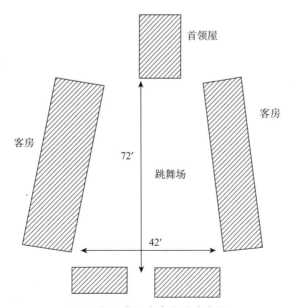

图 5 新几内亚人户外活动广场

在交往空间方面，中国人喜欢在街道攀谈，意大利人喜欢在广场交往，而北非的传统则是男人在咖啡馆，女人在井边。在北非曾经发生过这样的事情，法国人为当地村庄铺设水管引进水源，但是遭到了当地居民尤其是妇女的极力反对。而调查的结果是由于当地的伊斯兰社会不允许妇女抛头露面，出门打水是她们唯一的外出机会。

（二）宗教神话与民居

在非洲，民居不仅是用来居住，更主要的意义是精神上的，民居是与神灵联系的媒介。在民居中有许多空间是划分给神灵居住的，这点与中国民居中有专门供奉祖先灵位空间的情况很相似。比如非洲游牧民族的帐篷象征着神的居所，在帐篷周围划有神圣与俗世的界限与范围。非洲的多贡人（Dogon）会把过世亲人的灵位供奉在民居屋顶，只有在必要的时候才会动用面具来劝服亡灵暂时回避。所以在这里民居不仅是生活的住宅，同时也是神圣的空间。

对于非洲人而言，圆形和方形的住宅的分布位置会受到宗教的影响。这点类似中国由风水师来决定民居位置的情况。比如马达加斯加岛的特拉诺人（Trano）由于恪守宗教规则，民居的位置严格按照星象学原则确定。

在非洲霍屯督人（Hottentot）的宗教文化里，圆是最完美和神圣的形式，所以他们居住的地方都是圆形的，并且呈环绕中央圆形的牛棚排布，酋长屋通常精准地坐落于建造那天太阳升起的地方，借此可以推断出该聚点在一年中的构筑时节。其他人的住房则依照等级秩序顺着一天中太阳运行的轨迹排布。[①]

由于神话与宗教融入了非洲人的生活之中，所以生活中的建筑与事件都受到神话与宗教的直接影响，社会秩序、思想观念均与宇宙的秩序息息相关。

神话传说也直接影响了非洲传统民居的形式。在非洲大部分地区，茅草棚屋被认为是民居的典型形式，如果有人建造其他形状的住宅则会被认为将受到诅咒，类似的神话扼杀了民居形式的创新，但同时也使得传统的民居形式具有了延续的活力。

---

① 阿莫斯·拉普卜：《宅形与文化》，常青等译，中国建筑工业出版社，2007，第 48 - 49 页。

（三）装饰图腾与民居

图腾与信仰挂钩，表示一个氏族或部落整体民众的信念所在。图腾的历史非常久远，可以追溯到各个大洲和国家地区内部数千年的历史演变，在此不再赘述。在非洲，由于传统的宗教观念深入人心，所以对图腾的崇拜比较盛行。图腾的出现和盛行有其特殊的原因和必然性，大多数氏族通过对图腾的崇敬维持族人之间的亲密关系，当然也可以通过这种图腾的方式对其他氏族的人起到威慑作用。图腾禁忌也约束着人们的行为，起到强化人们对图腾崇敬的作用。

图腾崇拜和神话是非洲人生活方式、思维惯性、宗教信仰的折射。一些如蜘蛛、豹、贝壳、大象、蛇、鳄鱼等动物形象被非洲人作为传统的图腾崇拜对象并沿用至今。这些图腾图案一般是将动物的形象进行艺术加工，转化为符合非洲人审美观念的艺术形象后加以利用。图腾崇拜对非洲传统民居艺术，尤其是民居建筑装饰有着重大的影响。在非洲地区，一些庄园主均拥有数量众多的仆从、妻妾和牛羊，常常以图腾柱的精美来显示其财富和地位。比如，在非洲的贝乌尔（Peul）部落里，尽管民居较为朴素，仅用比较厚实的茅草捆扎做屋顶，但是财富和权势通过图腾柱的精美装饰来象征和展示。

在非洲民居的雕塑和壁画中，图腾是主要的创作内容。这些雕像的整体风格与欧洲大相径庭，不仅不关注人类体态的描写，对于主要人物的主要特征也不关心。当我们观察非洲雕塑时，往往会被他们那种漠然而伟大的生命观所震撼。他们认为生气乃人生常态，所以不必因此有什么内心波动；一个人生命的结束并不是他精神的终结，他们相信有神灵的存在，而神灵便会为他们处理好一切事务，所以作为世间的人只需要做好顺应自然的工作，而雕刻就是表现他们对神灵理解和崇拜的一种形式。他们将雕塑视为承载死后之人灵魂的物件，因此雕塑在他们眼中是一种非常具有灵力的艺术品，在雕塑过程中也不需要将雕塑与人像看齐，因为无论雕塑的外表如何，其内在的功能总会得到发挥。他们相信，所有的灵魂总会得到神灵的眷顾，只要人们对于神灵存在崇敬之心就可以解决所有的生前身后之事。①

---

① 牟晓燕、李进学：《黑非洲的木雕艺术》，2013 年 7 月 13 日，http://finance.sina.com.cn/j/20070630/18063741917.shtml，访问时间：2016 年 6 月 23 日。

非洲传统民居雕刻有着浓郁的地域艺术风格，不追求形象的逼真，而是追求整体的写意，以简洁的线条、夸张的几何形体造型、古朴自然的表现形式展示出神秘奇异的艺术风格，对以现代绘画巨匠毕加索开创的"立体主义"为代表的世界现代艺术产生过深刻的影响。

（四）仪式象征与民居

传统非洲人与古代东方人的思维方式较为相似，均侧重于象征而非推理，在哲学、艺术、文化上具有类似的风格，原始性、天真、自然、率性而又有象征的神秘感。因此，要更深入地理解非洲社会，就必须从仪式和象征入手。

传统非洲的多贡人（Dogon）和班巴拉人（Bambara），日常生活中的事件与实物均充满了象征意义。象征性成为社会生活中的主要环节。比如装饰面具象征着驱逐亡灵鬼魂。其中非洲的多贡人以及新几内亚的科纳祖人（Kena Zu）虽然生活中物质匮乏，但却保持着精神上的富足，拥有多达几千种的象征元素，并且有着高度复杂的仪式生活。在他们的生活中，天与地、螺旋形的田埂象征宇宙起源，村落的空间布局象征着人体结构的和谐关系。非洲多贡人的酋长屋，则象征着一个较小尺度上的宇宙模型。酋长民居不仅仅是酋长的居所，更象征着最高宗教和政治领袖的无限力量。这点与古印度的情况极为相似。

民居作为人类日常居住生活的场所，经常象征着男性或女性的身体或某种动作的姿态。比如多根（Dogen）、坦伯马（Tambura）、卡塞那（Kasai Na）和南卡尼（Nankani）民居，通常用来象征男人、女人或男女的结合。民居的构成部件也与人体一一对应，泥土象征肉体，水象征血液，石头象征骨骼，墙面象征肌肤。民居的空间命名则更直观地反映着其空间的基本使用功能，但却很少使用抽象的专业建筑术语。名称均与人体有关。比如"嘴"象征前门，"唇"象征门槛，"胃"象征粮仓，"头"象征厨房。同时民居的位置和朝向等均被赋予了相应的象征意义，墙壁装饰的花纹则象征了宇宙和神的形象等。色彩也象征着不同的意义。例如，白色象征着已经去世亲人的灵魂和另一个世界；而黑色则代表审判和可怕的世界，是人世的象征；红色则理所应当地表示血液，表示危机将至。

四　结语

本文突破单一建筑学学科的研究局限，基于文化人类学的理论与方法，对非洲民居进行文化解读，不难发现人类的社会文化和民居建筑之间有着不可分割的关系，民居形式受到社会文化的深层影响，同时反映着独特的文化意义。民居形式既是物质性空间表达，也是社会文化制度的形态，在物质表象背后，蕴含着丰富的社会关系。本文提出在进行民居研究之前需要对目标地区的文化人类学相关信息进行大致了解，从而为探究建筑与社会、文化之间的内在相互关系奠定基础，挖掘物质表象背后的精神文化。通过对民居文化的探析，探寻传统民居所代表的价值观，从而有助于地域文化的传承与发展，有助于在非洲地区民居设计中倡导与地域环境融合的设计思想。

（责任编辑：杨惠）

非洲研究　2018 年第 1 卷（总第 12 卷）
第 204－213 页
SSAP ©，2018

《索苏的呼唤》中伦理思想的表达策略

赖丽华

【内容提要】文学具有伦理教诲功能，任何文学作品都蕴含着伦理思想。为避免说教口吻，作家的伦理表达往往隐含在作品中。笔者以文学伦理学批评视角分析发现，在《索苏的呼唤》中作者运用了以下三个伦理表达策略：采用细节刻画、人物话语和拟人化描写表达道德立场；运用正反人物的言行对比传达伦理观念；借用社会与个人之间的冲突互动进行社会批评。

【关　键　词】文学伦理学批评；《索苏的呼唤》；伦理思想；表达策略

【作者简介】赖丽华，浙江师范大学外国语学院讲师。

一　文学伦理学批评

2004 年，聂珍钊明确提出把中国的文学伦理学批评应用于文学研究的理论，即"从伦理道德的角度研究文学作品以及文学与作家、文学与读者、文学与社会关系等诸多方面的问题"。① 聂珍钊认为，"文学伦理学批评的任务就是去挖掘文学的伦理价值，并通过解读和阐释文学作品以

---

① 聂珍钊：《文学伦理学批评：文学批评方法新探索》，《外国文学研究》2004 年第 5 期，第 19 页。

帮助人们做出正确的伦理选择"。① 他提出应该从起源上把文学看成道德的产物，并认为文学是特定历史阶段伦理观念和道德生活的独特表达形式，文学在本质上是伦理的艺术。② 中国的文学伦理学批评理论为诠释文学作品提供了具有中国特色的新视角，助力中国学者在国际学界发出自己的声音。

经过十多年的发展，中国的文学伦理学批评已成为当下文学研究的一个热点问题。近年来，广大学者适用文学伦理学批评理论开展了一系列文学研究及跨学科研究，成果层出不穷，多项与此相关的课题获得国家立项。目前已出版的相关学术专著有《索尔·贝娄作品的伦理道德世界》（车凤成，2010）、《文学伦理学批评视野中的理查生小说》（朱卫红，2011）与《文学伦理学批评导论》（聂珍钊，2014）等。一系列文学伦理学批评论文也相继发表，例如《塞内加的生态文学伦理思想研究》（江山、胡爱国，2013）、《文学伦理学批评与当代文学的道德批判》（杨和平、熊元义，2015）、《〈为奴十二载〉的伦理表达与生活书写》（刘茂生、刘甜，2016）、《从文学伦理学批评的视角解析莫言小说〈丰乳肥臀〉》（魏红霞，2017）和《迷惘与失落：〈人的污点〉的伦理学阐释》（张龙海、赵洁，2017）等。另外，在硕士、博士学位论文中也有从文学伦理学批评视角分析具体文学作品的，如《英国维多利亚时期女性小说文学伦理学批评——以三位代表作家为例》（夏文静，2013）、《诺贝尔文学奖美国获奖作家作品之环境伦理思想研究》（陈学谦，2014）、《〈华伦夫人的职业〉的文学伦理学批评解读》（杨佳宁，2016）、《文学伦理学批评视角下的〈拱桥与蝶楼〉》（唐垚，2017）和《文学伦理学批评视角下〈艾玛〉中伦理倾向的研究》（刘淳，2017）等。一批与文学伦理学相关的课题还获得了国家社科基金的资助，如，2013 年聂珍钊教授的"文学伦理学批评：理论建构与批评实践研究"获批国家社科基金重大项目；2017 年张生珍教授的"英国儿童文学中的国族意识与伦理教诲研究"获批国家社科基金年度重点项目。而从文学伦理学批评视角研究的文学作品，涵盖了古今中外的文学经典；运用文学伦理学批评方法开展的课题不仅研究文学作品和理论，而且还涉及其他学科。中国的文学伦理学

---

① 查尔斯·罗斯：《文学伦理学批评的理论建构：聂珍钊访谈录》，杨革新译，《外语与外语教学》2015 年第 4 期，第 75 页。
② 聂珍钊：《文学伦理学批评：基本理论与术语》，《外国文学研究》2010 年第 1 期，第 14 页。

批评研究散发出蓬勃生机。

聂珍钊认为文学的审美只有和文学的教诲功能结合在一起才有价值。① 芮渝萍、范谊认为伦理教化功能是文学作品的基本功能之一。② 任何文学作品中都蕴含价值观念和伦理道德。而儿童文学作品的读者对象是广大青少年，其具备伦理道德的关怀属性和教化功能更是不言而喻。然而，国内学者对儿童文学的研究多围绕作品选编、翻译、审美、创新、叙事、生态美学、文本分析、语言特色、人物形象、创作潮流以及时代语境等主题展开，对作品的文学伦理学批评研究则较少。近年来，一批学者开始探讨儿童文学作品中的伦理思想，比如，贾珊分析并解读了美国儿童文学的三部经典著作《鹿苑长春》《老人与海》《哈克贝里·费恩历险记》中所蕴含的生态伦理思想；③柏灵主要运用文学伦理学批评方法，通过文本分析阐释了安徒生童话中有关儿童成长的伦理思想；④杜传坤以"彩虹鱼"故事为例，阐释了童话中的道德隐喻和儿童道德教育；⑤张雅雯以《格林童话》中文译本为研究文本，分析了格林童话知识和伦理的结构与逻辑⑥；等等。综观既有研究，以文学伦理学批评为视角对中国及非洲儿童文学作品的研究尚有欠缺，有待加强。

目前国内学界对非洲儿童文学作品的译介和研究较少，以中国的文学伦理学批评视角对其开展的研究则更少。《索苏的呼唤》是一部反映非洲少年儿童精神品质的优秀绘本，展现了非洲儿童生活的真实画面，反映了非洲社会的伦理道德观念。目前，国内尚无正式发表的文章对这部儿童绘本加以解读评析。本文拟从文学伦理学批评视角解析这部作品，主要研究作者如何通过优美的语言和生动的情节，感染和影响读者，激发他们的道德情感共鸣，从而发挥儿童绘本的伦理教育和感化功能。笔

---

① 聂珍钊：《文学伦理学批评：基本理论与术语》，《外国文学研究》2010 年第 1 期，第 16 页。

② 芮渝萍、范谊：《成长的风景——当代美国成长小说研究》，商务印书馆，2012，第 137 页。

③ 参见贾珊《美国儿童文学的生态伦理观》，硕士学位论文，山东师范大学，2010。

④ 参见柏灵《儿童成长与伦理选择——安徒生童话研究》，博士学位论文，华中师范大学文学院，2013。

⑤ 杜传坤：《童话中的道德隐喻和儿童道德教育——以"彩虹鱼"故事为例》，《陕西师范大学学报》2015 年第 1 期，第 168－174 页。

⑥ 参见张雅雯《格林童话中文译本的知识伦理研究》，硕士学位论文，陕西师范大学，2016。

者将从道德立场、伦理观念和社会批评三个方面对《索苏的呼唤》的伦理思想和道德倾向进行分析，解读和阐释其伦理表达策略。

二 《索苏的呼唤》作品简介

《索苏的呼唤》（*Sosu's Call*）是加纳著名儿童文学作家米沙克·阿萨尔（Meshack Asare）的一部重要作品。米沙克·阿萨尔长期倾心于以非洲为背景的儿童文学创作，不但著作颇丰，而且获得诸多殊荣。其作品曾先后荣获非洲出版诺玛奖、"年度非洲最佳出版图书奖""非洲最佳绘本奖"、奥地利"国家图书奖"、布拉迪斯国际插画双年展"金徽奖"和丰田"儿童文学绘本故事书最佳插画家奖"等重要国际奖项。①

1997 年，《索苏的呼唤》由非洲南撒哈拉出版社出版，并于 1999 年、2000 年、2007 年多次重印，赢得了世界各国读者的关注和喜爱。1999年，该书获得联合国教科文组织"促进青少年相互融合文学奖"头奖；后又获得国际儿童读物联盟颁发的"残疾青年杰出读物奖"；还被评选为"非洲百部佳作"，位列第 12。

《索苏的呼唤》是一部赞颂英勇和决心的儿童绘本，语言简洁流畅，插画富有非洲风情。作品讲述的是非洲小渔村一个残疾男孩索苏（Sosu）的故事。由于双腿不能站立，他没法去上学，也参加不了小朋友的游戏。有一天突然狂风大作，骤雨突袭了索苏所在的小渔村，惊涛骇浪瞬间涌进村子，房屋倒塌，留在村里的老弱病残得不到及时转移，整个村子危在旦夕。在这千钧一发的时刻，索苏挺身而出，拖着残疾的双腿克服重重困难，敲响鼓声发出求救信号，外出的人们才得以及时赶回，挽救了村庄。他的英勇事迹受到嘉奖，并获得了珍贵的上学机会。这是一部关于非洲社会如何看待、接纳"差异"以及阐述什么才是"真正的健全"的作品，反映了非洲人民淳朴善良的品质和少年儿童积极健康的心态。②

---

① 赖丽华：《米沙克·阿萨尔：非洲首屈一指的儿童文学作家》，引自鲍秀文、汪琳主编《20 世纪非洲名家名著导论》，浙江人民出版社，2016，第 92 页。

② 赖丽华：《米沙克·阿萨尔：非洲首屈一指的儿童文学作家》，引自鲍秀文、汪琳主编《20 世纪非洲名家名著导论》，浙江人民出版社，2016，第 96 页。

三　《索苏的呼唤》中伦理思想的表达策略

芮渝萍、范谊通过对当代美国成长小说的研究发现，"作者的伦理思想和道德立场可以通过对人物的偏爱、事件的选择、情感倾向、词语的褒贬隐喻、修辞策略和叙事语气等多种途径表达"①。《索苏的呼唤》在讲述索苏的英勇故事时，读者跟随作家的笔触时而紧张、时而惊喜、时而怜悯、时而憎恶，读者的情绪在阅读过程中自然地受到作家的道德立场、伦理观念和社会批评等伦理思想的影响。作者隐含在叙事中的伦理表达，究竟如何通过作品实现对儿童成长的伦理道德关怀？

（一）道德立场的表达策略

一部好的文学作品，作者的道德立场通常不是直白的说教，而是通过人物、话语、修辞等来传达，使读者在阅读时自然而然地领会和接受。《索苏的呼唤》就采用了细节刻画、人物话语和拟人化描写等多种表达途径来有效地传达作者想要表明的道德立场：人人平等，全社会要关爱残疾人，摈弃对他们的歧视和偏见。

首先，作者通过一些细节刻画，表明了自己"人人平等"的道德立场。不能因为一个人身体方面有残疾，就去否定他的人格。聪明乖巧的小狗法沙对小主人的忠诚热爱始终如一，他们平等快乐的相处氛围感染了读者。如当阿花和阿布去上学时，"法沙总喜欢跟在他们屁股后面跑上一阵"②；"闪闪发亮的眼神"③；"他总是把一个玉米棒扔得远远的，这时小法沙就会一个箭步冲过去，在玉米棒落地之前，跳到空中用嘴巴把它接住！"④作者对小狗的偏爱赋予了小法沙活泼乖巧、讨人喜爱的个性，读者很容易自然而然地喜欢上它。一些人想方设法地让索苏待在家中避开公众场合，而法沙却努力地和小主人亲近，逗他开心。作者通过对小法沙的描绘表明了自己的道德立场，动物作为人类的朋友始终对小主人

———————————

①　芮渝萍、范谊：《成长的风景——当代美国成长小说研究》，商务印书馆，2012，第 152 页。

②　Meshack Asare, *Sosu's Call*, ACCRA：Sub-Saharan Publishers, 1997, p. 5.

③　Meshack Asare, *Sosu's Call*, ACCRA：Sub-Saharan Publishers, 1997, p. 5.

④　Meshack Asare, *Sosu's Call*, ACCRA：Sub-Saharan Publishers, 1997, p. 9.

忠诚友爱，而一部分人却出于自私的原因对残疾的索苏有歧视和偏见。从这个层面讲，人类需要对自己的道德立场进行拷问和反思。

其次，故事中人物的话语也表现了作者的爱憎立场。例如，在索苏爸爸带他去礁湖打鱼碰到陌生人的场景中，"两个表情严肃的男人靠近独木舟，对爸爸说：'你还是不要带这孩子来这里为好。村子里有像他这样的孩子已经够不幸的了。我们真担心让他待在这里会惹'礁湖之神'不高兴呢！你应该让他待在你的房子里'"。①读者会对陌生人牵强附会地把残疾孩子看成是村子的不幸，并随意干涉他人的自由产生反感，作者爱护残疾人、憎恶歧视和偏见的立场也通过人物和他们的话语得到了体现。

最后，作者的立场还通过拟人化的描写体现出来，小狗法沙被作者赋予了情感和灵性。比如当索苏伤心时，"连小狗法沙也为小主人难过，它总是努力地逗他开心"。②当小主人陷于困境时，"它安静下来，不再狂吠不停。它看上去放松了一些，眼里流露出理解和鼓励的神色"。③而在最困难的时候，它坚定了小主人坚持的信念，"法沙的眼神告诉索苏，它知道鼓在哪儿，而且它似乎还在说：'索苏，别怕，我们一定会好好的！'"④"小狗小心翼翼地前行，它每向前迈几步，就停下来转过身坚定地看着它的朋友，它总是摇摇尾巴，似乎在说：'加油！跟着我走会安全的！相信我，我们一定会成功！'"⑤最后当小主人获得成功时，它和他一样快乐，"索苏很快被大人们架在了肩膀上，法沙兴奋地不断往上跳，跳得和它的主人那样高！"⑥作者用拟人化的手法细致描写了法沙对主人的鼓励，赞扬了索苏的坚持不懈和无私奉献。作者的立场在此有鲜明的体现：人们应当给予残疾人充分的理解、关爱和鼓励，他们同样具有为社会做出巨大贡献的坚定信念和非凡能力。

（二）伦理观念的表达策略

文学作品中往往有正反人物，正反人物的言行对比是作者宣扬人生

---

① Meshack Asare, *Sosu's Call*, ACCRA: Sub-Saharan Publishers, 1997, p. 5.
② Meshack Asare, *Sosu's Call*, ACCRA: Sub-Saharan Publishers, 1997, p. 8.
③ Meshack Asare, *Sosu's Call*, ACCRA: Sub-Saharan Publishers, 1997, p. 15.
④ Meshack Asare, *Sosu's Call*, ACCRA: Sub-Saharan Publishers, 1997, p. 17.
⑤ Meshack Asare, *Sosu's Call*, ACCRA: Sub-Saharan Publishers, 1997, p. 18.
⑥ Meshack Asare, *Sosu's Call*, ACCRA: Sub-Saharan Publishers, 1997, p. 25.

道理和伦理观念的主要途径。《索苏的呼唤》正是通过家人、陌生人的言行以及村民和社会媒体的反应，向读者传递了非洲社会的一些朴素的伦理观念，比如相互帮助、关爱他人的道德观念，以及公平正义、扬善嫉恶的社会伦理。

首先，作者描述了索苏的家人对他的照顾和关爱。例如，索苏爸爸竭尽所能地让他觉得自己和正常孩子没什么差异。"爸爸教他修补渔网；还带他去礁湖划独木舟、捕鱼。"[1] 索苏小时候很喜欢趴在妈妈的背上，"妈妈背着他四处走动，索苏就可以看到村子的各种变化，听到很多发生在村子里的事情"。[2]索苏的兄妹阿布和阿花在吃饭的时候，总会告诉他在学校学了什么。而到了晚上，"其他人会做好每件事，而索苏呢，只要像个婴儿一样，享受他们的贴心服务就行了！"[3]这个充满爱的家庭宣扬了非洲人民淳朴的道德观念，即人们要相互关爱，爱的家庭教育从正面激励了索苏在生活中去关爱他人、亲近社会，也激发了读者关爱残疾人的美好情感。

其次，故事当中对不友好陌生人的描写片段，从反面映射出非洲社会少数人对残疾人的歧视和偏见。一是两个大人碰到在礁湖打鱼的索苏父子时，向索苏发出"不要惹'礁湖之神'不高兴"[4]"应该待在家里"[5]的警告；二是在一个美好的夜晚，索苏在出去玩的路上碰到一个女孩，她大声尖叫，把他当成了令人毛骨悚然的幽灵！这两件事令索苏伤心，让他感受到自己与别人的差异，陷入自卑的阴影，并对融入大家的生活感到畏惧。读者也会受到索苏的情绪影响，为他难过，对陌生人的不道德言行感到愤怒。

最后，作者通过描述多数村民对索苏的友好态度以及社会媒体的关注，从正面反映非洲国家普遍存在的社会正义和伦理价值。村民们在听到求救的鼓声后奔回村子救出了老人和小孩，同时他们决定找到这位勇敢的敲鼓人。当一位村民发现及时发出危险警报的索苏和小法沙时，他激动地喊道："勇敢的鼓手和他的朋友！做得好！做得好啊！"[6]人们高兴

---

[1]　Meshack Asare, *Sosu's Call*, ACCRA：Sub-Saharan Publishers, 1997, p. 6.

[2]　Meshack Asare, *Sosu's Call*, ACCRA：Sub-Saharan Publishers, 1997, p. 3.

[3]　Meshack Asare, *Sosu's Call*, ACCRA：Sub-Saharan Publishers, 1997, p. 10.

[4]　Meshack Asare, *Sosu's Call*, ACCRA：Sub-Saharan Publishers, 1997, p. 5.

[5]　Meshack Asare, *Sosu's Call*, ACCRA：Sub-Saharan Publishers, 1997, p. 5.

[6]　Meshack Asare, *Sosu's Call*, ACCRA：Sub-Saharan Publishers, 1997, p. 25.

地把索苏架在了肩膀上！报社、广播站以及电视台的记者们纷至沓来，他们采访索苏并宣传他的英勇故事。最后，人们聚集在村子的广场，感谢这位勇敢的小朋友，并奖励他一辆闪闪发亮、全新的轮椅。"现在，他也可以去上学了！村上其他小朋友总是开心地推着他。"[①]作者通过对民众和媒体的描写，反映了非洲社会普遍的道德判断和道德倾向，即公平正义、扬善嫉恶的优良传统和社会伦理。

（三）社会批评的表达策略

芮渝萍、范谊认为，"对社会弊端进行揭露和批评，是文学的文化建构功能"。[②]《索苏的呼唤》中部分民众迷信神灵、歧视残疾人的言行造成了索苏的心理自卑和压抑；同时，书中也特别描写了在困境中坚定友爱的小狗给索苏带来的勇气和担当，以及村民和媒体对索苏的普遍赞誉，令索苏重新获得自尊和自信。索苏的故事表明，当社会环境和个人成长出现矛盾和冲突时，社会上的不良伦理观念和道德风气会对儿童的成长产生消极影响；而当社会环境与个人成长之间形成良性互动时，就会激发少年儿童的良好道德意识和道德成长。作者通过对持偏见的陌生人和友爱的小狗法沙的两种社会环境因素的描写，展示了非洲社会环境与个人之间的冲突融合，揭示了非洲社会环境中依然存在着不利于青少年成长的负面因素，间接批评了非洲国家残存的社会弊端和不良风气。

非洲社会长期存在对巫师、神灵的迷信，要改变一些普通民众对巫蛊术的传统看法非常困难。《索苏的呼唤》中对这种不良社会环境因素也有所描述。即使在这个风景如画、民风淳朴的小渔村，也存在对"礁湖之神"的盲目敬畏以及对残疾人的歧视。时至今日，仍有对非洲"巫童"的报道，当地人认为家中和村子的不幸都是这些儿童造成的。一些羸弱的幼童一旦被贴上"巫童"的标签，就会惨遭家人和村民遗弃，甚至因为"驱魔"遭到摧残。作者并没有对这种社会现象直接进行批评，而是通过对索苏英勇救村和村民及媒体赞誉的描述对这种小范围的不良社会现象进行了间接批评。残疾儿童和发育不良儿童的存在与非洲当地贫困

---

①　Meshack Asare, *Sosu's Call*, ACCRA: Sub-Saharan Publishers, 1997, p. 28.

②　芮渝萍、范谊：《成长的风景——当代美国成长小说研究》，商务印书馆，2012，第170页。

现状密切相关，"巫童"的存在与民众的传统思想紧密相连。要为非洲少年儿童创造健康良好的成长环境，就要发展当地经济，并转变人们的思想观念。

残疾人要面对偏见和歧视，这不是非洲社会独有的现象，世界上其他地区也存在类似情形。残疾孩子相对于普通孩子更渴望得到社会认同，其他社会成员理应给予他们更多关爱和鼓励。在《索苏的呼唤》中，他人对索苏的警告和夸张反应严重影响了他的自信，形成成长的心理和道德障碍。而家人对索苏的关爱、村民对他的普遍接受以及社会媒体对他的赞誉有助于其自我定位和道德成长。而索苏克服重重困难、成功挽救村庄的事迹也反映了他的非凡勇气和坚定信念，很好地阐释了什么才是"真正的健全"。作者通过讲述索苏的故事有力地抨击了歧视残疾人的社会现象，引导青少年儿童要自信自强。同时提倡应该为青少年尤其是残疾儿童营造良好的成长环境和氛围，使个人、家庭、社会形成良好互动，建构人人平等、相互尊重的社会道德环境。

四 结语

美国作家约翰·厄普代克认为，"文学的一个习惯性的目标就是表达伦理，磨砺读者的善恶意识"①。伦理道德更是儿童文学表达的一个重要主题。很多儿童文学作品通过弘扬伦理的叙事表达，传播伦理价值，影响儿童的道德意识和道德成长，发挥其伦理传播和教化的社会功能。

本文通过分析《索苏的呼唤》的伦理思想表达策略，揭示了作品中隐藏的道德立场、伦理观念和社会批评。作品中展现的非洲社会的一些伦理道德如公正、勇敢、奉献、担当等品质，具有跨越时代和地域的永久性和普遍性，对于中国的少年儿童同样具有引导和激励的作用。而作品中呈现的社会批评，也让我们更好地了解了非洲社会中仍然客观存在的某些落后的传统思想观念和依然严峻的社会经济和道德

① 芮渝萍、范谊：《成长的风景——当代美国成长小说研究》，商务印书馆，2012，第142页。

环境现实。通过分析作者如何在作品中反映和探讨伦理问题，可以更好地领会和理解非洲人的道德立场、伦理原则和社会责任，这对于今后我们深入了解非洲社会文化、深化中非交流合作具有积极的意义。

（责任编辑：王严）

非洲研究　2018 年第 1 卷（总第 12 卷）

第 214－224 页

SSAP ©，2018

"非洲学"研究生就业竞争力提升路径探索[*]

王　珩

【内容提要】 就业竞争力是影响大学生就业质量的关键因素。
"非洲学"硕士研究生的就业竞争力具有自己的内涵与构成。通过对
近五年"非洲学"毕业生的调查分析发现，学生就业竞争力总体上
有较大提升空间，优秀毕业生就业经验值得总结。建议从学生、学
校和社会几个层面出发，对"非洲学"学生进行合理引导，树立正
确观念；创新培养模式，提升核心能力与素质；完善制度建设，实
现协同创新，合力培养服务国家战略、适应发展需求的"非洲学"
人才。

【关 键 词】 非洲学；就业竞争力

【作者简介】 王珩，浙江师范大学非洲研究院党总支书记、
教授。

"非洲学"，是一门专门以非洲大陆的人文与自然现象为研究对象、
探究非洲文明历史进程及其当代政治、经济与社会发展问题的综合性交
叉学科。① "非洲学"在西方国家已有百余年传统，依托这一学科培养了
大量高端人才，以满足其对非战略需求。中国建设"非洲学"学科的探
索方兴未艾。当前，随着全球化进程的深入和"一带一路"倡议的进一
步推进，国内外对"非洲学"人才的需求越来越迫切，无论是学术界、

---

* 本文为浙江师范大学第六期研究生教育教学改革实践项目成果。

① 刘鸿武：《国际思想竞争与非洲研究的中国学派》，《国际政治研究》2011 年第 4 期，第
89－97 页。

教育界还是社会大众对非洲知识和"非洲学"高级人才都有较大需求。2018 届全国普通高校毕业生预计 820 万人，就业创业工作面临复杂严峻的形势。[①] 在此背景下，近五年"非洲学"研究生就业状况也不容乐观。如何提升"非洲学"研究生就业竞争力，引导毕业生"走出去"就业创业，助力国家"一带一路"国际合作战略，成为亟待研究和解决的问题。

一　"非洲学"研究生就业竞争力的内涵与构成

就业竞争力是影响"非洲学"研究生就业状况和职业发展的核心因素。调查和分析近五年"非洲学"毕业生就业状况后，我们认为：一方面，近五年初次就业率数据从面上呈现"非洲学"毕业生总体就业竞争力偏弱的现实，而另一方面，一些成功就业的案例从点上展示出一些良好的就业能力和专业水准。为此，应该厘清"非洲学"研究生的就业竞争力内涵和结构，积极总结成功的就业经验，分析就业率低、竞争力不足的内在原因，有针对性地提出提升就业竞争力的路径与对策，以进一步提升学生综合素质与能力，实现"非洲学"毕业生职业生涯的可持续发展，为实现"一带一路"国际合作战略提供强有力的智力资源和人才支撑。

（一）就业竞争力的内涵

国内外学者对就业竞争力的内涵做了相关研究。赵志川等人认为就业竞争力是大学生初次进入人力资源市场以及在以后的职业生涯中能够相对于其他竞争对手更加有效地向市场提供自己的智力和服务，从而保证自身持续生存和发展的综合素质和能力。[②] 楼锡锦等人认为大学生就业竞争力是指毕业生在就业市场上战胜竞争对手、找到适合才能发挥和实现自身价值的适当工作岗位的能力。[③] 刘雪辉在前人研究基础上做了概

[①]　教育部：《2018 年全国 820 万大学生将毕业　就业形势严峻》，《人民日报》2017 年 12 月 7 日，第 3 版。

[②]　赵志川、陈香兰：《论大学生就业竞争力及其提升》，《黑龙江高教研究》2006 年第 4 期，第 60 - 63 页。

[③]　楼锡锦、周树红、吴丽亚：《大学生就业竞争力分析》，《教育发展研究》2005 年第 13 期，第 49 - 52 页。

括，认为就业竞争力是指毕业生能成功进入就业市场，并在竞争中战胜对手，找到适合个人才能发挥的工作岗位，并在工作中实现个人价值的能力。笔者比较认同刘雪辉的分析：就业竞争力的大小或强弱是相对的，只有通过比较或竞争才能体现出来。另外，就业竞争力是发展的，随着时间推移，个体就业竞争力可能由弱逐渐变强。①

（二）就业竞争力的构成

就业竞争力是高等教育人才培养质量的重要表现，是解决大学生职业生涯可持续发展的内核。不同的学者对大学生就业能力结构的划分有所不同。英国学者奈特（Knight）最先提出就业能力的简易模型，他将就业能力视为个人品质、技能、学科理解的有机结合。2004 年奈特将模型进一步扩展修订，构建了大学生就业能力 USEM 模型，包括学科知识的理解力、技能、自我效能和元认知等四个要素。② 我国学者李恩平等人认为构建大学生就业能力的四个维度是基础能力、专业能力、个人特质、社会适应能力。陈勇认为就业能力包含专业知识和技能、通用技能、个人品质、职业规划能力等四个要素。曲绍旭认为大学生就业竞争力培育的核心是提高大学生自身能力，包括事务能力、拓展能力、团队合作能力等。③ 冯惠敏等学者从教育学的角度，厘清知识、能力与素质三者间的关系，认为大学生就业能力是指大学生获得和保持职业机会，并在职业发展中取得提升以及应对职业变化的能力，大学生就业能力包括通识能力、专业能力和就业特殊能力三部分。④

（三）"非洲学"研究生就业竞争力的特殊性

笔者认为，"非洲学"研究生一方面需要具有以上提到的研究生的一般性、普遍性的素质能力。如在科研方面，要求学生对社会经济生活

---

① 刘雪辉、张宏雷：《高校毕业生就业竞争力因素探究》，《人才资源开发》2017 年第 22 期，第 90 – 92 页。

② 史秋衡、文静：《中国大学生的就业能力——基于学情调查的自我评价分析》，《北京大学教育评论》2012 年 10 月第 1 期，第 48 – 60 页。

③ 曲绍旭：《大学生就业竞争力培育模式创新研究》，《创新人才教育》2017 年第 1 期，第 56 – 60 页。

④ 冯惠敏、熊淦、刘彦军：《大学生就业能力提升研究——以 W 大学为例》，《领导科学论坛》2017 年第 19 期，第 55 – 58 页。

中的某些问题持有一种专业敏感，能够对问题的发展、现状、特点和趋势等形成方向性判断；能独立查阅国内外学术文献，能够对相关问题进行文献综述；能够对文献综述过程中产生的问题进行逻辑归纳并有所提炼和升华；能够进行独立的研究和思考，具备基本的调查方法和研究问题的能力，并且能够提出一些相对成熟的看法和观点；在导师指导下参与一定数量的科研活动，包括承担导师或导师组的部分科研任务，在公开刊物上发表至少 1 篇论文；等等。[①] 另一方面，由于"非洲学"这一学科的特殊性，还必须培养学生特殊的专业技能和就业能力。首先要有"非洲情怀"。浙江师范大学非洲研究院建院伊始就确立了"全球视野、非洲情怀、中国特色"的治学理念，即"对非洲大陆怀有赏爱之情并以非洲研究为人生事业；站在中华文化厚重土壤上追求非洲研究的中国特色；以开阔的全球视野来认知把握中非关系与非洲问题"。其次要有高远志向，要求"非洲学"专业师生秉承"志存高远而立根大地"的治学风格，"既有卓然不群的理想追求，又能勤奋严谨地踏实工作"，做到"学术追求与现实应用并重、学科建设与社会需求兼顾"，既考虑研究院自身的学科建设与学术追求，又密切关注国家战略与社会需要，努力实现两方面的动态平衡。[②] 最后要知行合一，将思与行相结合，做到"我行故我在"，鼓励"非洲学"师生深入非洲国家一线开展田野调查，将论文、调查报告书写在中国与非洲的大地上。

二 近五年"非洲学"研究生就业状况调查

"非洲学"是交叉学科，其培养目标主要是面向有关高等院校、科研机构和企事业单位，培养高层次研究人员、教学人员和管理人员。培养方案要求"非洲学"毕业生达到以下要求。一是掌握扎实、精深的非洲学基础知识，包括相关非洲国家、地区和领域的知识；二是掌握非洲学研究的各种技术手段，如相关资料的搜集、辨识、分析等；三是具有系

---

① 浙江师范大学非洲研究院，《"非洲学"研究生培养方案》，2008 年 9 月 1 日，http://ias. zjnu. cn/2017/0302/ c6 194a141301/page. htm，访问时间：2018 年 3 月 10 日。

② 浙江师范大学非洲研究院，《"非洲学"发展规划》，2008 年 9 月 1 日，http://ias. zjnu. cn/xsyj/list. htm，访问时间：2018 年 3 月 10 日。

统、严谨、科学的非洲研究理论与方法；四是了解与非洲学相关学科的前沿成果、理论与方法；五是具备独立的学习、教学和研究能力，形成明确的研究方向和研究特色，并且有一定数量的研究成果公开发表，研究方向主要集中在四个领域：中非关系史、非洲经济史、非洲政治史和非洲文化史。[①]

为了解"非洲学"研究生就业状况，掌握培养目标达成情况，我们选取浙江师范大学非洲研究院做了近五年毕业生就业状况的相关调查。该院率先建立了国内首个"非洲学"交叉学科硕士点、"政治学"（非洲政治与国际关系方向）一级学科硕士点和"非洲教育"与"非洲史"二级学科硕士点，包含非洲政治与国际关系、非洲经济、非洲教育、非洲历史与文化等专业方向。作为教育部的"区域与国别研究基地"，学院人才培养和对外交流的基础扎实，获得浙江省高等教育教学成果一等奖。

（一）"非洲学"研究生初次就业率与全校平均就业率有一定差距

调查显示，近五年该院共培养毕业生 66 名，历年平均初次就业率[②]为 75.79%，近五年初次就业情况详见表 1。

表 1 近五年"非洲学"研究生初次就业率统计

年份	毕业生总人数	就业人数	初次就业率（%）	学校初次就业率（%）
2013	14	11	78.57	94.16
2014	12	10	83.33	92.70
2015	13	7	53.85	95.95
2016	14	11	78.57	95.96
2017	13	11	84.62	96.16
合计	66	50	75.79	94.986

资料来源：由浙江师范大学研究生院提供的 2013—2017 年全校硕士毕业生初次就业率统计数据。

---

① 浙江师范大学非洲研究院，《非洲研究院世界史专业攻读硕士学位研究生培养方案》，2008 年 9 月 1 日，http://ias.zjnu.cn/2017/0302/c6195a141302/page.htm，访问时间：2018 年 3 月 10 日。

② 依据教育部的有关文件，毕业生初次就业率的计算方法是毕业生的总人数减去未就业毕业生人数与毕业生总人数之比。初次就业率计算公式为：（毕业生总人数 - 未就业毕业生人数）÷毕业生总人数×100%，指标统计的截止时间分别为 7 月 1 日和 12 月底两个时间点。本研究初次就业率为截止到当年 7 月 1 日的统计数据。

值得关注的是，"非洲学"五年平均的初次就业率比学校初次就业率总体水平低近 20 个百分点（两者近五年对比情况详见图 1）。尤其是在2015 年，这一差距拉得更大，达到 40 多个百分点。因此，我们可以这样认为，"非洲学"研究生相对较低的就业率从面上说明了毕业生就业竞争力总体上较弱，还有较大的提升空间。

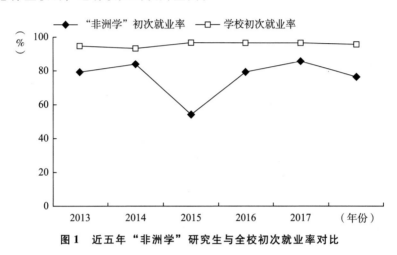

图 1　近五年"非洲学"研究生与全校初次就业率对比

（二）"非洲学"研究生更倾向于到教育部门、企事业单位任职

"非洲学"专业的培养目标是培养中国的"非洲通"和非洲的"中国通"，主要面向有关高等院校、科研机构和企事业单位，培养高层次研究人员、教学人员和管理人员。为了解培养目标的达成情况以及毕业生任职与"非洲学"专业的匹配度，我们对近五年"非洲学"研究生初次就业的去向做了统计，结果见表 2。

表 2　近五年"非洲学"研究生初次就业去向统计

单位：人

年份	就业人数	机关	高等教育单位	中、初等教育单位	其他事业单位	其他企业	升学	出国出境
2013	11	2	2	2	1	2	1	1
2014	10	0	3	1	3	1	1	1
2015	7	0	0	2	0	3	1	1
2016	11	2	2	1	1	4	0	1

续表

年份	就业人数	机关	高等教育单位	中、初等教育单位	其他事业单位	其他企业	升学	出国出境
2017	11	1	2	4	0	1	1	2
合计	50	5	9	10	5	11	4	6

从上表可以看出，学院大部分"非洲学"研究生就业质量较好。其中到教育单位（包括高、中、初等教育单位）就业的人数最多（19人），占到已就业毕业生总数的近四成，其中到高等教育单位和中、初等教育单位的人数基本持平。如果加上考博升学到国内外高校的4人，其比例几乎达到已就业人数的一半。这与"非洲学"所在高校——浙江师范大学（以教师教育为主的多科性省属重点大学）的办学历史、学生较传统的就业观念、基础教育事业的发展以及近年尊师重教的社会大环境等因素有关。到其他事业单位和企业就业的毕业生有16人，其中国企私企的10人，事业单位的5人，创业的1人。在6位出国出境就业毕业生中，除极少数到非洲中资企业就业外，其余均为赴非洲孔子学院汉语志愿者。令人欣慰的是，在专业匹配度方面，毕业生从事与非洲相关工作的有21人（占已就业人数的42%，占毕业生总数的近1/3）。近年，这一比例在逐步上升。图2更直观地展示了毕业生的就业去向。

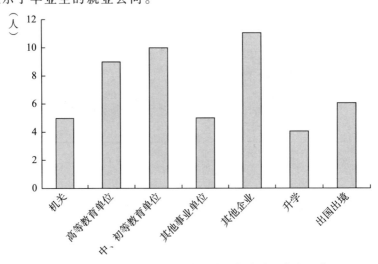

图2 近五年"非洲学"硕士研究生初次就业去向一览

（三）少部分"非洲学"研究生就业困难，引导毕业生"走出去"空间巨大

一份中国大学生就业状况调查报告显示，未就业毕业生们对于自身未成功就业的主要原因，认为"自身竞争力不足"的比例最高，占30.5%，因"所学专业需求较少"的占27.7%，另外还有学生认为是其他方面的影响。① 而在面向"非洲学"专业在读研究生做调查时，其结果有所区别。20.9%的在校生认同"自身竞争力不足"，比例位居第二，更多的人（35.82%）倾向于把"所学专业需求较少"列为"非洲学"研究生就业困难的主要原因（详见图3）。

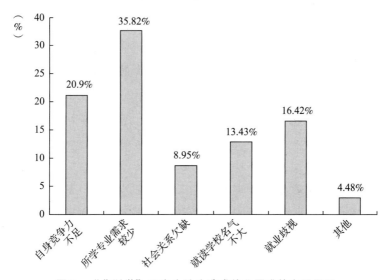

图3　"非洲学"研究生认为造成就业困难的主要原因

事实上，当前"一带一路"国际合作倡议深入推进，中非合作是国家战略，非洲是产能合作的重点区域，近年国内外对熟悉非洲事务人才的需求急剧增长。课题组分析，被调查者之所以认为"所学专业需求较少"，有可能一是因为学生不太了解海外用人单位需求信息；二是毕业生在选择用人单位时受传统观念、怕苦怕累怕寂寞的心理或亲朋好友的影响，不愿意去非洲国家就业创业，因此容易从心理上忽略来自亚非拉等

---

① 2016年中国大学生就业状况调查课题组：《2016年中国大学生就业状况调查报告》，《中国大学生就业》（理论版）2017年第14期，第34－41页。

发展中国家和区域的用工需求。因此，高校在引导大学生"走出去"就业创业、实现人才资源的"产能"转移方面还有很大的提升空间。

三　提升"非洲学"研究生就业竞争力的路径与建议

大学生就业竞争力既是自身能力的体现，又是社会和用人单位对人才满意度的体现。[①] 为提升"非洲学"研究生的就业竞争力，课题组建议从学生、学校和社会几个层面着手，对"非洲学"学生进行合理引导，树立正确观念；创新培养模式，提升核心能力与素质；完善制度建设，实现协同创新，合力培养服务国家战略、适应发展需求的"非洲学"人才。

（一）创新人才培养模式是提升就业竞争力的关键

"非洲学"在西方国家已有百年以上的传统，但国内非洲研究与非洲学人才培养却远远跟不上形势发展的需要，分散在世界历史、国际政治学、国际关系学等学科之下，处于三级学科地位，学科地位很低，长期以来没有形成课程与教学体系，极大地制约了"非洲学"人才培养。针对此，高校要深化教育教学改革，提高人才培养质量。积极构建本硕博"三位一体"的"非洲学"特色课程体系，形成协同领域广泛、协同主体多元和协同路径多样的"三个协同"教学实践体系，促成课程体系、教学体系和实践体系的"三项改革"，实现人才培养的理念创新、内容创新、机制创新"三个创新"，达到智库课程育人、智库平台育人和智库成果育人的"三育人"效果。尤其要注重课程体系建设，夯实学科基础。加强"非洲学"交叉学科硕士点、"政治学"一级学科硕士点、对非汉语专业硕士学位点和"非洲教育与社会发展"交叉学科博士点建设。以非洲研究理论与方法、非洲国家政治与国际关系、非洲经济发展与资源环境、非洲历史文化与民族宗教、非洲教育科技与社会发展为主要内容打造核心课程。通过多元化课程体系的学习，培养学生政策研究能力和跨学科的知识储备。注重教学改革，着力建设"非洲学"教学平台，整合

---

① 李培林、陈光金、张翼：《2015 年中国社会形势分析与预测》，社会科学文献出版社，2014，第 89 页。

教学资源。做到以科研反哺教学，以研究促进教学，以学科促进智库，以科研促进育人。此外，还要扩大招生规模，加强招生宣传，吸引更多优秀生源报考"非洲学"研究生。加强职前引导、职中提升和职后培训，形成全过程、全方位的专业化人才培养链；创新机制体制，用制度引领、鼓励师生学得经世致用的知识技能，积极投身哲学社会科学和智库建设事业，展现新一代知识分子的家国情怀和使命担当。

（二）强化学生自身能力是提升就业竞争力的核心

学生是就业的主体，要想提高个体就业竞争力，还需要转变就业观念，加强动手能力，有针对性地提升就业能力。

首先要有发现问题的能力。问题意识是创新精神的源泉，也是人类社会发展进步的重要推动力。高校的改革和发展、研究和人才培养都要直面现实，有发现问题的敏锐、正视问题的清醒和解决问题的自觉，用马克思主义的立场、观点和方法正确地认识问题。其次要有研究问题的能力。针对社会现实中所产生的问题，研究生可利用导师科研项目合作、学生联合培养机会，提升自己的就业能力。导师带领学生运用不同学科提供的概念、假定和方法等开展项目研究，在此基础上申报课题、撰写论文和咨询报告，课题论文在专业期刊发表，咨询报告报送相关部门服务于决策。[1] 最后要有实践创新的能力。"非洲学"硕士和博士可依托非洲孔子学院、中非智库论坛、智库 10 + 10 合作伙伴计划、《非洲地区发展报告》、《非洲研究》等载体和平台，积极开展实践创新，促进师生对知识的应用、课题、平台建设的参与。积极申报各类项目资助与支持，开展赴非洲见习实习、实地调研，聆听国际非洲研究专家、非洲国家学者的授课，与之互动交流，有效提升对全球治理与非洲问题的调查研究能力、参与国际事务的调查研究能力和服务公共外交活动的组织管理能力，提升自身的国际化水平，增强社会参与感、责任意识和人文关怀。

（三）完善制度协同创新是提升就业竞争力的保障

研究生就业指导是一项系统工程，需要更多的部门与人员参与其中，在发挥好学生主体作用的同时，积极发挥高校、导师、制度、社会的力

---

[1] 王珩：《理顺高校智库建设的三对重要关系》，《中国社会科学报》2016 年 4 月 21 日，第 2 版。

量，为学生提升就业竞争力提供有力保障。由于"非洲学"交叉学科的特殊性，研究生就业更需要合理引导、制度规范、适当倾斜。为鼓励学生赴条件艰苦的非洲就业创业、升学读博，学校可在激励制度上有所倾斜，如给予立项资助、就业奖励、发放交通补助等。在开展学生就业指导工作时，一要积极引导、广泛宣传科学化、人性化的职业价值理念，帮助学生树立正确的求职价值观，通过各种渠道畅通信息网络，帮助师生和家长了解非洲，减轻或消除他们对赴非洲就业创业的偏见与顾虑。二要建立广泛的就业咨询信息网络，建立顺畅的就业信息咨询渠道。深入了解非洲国家用人需求信息，加强与在非智库、高校、中资企业、NGO 等的联系，通过官网、微博、微信公众号等渠道及时公布最新招聘信息。三是定期开设就业指导讲座，讲解就业心理准备、职业选择、求职信息获取、求职技巧、个人简历写作、求职礼仪等内容，辅导学生掌握结构化面试、无领导小组面试、公务员笔试面试等技巧。四要加强导师队伍建设，落实导师责任制。导师要根据"非洲学"专业特色、培养方向及发展前景，为学生个性化定制培养方案，进行针对性指导，指导学生制订职业生涯规划。导师可凭借自身在业界的影响，通过自身人际关系资源、优质的社会信息资源，协助研究生获得就业或升学信息，帮助学生成功就业或读博深造。建议国家相关部委加大区域国别人才培养力度，重视交叉学科建设及复合型人才培养，通过调研，适度增加选派学生国际交流名额，设置相关课题允许硕士研究生申报，加大投入，对愿意赴非洲、"一带一路"沿线国家、中外合作重要支点国家去就业、深造的学生给予奖学金鼓励或生活补助。

非洲谚语有云：独行快，众行远。高校毕业生就业事关广大学生及其家庭切身利益，事关社会主义现代化建设，事关社会和谐稳定。就业竞争力的提升是一个长期系统的工程，需多方努力协同创新，共同打造高水平、高质量的就业创业新时代。

（责任编辑：欧玉芳）

Contents

Abstract: Abyei Arbitration is the outcome of the civil war in Sudan. Since the government of Sudan and the Sudan People's Liberation Movement can not reach a consensus over the issues of the ownership and demarcation of Abyei, they submit to the Permanent Court of Arbitration. Based on the "Tribal Interpretation", the Tribunal identified the boundary of Abyei, with an efficient and transparent process and a reasonable cost sharing, and the result of which was accepted by both parties. However, the Arbitration award is unable to be enforced as the issues of oil and grazing rights disputes have not been reached, thus the conflict in Abyei has continued ever since. The limitation and invalidation issues of the arbitration mechanism reflected in this case is the result of the legal and political misplacement, which means "technical problems" are placed above "practical concerns".

Keywords: Abyei Arbitration; Permanent Court of Arbitration; Abyei Boundary Commission

Abstract: For some historical reasons, Africa has always been France's traditional sphere of influence. In recent years, along with the continuous penetration and spread of various religious extremist forces and terrorist organizations in the Sahel Region, Francois Hollande, former President of France, authorized the military operations code-named Operation Serval and Operation Barkhane successively to intervene in the fight against terrorism in the region actively. However, the counter-terrorism situation has not achieved the intended purpose actually. Since taking office, Emmanuel Macron has steadily adjusted his counter-terrorism policy in the Sahel Region, moving the United Nations Security Council towards broad consensus through several resolutions on counter-terrorism in this region, promoting the initial formation of the joint counter-terrorism framework of the Sahel group of five countries. Although the Sahel countries still face many difficulties and challenges in the process of fighting against terrorism, and there is a long way to go, the effect of Emmanuel Macron's initiatives needs further observation and inspection, aiming at an increasingly perilous counter-terrorism situation in the Sahel Region, the policy advocated by the new French president is a regional anti-terrorism strategy that can be further explored.

Keywords: Counter-Terrorism Polity; Macron; Sahel Region

Tanzania: The Realization of Multiple Ethnic Groups Harmony

Xu Xin and Xu Wei / 71

Abstract: In 1964, Tanganyika and Zanzibar merged into United Republic of Tanzania, forming a unified country nominally. As a new country with more than 120 ethnic groups, how to deal with the relationship among ethnic groups and that between ethnic groups and national construction are critical to maintain long-term stability for the country. Tanzania, as a country has gained its independence for over half a century, has never met any turmoil caused by ethnic problems, which is quite scarce in Africa where ethnic conflicts are on a rampage. The reason why it can keep harmonious has raised related discussions by domestic and foreign scholars. This paper intends to discuss the mechanism of the formation of harmonious ethnic relations in Tanzania from the perspectives of historical factors, cultural factors and political system factors, with a view to advance the understanding of ethnic theory and ethnic relations in Tanzania.

Keywords: Tanzania; Ethnic Group; National Construction

The Cognitive Status Analysis of Western Democracy in Three African Countries

Ou Yufang / 85

Abstract: Implanted western democracy has undoubtedly had a profound influence on African democracy since 1990s. After a field survey on the cognitive status of western democracy of the respondents in Nigeria, Tanzania, Ethiopia and other African countries, it was found that the vast majority of respondents in aforesaid countries had a clear cognition on "democracy" with little difference; the proportion of respondents for or against western democracy are varied, and most respondents hold a positive attitude towards the "Chinese democracy" trait, but others remain neutral to the influence of western democracy exerted on Africa's development, believing in both positive and negative effects. They viewed that "lack of a stable, united and powerful nation" and "serious corruption" are the main factors that hinder the development of their own countries, and the most crucial factor for realizing the respective development of their countries is "a unified, powerful and stable country", " a development path suitable to national conditions", and "favorable international environment" etc. We believe that in the future, the development of democracy in Africa should be based on fostering the concept of nationhood and national awareness of all the people in their countries, establishing a modern and unified national economy and forming a unified domestic market system, in the light of the reality in Africa, to explore a democratic path suitable to the development of African countries.

Keywords: Western Democracy; African Development; Cognition Status

Economic Development and Investment Environment Analysis in East Africa

Ren Jia and Ma Wenxia / 101

Abstract: East Africa is an essential part of the maritime silk road, which is located in the Indian Ocean and the water diversion area of the Mediterranean, the Indian Ocean and the Atlantic ocean, and has long coastline and important geographical advantages. Main countries' economic growth go fast in this region and it is also one of Africa's economy relatively active region. The economic development of countries and investment environment in the region will be analyzed in this article, and provide basis for reference to Chinese cooperation with countries in the region.

Keywords: East-African Countries; Economic Development; Investment Environment

Domestic Resource Mobilisation (DRM) for Industrial Development: The Case of the SADC Countries

Leonard Chitongo / 120

Abstract: The Southern African Development Community (SADC's) industrialisation strategy has been adopted as a key pillar of the region's development agenda. This paper explores the role that domestic resource mobilisation (DRM) can play in funding for the strategy. Based on the theory of DRM and experiences with DRM in developing countries, especially those of SADC countries, the paper summarizes DRM options for SADC Countries. It concludes that, the SADC's region's medium term to long term plans are hinged on the development and modernisation of the industrial sector at both the national and regional level; there is need to develop robust financing mechanism at both the national and regional levels to ensure success in the modernisation of both the national and regional economy within SADC. Individuals can contribute to development resources through personal income tax and savings, companies through corporate and other business-related taxes, and Governments through a variety of public revenue streams and debt management strategies.

Keywords: The Southern African Development Community (SADC's); Domestic Resource Mobilisation (DRM); Industrialisation Strategy; South Africa

Literature Review of Weather Index Insurance Development in Africa: Farmers' Production Behavior and Risk Dispersion Mechanism

Zhang Yuehua and Zhang Qi / 134

Abstract: Weather Index Insurance (WII), with its ability to reduce moral hazard and adverse selection and overcome market failure, has gradually become an important measure in alleviating poverty of Africa. This paper measures the impacts and influences of WII in Africa from four dimension, that is farmers' planting behavior, risk dispersion mechanism, willingness to insured and crop yield, meanwhile summary the main research methods, especially econometric methods and research limitations.

Keywords: Agricultural Insurance; Poverty Reduction; Africa

Strengthening Security and Political Stability to Encourage BRI Investment in EAC: Learning from Tanzania

Alfred BURIMASO / 151

Abstract: To attract Chinese investments in the context of Belt and Road Initiative, the East African nation – states have got to fulfill basic requirements of security and political stability. Except Tanzania, most countries in the region do experience insecurity and cyclical political instability. The country's leader, Julius Nyerere designed and implemented key policies and political approaches that successfully maintained the country secure and politically stable. This paper cites mainly "inclusion" and "political leadership succession mechanism" as key factors at the heart of stability in Tanzania. Those policies constitute a basis for the Tanzanian model of political stability and a source of inspiration to other east African nations to achieve political stability they need to attract Chinese investment in the context of Belt and Road initiative.

Keywords: Security and Stability; Belt and Road; Africa; Investment

Status of African Tax Policies and Tax Risk Prevention during Investing in Africa

Jin Shuiying, Peng Hui and Chen Ye / 160

Abstract: African tax structure is normative to some extent, but tax laws and regulations have not been perfectly built. Although the tax systems are different in different country, but most African countries classify the government tax administration system. At present, the majority of African countries are in a stage of economic reform, the introduced tax laws are often not mature and lack of adequate stability. As a result, many enterprises investing in Africa often break the rule unexpectedly. They often encounter huge fines and other tax problems in Africa. The Chinese companies investing in Africa need to follow timely the dynamic of African tax laws, and to reduce tax cost through reasonable tax planning. Chinese government departments need to strengthen the tax cooperation with African countries, and provide tax service for more enterprises investing in Africa.

Keywords: Tax Policy; Investment; Africa; Risk Prevention

A Review and Prospect of Coetzee Study

Wang Jinghui / 181

Abstract: Coetzee, the winner of Nobel Prize for literature and Booker Prize, is native of South Africa, travelling around the world widely and then settlling in Australia. His works has attracted huge academic interest, and this article aims to demonstrate his role as a great writer but also a significant post-modern literary critic, through combing his diaspora experiences, writing career, and analyzing his works, particularly non-fiction ones. This article made a analysis to domestic and international Coetzee research, and make a detailed introduction of four aspects that can go further in future analysis.

Keywords: Coetzee; South Africa; Community Research; Cosmopolitanism

An Analysis of African Folk House from the Perspective of Cultural Anthropology

Meng Zhiguang / 194

Abstract: The cultural anthropology theory is briefly introduced, which tries to sort out the cultural methods which can be applied to the study of folk houses. Through the analysis of the interaction and influence of customs, religion, totem and myth, decoration and symbol, this paper discusses the new angle of view and the starting point of studying African folk house.

Keywords: The Africa Region; Cultural Anthropology; Cultural Space; Folk House

The Delivery Strategies of Ethics in *Sosu's Call*

Lai Lihua / 204

Abstract: Literature has the function of ethical education. All of the literary works contain ethics. Generally, a writer's ethical thoughts are implied in literary works lest sermonizing should happen. The author reveals how the moral stand, ethical ideas and social criticism are expressed in *Sosu's Call* from the perspective of ethical literary criticism. The book shows three ethical implication delivery strategies: first, the writer used details, dialogue and personification for his moral stand; second, he contrasted the words and deeds between positive and negative figures to convey his ethical ideas; third, he employed the conflicts between society and individual to express his social criticism.

Keywords: Ethical Literary Criticism, *Sosu's Call*; Ethical Thoughts, Delivery Strategies

Exploring the Path of Promoting Employment Competitiveness of Graduate Students in "African Studies"

Wang Heng / 214

Abstract: Employment competitiveness is a key factor affecting the quality of college students' employment, and the employment competitiveness of graduate students of "African Studies" has its own connotation and composition. Through the investigation and analysis of

"Academician" graduates in the past five years, it has been found that there is room for improving overall employment competitiveness of students, and the outstanding graduates' experience is valuable to be summarized. It is suggested that the employment competitiveness should be upgraded from students, schools and society, to reasonably guide the students of "African Studies" to establish a correct view of employment, cultivate innovative models, improve core competencies and qualities, improve institution building, achieve collaborative innovation, and work together to cultivate "African Studies" graduates who serve national strategies and meet the needs of development.

Keywords: African Studies; Employment Competitiveness

本刊宗旨与投稿体例

　　《非洲研究》由浙江师范大学非洲研究院主办，是刊发非洲研究成果、探讨非洲问题的综合性学术刊物，每年2卷，第1—11卷由中国社会科学出版社出版，自第12卷起由社会科学文献出版社出版。2015年本刊全文收录于中国学术期刊网络出版总库（简称"中国知网"）。本刊秉承浙江师范大学非洲研究院"非洲情怀、中国特色、世界视野"之治学精神，坚持"求真创新、平等对话、沟通交流"之办刊方针，致力于搭建开放的非洲研究学术交流平台，汇粹学术思想与观念之精华，努力推动中国非洲研究事业的进步。

　　作为一个以非洲问题为研究对象的多学科、综合性的学术交流平台，本刊致力于打造独具非洲特色的人文社会科学专业学术出版物。设有"非洲政治与国际关系""非洲经济与发展""非洲历史、教育与文化""中非关系""非洲研究书评"以及"海外来稿"等栏目。我们热忱期待国内外不同学科领域的学者从各自学科的角度对非洲问题进行研究，并踊跃向本刊投稿、交流观点。《非洲研究》编辑部将严格按照学术规范流程进行稿件审核，择优录用，作者投稿时应将稿件电子版发送至：fzyjb-jb2016@126.com。

一　稿件基本要求

　　1. 来稿应注重学术规范，严禁剽窃、抄袭，反对一稿多投。

　　2. 来稿正文字数控制在13000字以内。

　　3. 来稿应包含以下信息：中英文标题、内容提要、关键词；作者简介、正文、脚注。中文简介不少于200字，英文简介不少于150字；关键词3—5个；作者简介包含姓名、单位、主要研究领域、通信地址、电话和电子邮件地址，如为外籍学者需注明国别。

　　4. 本刊采用脚注形式，用"①②③"等符号标注，每页重新编号。

　　5. 如有基金项目，请注明基金项目名称、编号。

二 引文注释规范

1. 期刊：作者，篇名，期刊名，年月，期数，页码。如：

纪宝成：《当前高等教育发展中的五大困境》，《中国高教研究》2013年第 5 期，第 6 页。

Joas Wagemakers, "A Purist Jihadi-Salafi：The Ideology of Abu Muhammad al-Maqdisi", *British Journal of Middle Eastern Studies*, August 2009, 36 (2), p. 281.

2. 著作文献：作者，书名，出版社，年月，页码。如：

刘鸿武：《尼日利亚建国百年史（1914 – 2014）》，浙江人民出版社，2014，第 163 页。

Stig Jarle Hansen, *Al-Shabaab in Somalia—The History and Ideology of a Militant Islamist Group*, 2005 – 2012, London：Hurst & Company, 2013, p. 9.

3. 纸质报纸：作者，文章名称，报纸名称，年月，所在版面。如：

杨晔：《第二届中非民间论坛在苏州闭幕》，《人民日报》2012 年 7 月 12 日，第 3 版。

Rick Atkinson and Gary Lee, "Soviet Army Coming apart at the Seams", *Washington Post*, November 18, 1990.

4. 文集析出文献：作者，文章名，文集编者，文集名，出版社，出版时间，页码。如：

杜威·佛克马：《走向新世界主义》，载王宁、薛晓源编《全球化与后殖民批评》，中央编译出版社，1999，第 247 – 266 页。

R. S. Schfield, "The Impact of Scarcity and Plenty on Population Change in England", in R. I. Rotberg and T. K. Rabb, eds., *Hunger and History：The Impact of Changing Food Production and Consumption Pattern on Society*, Cambridge, Mass：Cambridge University Press, 1983, p. 79.

5. 学位论文：作者，论文名称，所在院校、年份，页码。如：

方明东：《罗隆基政治思想研究（1913 – 1949）》，博士学位论文，北京师范大学历史系，2000，第 67 页。

Lidwien Kapteijns, *African Historiography Written by Africans*, 1955 – 1973：*The Nigerian Case*, PhD diss., University of Amsterdam, 1977, p. 35.

6. 研究报告：作者，报告名称，出版社，出版日期，页码，如：

世界银行,《2012 年世界发展报告——性别平等与发展》, 清华大学出版社, 2012, 第 25 页。

Rob Wise, "Al-Shabaab", Center for Strategic International Studies, July 2011, p. 3, https：//csis. org/files/publication/110715 _ Wise _ AlShabaab _ AQAM% 20Futures% 20Case% 20Study_WEB. pdf.

7. 网络资源：作者, 文章名, 网络名称, 时间, 网址, 上网时间。如：

中华人民共和国外交部,《外交部副部长翟隽在第七届 "蓝厅论坛" 上的讲话》, 中华人民共和国外交部, 2012 年 7 月 12 日, http：// www. mfa. gov. cn/chn/gxh/tyb/zyxw/t950390. htm , 访问时间：2015 年 12 月 25 日。

Tomi Oladipo, "Al-Shabab Wants IS to Back off in East Africa", BBC News, November 24, 2015, http：//www. bbc. co. uk/news/world-africa-34868114. Accessed 2015 – 12 – 25.

《非洲研究》 编辑部
2018 年 6 月

图书在版编目（CIP）数据

非洲研究. 2018 年. 第 1 卷：总第 12 卷／刘鸿武主
编. -- 北京：社会科学文献出版社，2018.8
ISBN 978 - 7 - 5201 - 3077 - 6

Ⅰ.①非…　Ⅱ.①刘…　Ⅲ.①非洲 - 研究 - 丛刊
Ⅳ.①D74 - 55

中国版本图书馆 CIP 数据核字（2018）第 157331 号

非洲研究　2018 年第 1 卷（总第 12 卷）

主　　办／浙江师范大学非洲研究院
主　　编／刘鸿武
执行主编／王　珩

出 版 人／谢寿光
项目统筹／宋浩敏
责任编辑／柳　杨　袁宏明　宋浩敏

出　　版／社会科学文献出版社·独立编辑工作室（010）59367150
　　　　　地址：北京市北三环中路甲 29 号院华龙大厦　邮编：100029
　　　　　网址：www. ssap. com. cn
发　　行／市场营销中心（010）59367081　59367018
印　　装／三河市龙林印务有限公司

规　　格／开　本：787mm × 1092mm　1/16
　　　　　印　张：15　字　数：247 千字
版　　次／2018 年 8 月第 1 版　2018 年 8 月第 1 次印刷
书　　号／ISBN 978 - 7 - 5201 - 3077 - 6
定　　价／89.00 元

本书如有印装质量问题，请与读者服务中心（010 - 59367028）联系